蔡元培教育名篇

蔡元培 著　　张圣华 编

教育科学出版社

·北　京·

出 版 人　所广一
项目统筹　何　薇
责任编辑　欧阳国焰
责任校对　贾静芳
责任印制　叶小峰

图书在版编目(CIP)数据

蔡元培教育名篇/蔡元培著;张圣华编. —北京：教育科学出版社，
2013.11(2019.5重印)

(大师背影书系:悦读版)

ISBN 978 - 7 - 5041 - 7938 - 8

Ⅰ.①蔡…　Ⅱ.①蔡…　②张…　Ⅲ.①蔡元培(1867~1940)—教育
理论　Ⅳ.①G40－092.6

中国版本图书馆 CIP 数据核字(2013)第 178166 号

大师背影书系悦读版

蔡元培教育名篇
CAI YUANPEI JIAOYU MINGPIAN

出版发行　**教育科学出版社**

社　　址	北京·朝阳区安慧北里安园甲 9 号	**市场部电话**	010－64989009
邮　　编	100101	**编辑部电话**	010－64989527
传　　真	010－64891796	**网　　址**	http://www.esph.com.cn

经　　销	各地新华书店		
印　　刷	中煤(北京)印务有限公司		
开　　本	787 毫米×1092 毫米　1/16	版　　次	2013 年 11 月第 1 版
印　　张	14.75	印　　次	2019 年 5 月第 4 次印刷
字　　数	220 千	定　　价	29.00 元

仰望与断想：

在大师背影之外的地方

在种种新鲜的教育理论和实践面前，广大教师的热情是空前的，遗憾的是，许多教师的热情并没有得到很好的回报。他们在这些形形色色的理论面前，茫然中，反而变得异常困惑、疲惫，变得手足无措：有了好胃口，却没有健壮起来！

这是致命的问题，为什么我们没有培养出有足够"消化能力"的教师？

看来，"消化不良"的病变已悄然进入我们一些教师的身体。中医的观念认为，如果一个人生病了，且十分虚弱，万万不能突然间大补。这是过犹不及的做法。要治病首先要扶本，恰当的方法是循序渐进地帮助病人恢复自身的身体机能。要引领教师从根本上找到自己的立足之处和归属地。换句话说，中国的教育要有中国的教育之根，中国的教师要有自己的灵魂。

我们的教育有自己的传统，这种传统甚至在上千年前就已达到了巅峰。比如孔子所代表的传统。在卡尔·雅斯贝斯的视野里，孔子、老子所处的那个时代是世界的"轴心时代"，"人类一直靠轴心时代所产生的思考和创造的一切而生存，每一次新的飞跃都回顾这一时期，并被它重燃火焰，自那以后，情况就是这样，轴心期潜力的苏醒和对轴心期潜力的回归，或者说复兴，总是提供了精神的动力"。（雅斯贝斯：《历史的起源与目标》）当然，要回到传统并非易事，毕竟我们从传统中断裂开来不是一天两天了。

但透过历史篝火的余烬，我们的视野豁然开朗。在一个不平静的时代，赫然屹立着一群心如止水、淡泊明志的人：蔡元培、鲁迅、胡适、陶行知、叶圣陶、夏丏尊、朱自清，等等。他们在沉思，在酝酿，在燃烧，在传递……在传统与现代之间，教育的传统得到了传承，建构起了一个时代教育的高峰。

教育是心灵的碰撞，闭门造车势必会走进死胡同，兼收并蓄、百花齐放，这才是教育应该有的模样。"自从中国与西洋文化接触以来，没有一个外国学者在中国思想界的影响有杜威这样大。"（胡适：《杜威先生与中国》）作为一个具有世界性声誉的教育家，杜威曾多次来华访问与讲学，其教育思想犹如高悬在夜空中的北极星，至今仍为广大教育者指明了前进的方向。

时至今日，尽管这些大师们剩下的只是隐隐约约的背影，但仍然是我们追赶的方向。这么多年来，在和他们一次次的相遇中，我更清晰地看到了中国教育突围其瓶颈的力量所在。在对大师的阅读中，我遇到了无数给我以启迪和激情的好文章。它们所代表的高度让我感到惊讶，这是一个时代的教育结晶，它们根植于教育实践之中，闪耀着文化传承的智慧与人性的光芒。

大师是一堵墙，也是一扇窗，代表着一个时期教育和教学的制高点。"高山仰止，景行行止。"在永恒的历史长河中，他们永远是我们景仰的高度，更是我们汲取"营养"的不竭甘泉。无数当代名师成功的经验，也无一例外地告诉我们，阅读大师是许多名师成为一个有充分自信的教育者的秘密"通道"。正是依靠着大师们的"哺育"，他们才获得了自由言说的自信，看到了教育的真相：在知识传递、升学和效率之外，教育是事关灵魂的事业。

教育不是灵光乍现的光芒，而是横跨天空的恒光。只要有教育的存在，也就有阅读大师的同行。

教育越深入，我们越能认识到与大师展开对话、交流的必要。对于大师，除了背影，我们更应该看到那些穿越时空的"气息"，这些也许正是我们孜孜以求的东西。

为此，我们主编了这套"大师背影书系"。我相信，无论你是教育研究者还是一线教师，只要你是个关心教育的人，与这些大师结缘，都可能是一次难得的精神之旅。借此，得以重燃的是我们对教育的激情！

《中国教育报》编委　记者部主任

张圣华

2013 年 7 月

目录
Contents

I

对于新教育之意见^①

近日在教育部与诸同人新草学校法令，以为征集高等教育会议之预备，颇承同志饷以说论^②。顾关于教育方针者殊寡，辄先述鄙见以为喤引^③，幸海内教育家是正之。

教育有二大别：曰隶属于政治者，曰超轶乎政治者。专制时代（兼立宪而含专制性质者言之），教育家循政府之方针以标准教育，常为纯粹之隶属政治者。共和时代，教育家得立于人民之地位以定标准，乃得有超轶政治之教育。清之季世，隶属政治之教育，腾于教育家之口者，曰军国民教育。夫军国民教育者，与社会主义僢驰^④，在他国已有道消之兆。然在我国，则强邻交逼，亟图自卫，而历年丧失之国权，非凭借武力，势难恢复。且军人革命以后，难保无军人执政之一时期，非行举国皆兵之制，将使军人社会，永为全国中特别之阶级，而无以平均其势力。则如所谓军国民教育者，诚今日所不能不采者也。

虽然，今之世界，所恃以竞争者，不仅在武力，而尤在财力。且武力之半，亦由财力而孳乳^⑤。于是有第二之隶属政治者，曰实利主义之教育，以人民生计为普通教育之中坚。其主张最力者，至以普通学术，悉寓于树艺、烹

① 蔡元培任中华民国教育总长后，发表此文。先后刊载于《民立报》1912年2月8、9、10日，《教育杂志》第3卷第2号（1912年2月10日出版），《东方杂志》第8卷第10号（1912年4月出版）。
② 说论：正直的言论。宋欧阳修《论杜衍范仲淹等罢政事状》："昔年仲淹初以忠言谠论闻于中外，天下贤士争相称慕。"
③ 喤引：古时大官出巡，骑卒在前喝道，称作"喤引"。后人们把为别人的书作序，自谦称作"喤引"，也就是一种先导的意见。
④ 僢驰：僢，同"舛"，相背的意思。《淮南子·说山》："分流舛驰"，犹言背道而驰。
⑤ 孳乳：滋生、增益。汉许慎《说文解字·叙》："仓颉之初作书，盖依类象形，故谓之文；其后形声相益，即谓之字。字者，言孳乳而寝多也。"

饪、裁缝及金、木、土工之中。此其说创于美洲，而近亦盛行于欧陆。我国地宝不发，实业界之组织尚幼稚，人民失业者至多，而国甚贫。实利主义之教育，固亦当务之急者也。

是二者，所谓强兵富国之主义也。顾兵可强也，然或溢而为私斗，为侵略，则奈何？国可富也，然或不免知欺愚，强欺弱，而演贫富悬绝，资本家与劳动家血战之惨剧，则奈何？曰教之以公民道德。何谓公民道德？曰法兰西之革命也，所标揭者，曰自由、平等、亲爱。道德之要旨，尽于是矣。孔子曰：匹夫不可夺志。孟子曰：大丈夫者，富贵不能淫，贫贱不能移，威武不能屈。自由之谓也。古者盖谓之义。孔子曰：己所不欲，勿施于人。子贡①曰：我不欲人之加诸我也，吾亦欲毋加诸人。《礼记·大学》曰：所恶于前，毋以先后；所恶于后，毋以从前；所恶于右，毋以交于左；所恶于左，毋以交于右。平等之谓也。古者盖谓之恕。自由者，就主观而言之也。然我欲自由，则亦当尊人之自由，故通于客观。平等者，就客观而言之也。然我不以不平等遇人，则亦不容人之以不平等遇我，故通于主观。二者相对而实相成，要皆由消极一方面言。苟不进之以积极之道德，则夫吾同胞中，固有因生禀②之不齐，境遇之所迫，企自由而不遂，求与人平等而不能者。将一切恝置③之，而所谓自由若平等之量，仍不能无缺陷。孟子曰：鳏寡孤独，天下之穷民而无告者也。张子④曰：凡天下疲癃残疾茕独鳏寡，皆吾兄弟之颠连而无告者也。禹思天下有溺者，由己溺之。稷思天下有饥者，由己饥之。伊尹思天下之人，匹夫匹妇有不与被尧舜之泽者，若己推而纳之沟中。孔子曰：己欲立而立人，己欲达而达人。亲爱之谓也。古者盖谓之仁。三者诚一切道德之根源，而公民道德教育之所有事者也。

教育而至于公民道德，宜若可为最终之鹄的矣。曰未也。公民道德之教育，犹未能超轶乎政治者也。世所谓最良政治者，不外乎以最大多数之最大幸福为鹄

---

① 子贡（前520—?）：姓端木，名赐，字子贡，亦作子赣。春秋卫人，孔子弟子。能言善辩，善经商。尝出任鲁、卫相。

② 生禀：天生禀赋。此处指人的遗传素质。

③ 恝置：恝，不经心，无动于衷。恝置是"恝然置之"的略语，即淡然处之而不介意。

④ 张子：即张载（1020—1077），字子厚，凤翔郡县（今陕西眉县）横渠镇人。北宋哲学家，世称横渠先生。因是关中人，故其学派称关学。著有《正蒙》、《西铭》、《易说》、《经学理窟》等，后人辑为《张子全书》。

的。最大多数者，积最少数之一人而成者也。一人之幸福，丰衣足食也，无灾无害也，不外乎现世之幸福。积一人幸福而为最大多数，其鹄的犹是。立法部之所评议，行政部之所执行，司法部之所保护，如是而已矣。即进而达《礼运》之所谓大道为公，社会主义家所谓未来之黄金时代，人各尽所能，而各得其所需要，要亦不外乎现世之幸福。盖政治之鹄的，如是而已矣。一切隶属政治之教育，充其量亦如是而已矣。

虽然，人不能有生而无死。现世之幸福，临死而消灭。人而仅仅以临死消灭之幸福为鹄的，则所谓人生者有何等价值乎？国不能有存而无亡，世界不能有成而无毁，全国之民，全世界之人类，世世相传，以此不能不消灭之幸福为鹄的，则所谓国民若人类者，有何等价值乎？且如是，则就一人而言之，杀身成仁也，舍生取义也，舍己而为群也，有何等意义乎？就一社会而言之，与我以自由乎，否则与我以死，争一民族之自由，不至沥全民族最后之一滴血不已，不至全国为一大冢不已，有何等意义乎？且人既无一死生破利害之观念，则必无冒险之精神，无远大之计划，见小利，急近功，则又能保其不为失节堕行身败名裂之人乎？谚曰："当局者迷，旁观者清。"非有出世间之思想者，不能善处世间事，吾人即仅仅以现世幸福为鹄的，犹不可无超轶现世之观念，况鹄的不止于此者乎？

以现世幸福为鹄的者，政治家也；教育家则否。盖世界有二方面，如一纸之有表里：一为现象，一为实体。现象世界之事为政治，故以造成现世幸福为鹄的；实体世界之事为宗教，故以摆脱现世幸福为作用。而教育者，则立于现象世界，而有事于实体世界者也。故以实体世界之观念为其究竟之大目的，而以现象世界之幸福为其达于实体观念之作用。

然则现象世界与实体世界之区别何在耶？曰：前者相对，而后者绝对；前者范围于因果律，而后者超轶乎因果律；前者与空间时间有不可离之关系，而后者无空间时间之可言；前者可以经验，而后者全恃直观。故实体世界者，不可名言者也。然而既以是为观念之一种矣，则不得不强为之名，是以或谓之道，或谓之太极，或谓之神，或谓之黑暗之意识，或谓之无识之意志。其名可以万殊，而观念则一。虽哲学之流派不同，宗教家之仪式不同，而其所

蔡元培
教育名篇

到达之最高观念皆如是。（最浅薄之唯物论哲学，及最幼稚之宗教祈长生求福利者，不在此例）

然则，教育家何以不结合于宗教，而必以现象世界之幸福为作用？曰：世固有厌世派之宗教若哲学，以提撕①实体世界观念之故，而排斥现象世界。因以现象世界之文明为罪恶之源，而一切排斥之者。吾以为不然。现象实体，仅一世界之两方面，非截然为互相冲突之两世界。吾人之感觉，既托于现象世界，则所谓实体者，即在现象之中，而非必灭乙而后生甲。其现象世界间所以为实体世界之障碍者，不外二种意识：一、人我之差别，二、幸福之营求是也。人以自卫力不平等而生强弱，人以自存力不平等而生贫富。有强弱贫富，而彼我差别之意识起。弱者贫者，苦于幸福之不足，而营求之意识起。有人我，则于现象中有种种之界画，而与实体违。有营求则当其未遂，为无已之苦痛。及其既遂，为过量之要索。循环于现象之中，而与实体隔。能剂其平，则肉体之享受，纯任自然，而意识界之营求泯，人我之见亦化。合现象世界各别之意识为浑同，而得与实体吻合焉。故现世幸福，为不幸福之人类到达于实体世界之一种作用，盖无可疑者。军国民、实利两主义，所以补自卫自存之力之不足。道德教育，则所以使之互相卫互相存，皆所以泯营求而忘人我者也。由是而进以提撕实体观念之教育。

提撕实体观念之方法如何？曰：消极方面，使对于现象世界，无厌弃而亦无执著；积极方面，使对于实体世界，非常渴慕而渐进于领悟。循思想自由言论自由之公例，不以一流派之哲学一宗门之教义其心，而惟时时悬一无方体无始终之世界观以为鹄。如是之教育，吾无以名之，名之曰世界观教育。

虽然，世界观教育，非可以旦旦而聒之也。且其与现象世界之关系，又非可以枯槁单简之言说袭而取之也。然则何道之由？曰美感之教育。美感者，合美丽与尊严而言之，介乎现象世界与实体世界之间，而为津梁。此为康德②所创造，而嗣后哲学家未有反对之者也。在现象世界，凡人皆有爱恶惊惧喜怒悲乐之情，随离合生死祸福利害之现象而流转。至美术则即以此等现象为资料，而能使对之

---

① 提撕：拉扯，提引。《诗·大雅·抑》："匪面命之，言提其耳。"汉郑玄注："我非但对面语之，亲提撕其耳。"引申为提醒、振作。

② 康德（Lmmanuel Kant，1724—1804）：德国哲学家，德国古典唯心主义哲学创始人。

者，自美感以外，一无杂念。例如采莲煮豆，饮食之事也，而一入诗歌，则别成兴趣。火山赤舌，大风破舟，可骇可怖之景也，而一入图画，则转堪展玩。是则对于现象世界，无厌弃而亦无执著也。人既脱离一切现象世界相对之感情，而为浑然之美感，则即所谓与造物为友，而已接触于实体世界之观念矣。故教育家欲由现象世界而引以到达于实体世界之观念，不可不用美感之教育。

五者，皆今日之教育所不可偏废者也。军国民主义，实利主义，德育主义三者，为隶属于政治之教育。（吾国古代之道德教育，则间有兼涉世界观者，当分别论之）世界观、美育主义二者，为超轶政治之教育。

以中国古代之教育证之，虞之时，夔①典乐而教胄子②以九德③，德育与美育之教育也。周官④以卿三物教万民，六德六行，德育也。六艺⑤之射御，军国民主义也。书数，实利主义也。礼为德育，而乐为美育。以西洋之教育证之，希腊人之教育为体操与美术，即军国民主义与美育也。欧洲近世教育家，如海尔巴脱⑥氏纯持美育主义。今日美洲之杜威⑦派，则纯持实利主义者也。

以心理学各方面衡之，军国民主义毗于意志；实利主义毗于知识；德育兼意志情感二方面；美育毗于情感；而世界观则统三者而一之。

以教育界之分言三育者衡之，军国民主义为体育；实利主义为智育；公民道德及美育皆毗于德育；而世界观则统三者而一之。

以教育家之方法衡之，军国民主义，世界观，美育，皆为形式主义；实利主义为实质主义；德育则二者兼之。

譬之人身：军国民主义者，筋骨也，用以自卫；实利主义者，胃肠也，用以

①　夔：精通音乐的人，传说中是虞舜的乐官。
②　胄子：古帝王与贵族的长子。《书·舜典》："帝曰：夔！命汝典乐，教胄子。"《传》："胄，长也。"
③　九德：古谓贤人所具备的九种优良品格。《逸周书·常训》："九德：忠、信、敬、刚、柔、和、固、贞、顺。"
④　周官：即周礼，又称《周官经》，儒家经典之一，战国时代作品。
⑤　六艺：礼、乐、射、御、书、数六种科目。
⑥　海尔巴脱（Johan Freidrich Herbart，1776—1841）：通译为赫尔巴特。德国哲学家、心理学家、教育家。曾任格廷根大学、海德尔堡大学教授，主持哥尼斯堡大学哲学讲座，是德国形式美学派的代表人物。
⑦　杜威（John Dewey，1859—1952）：美国哲学家、社会学家、教育家，实用主义哲学的重要代表人物。

营养；公民道德者，呼吸机循环机也，周贯全体；美育者，神经系也，所以传导；世界观者，心理作用也，附丽于神经系，而无迹象之可求。此即五者不可偏废之理也。

本此五主义而分配于各教科，则视各教科性质之不同，而各主义所占之分数，亦随之而异。国语国文之形式，其依准文法者属于实利，而依准美词学者，属于美感。其内容则军国民主义当占百分之十，实利主义当占其四十，德育当占其二十，美育当占其二十五，而世界观则占其五。

修身，德育也，而以美育及世界观参之。

历史、地理，实利主义也。其所叙述，得并存各主义。历史之英雄，地理之险要及战绩，军国民主义也；记美术家及美术沿革，写各地风景及所出美术品，美育也；记圣贤，述风俗，德育也；因历史之有时期，而推之于无终始，因地理之有涯涘，而推之于无方体，及夫烈士、哲人、宗教家之故事及遗迹，皆可以为世界观之导线也。

算学，实利主义也，而数为纯然抽象者。希腊哲人毕达哥拉士[1]以数为万物之原，是亦世界观之一方面；而几何学各种线体，可以资美育。

物理化学，实利主义也。原子电子，小莫能破，爱耐而几（Enerey），范围万有，而莫知其所由来，莫穷其所究竟，皆世界观之导线也；视官听官之所触，可以资美感者尤多。

博物学，在应用一方面，为实利主义；而在观感一方面，多为美感。研究进化之阶段，可以养道德，体验造物之万能，可以导世界观。

图画，美育也，而其内容得包含各种主义：如实物画之于实利主义，历史画之于德育是也。其至美丽至尊严之对象，则可以得世界观。

唱歌，美育也，而其内容，亦可以包含种种主义。

手工，实利主义也，亦可以兴美感。

游戏，美育也；兵式体操，军国民主义也；普通体操，则兼美育与军国民主义二者。

---

① 毕达哥拉士（Pythagoras，约前580—前500）：通译毕达哥拉斯，古希腊数学家、哲学家。

上之所著，仅具辜较[①]，神而明之，在心知其意者。

满清时代，有所谓钦定教育宗旨者，曰忠君，曰尊孔，曰尚公，曰尚武，曰尚实。忠君与共和政体不合，尊孔与信教自由相违（孔子之学术，与后世所谓儒教、孔教当分别论之。嗣后教育界何以处孔子，及何以处孔教，当特别讨论之，兹不赘），可以不论。尚武，即军国民主义也。尚实，即实利主义也。尚公，与吾所谓公民道德，其范围或不免有广狭之异，而要为同意。惟世界观及美育，则为彼所不道，而鄙人尤所注重，故特疏通而证明之，以质于当代教育家，幸教育家平心而讨论焉。

（据《临时政府公报》第 13 号，1912 年 2 月 11 日出版）

教育者立于现象世界，而有事于实体世界者也。

① 辜较：梗概、大略。

全国临时教育会议开会词[①]

今日之临时教育会议，即中华民国成立以后第一次之中央教育会议。此次会议，关系甚为重大，因有此次会议，而将来之正式中央教育会议，即以此次会议为托始。且中国政体既然更新，即社会上一般思想，亦随之改革；此次教育会议，即是全国教育改革的起点。此次议决事件，如果能件件实行，固为重要关系；即使间有不能实行者，然为本会已经议决之案，将来亦必有影响。诸君有远来者，即或在近处者，亦是拨冗而来，均以此次会议关系重大之故。

民国教育与君主时代之教育，其不同之点何在？君主时代之教育方针，不从受教育者本体上着想，用一个人主义或用一部分人主义，利用一种方法，驱使受教育者迁就他之主义。民国教育方针，应从受教育者本体上着想，有如何能力，方能尽如何责任；受如何教育，始能具如何能力。从前瑞士教育家（沛斯泰洛齐[②]）有言：昔之教育，使儿童受教于成人；今之教育，乃使成人受教于儿童。何谓成人受教于儿童？谓成人不敢自存成见，立于儿童之地位而体验之，以定教育之方法。民国之教育亦然。君主时代之教育，不外利己主义。君主或少数人结合之政府，以其利己主义为目的物，乃揣摩国民之利己心，以一种方法投合之，引以迁就于君主或政府之主义。如前清时代承科举余习，奖励出身，为驱诱学生

---

① 1912 年 7 月 10 日，在北京召开临时教育会议，蔡元培主持此次会议，征求全国教育家意见，以谋教育事业之发展，并在开幕式上作此演讲。

② 沛斯泰洛齐（Johann Heinrich Pestalozzi，1746—1827）：又译裴斯泰洛齐或裴斯塔洛齐，19世纪瑞士教育革新家。他从人道主义出发，期望通过教育来改善农民生活，曾创办孤儿院，从事贫苦儿童的教育。他的教育思想对近代初等教育的发展有影响。

之计；而其目的，在使受教育者皆富于服从心、保守心，易受政府驾驭。现在此种主义，已不合用，须立于国民之地位，而体验其在世界、在社会有何等责任，应受何种教育。

社会逃不出世界，个人逃不出社会。世界尚未大同，社会与世界之利害未能完全一致。国家为社会之最大者，对于国家之责任与对于世界之责任，未必无互相冲突之时，犹之对于家庭之责任与对于国家之责任，不能无冲突也。国家、家庭两种责任，不得兼顾，常牺牲家庭以就国家；则对于国家之责任，自以与对世界之责任无冲突者为范围，可以例而知之。至于人之恒言，辄曰权利、义务。而鄙人所言责任，似偏于义务一方面，则以鄙人对于权利、义务之观念，并非相对的。盖人类上有究竟之义务，所以克尽义务者，是谓权利；或受外界之阻力，而使不克尽其义务，是谓权利之丧失。是权利由义务而生，并非对待关系。而人类所最需要者，即在克尽其种种责任之能力，盖无可疑。由是教育家之任务，即在为受教育者养成此种能力，使能尽完全责任，亦无可疑也。

当民国成立之始，而教育家欲尽此任务，不外乎五种主义，即军国民教育、实利主义、公民道德、世界观、美育是也。五者以公民道德为中坚，盖世界观及美育皆所以完成道德，而军国民教育及实利主义，则必以道德为根本。我国人本以善营业闻于世界。侨寓海外，忍非常之困苦，以致富者常有之，是其一例。所以不免为贫国者，因人民无道德心，不能结合为大事业，以与外国相抗；又不求自立而务侥幸。故欲提倡实利主义，必先养其道德。至于军国民主义之不可以离道德，则更易见。我国从前有勇于公战、怯于私斗之语。现在军队时生事端，何尝非尚武之人由无道德心以裁制之故耳。教育者，非为已往，非为现在，而专为将来。从前言人才教育者，尚有十年树木、百年树人之说，可见教育家必有百世不迁之主义，如公民道德是。其他因时势之需要，而亦不能不采用，如实利主义及军国民主义是也。吾人会议之时，不可不注意。

又有一层，我中国人向有一弊，即是自大；及其反动，则为自弃。自大者，保守心太重，以为我中国有四千年之文化，为外国所不及，外国之法制

蔡元培 教育名篇

9

皆不足取；及屡经战败，则转而为崇拜外人，事事以外国为标准，有欲行之事，则曰是某某国所有也。遇不敢行之事，则曰某某等国尚未行者，我国又何能行？此等几为议事者之口头禅，是由自大而变为自弃也。普通教育废止读经，大学校废经科，而以经科分入文科之哲学、史学、文学三门，是破除自大旧习之一端。

至现在我等教育规程，取法日本者甚多。此并非我等苟且，我等知日本学制本取法欧洲各国。惟欧洲各国学制，多从历史上渐演而成，不甚求其整齐划一，而又含有西洋人特别之习惯；日本则变法时所创设，取西洋各国之制而折中之，取法于彼，尤为相宜。然日本国体与我不同，不可不兼采欧美相宜之法。即使日本及欧美各国尚未实行，而教育家正在鼓吹者，我等亦可采而行之。我等须从原理上观察，可行则行，不必有先我而为之者。例如十三个月之年历，十二音符之新乐谱，在欧美各国为习惯所限，明知其善而尚未施行，我国亦不妨先取而行之。学制之中，间亦有类此者。

此刻教育部预备之议案，有四十余种之多。第一类，是学校系统；第二类，是各学校令及规程；第三类，教育行政之关系；第四类，学校中详细规则；第五类，大概含有社会教育性质。

其中有一大问题，是国语统一办法。现在有人提议：初等小学宜教国语，不宜教国文。既要教国语，非先统一国语不可；然而，中国语言各处不同，若限定以一地方之语言为标准，则必招各地方之反对，故必有至公平之办法。国语既一，乃可定音标。从前中央教育会虽提出此案，因关系重要，尚未解决。

此外，又有种种问题，不能单从教育界解决者。如前清学部主张中学以上由中央政府直辖；中学以下，归地方政府管辖。日昨有几位谈及，谓废府以后，中学校应归省立或县立。此等须俟地方官制颁布后，始能规定。现在只能假定一划分之方法，即如中等以上教育，取给于国家税，或以国家产业作基本金；中等以下，取给于地方税，或用地方产业作基本金。亦只能为假定之方法。

诸君此次来京，想亦有许多议案提出。其间与本部及他议员提出之问题略同者，可以合并讨论。此次临时教育会议，时期甚短，而议案至多。若讨论过于繁琐，恐耽误时间，不能尽议。盖诸君多半担任教育事务者，即使延会，恐亦不能过于延长。所以，希望诸君于议案之排列，将重要者提前开议。又每案之中，先摘出重要诸点，详细讨论；其他无关宏旨者，不妨姑略之。鄙人今日所欲言者止此。

（据《教育杂志》第 4 卷第 6 号，1912 年 9 月出版）

既要教国语，非先统一国语不可。

在浦东中学演说词

　　杨锦春先生创此校时，邀上海学界中人与议，当时弟亦在场，即钦佩之。因富豪不肯捐资兴学，而杨先生独能之也。校成，又提出勤、朴二字，以诏职员学生，弟又甚钦佩之。盖勤、朴二字，即彼自己所经历也。彼无资本，何以能创此校乎？彼何以有资本乎？以其勤于工业，故收入甚丰也。然收入虽丰，苟徒逞一身之快乐，则资本又将消耗矣，安有余钱创此校乎？吾故曰，勤、朴二字，实为校主一身得力之处。不惟此而已，浦东中学，即勤、朴之产物，苟非勤、朴，安能产出一浦东中学乎？

　　吾今又欲提出一字，以补校主所未言，即公字是也。此字虽校主未曾明言，然彼能捐产兴学，不徒自私自利，即其公也。是校主虽未言公字，却能实行公字也。苟非公，又安得有浦东中学乎？校主所以能创此校，由于实行勤、朴、公之三字。此所以为一代伟人，而足以为吾人模范也。

　　吾人生此民国初建时代，即以奉行此三字为要务；中学生，尤以奉行此三字为要务，何也？国民教育，当遍设小学于国中，养成国民应有之智识技能，似已满足，何故尚须中学乎？盖中学者，（一）为高等普通学，（二）为预备专门学。人必有高等普通学及预备专门学，始能日进不已也。小学教育，授人以应有之智识技能，似已足维持现状矣。然人民不但以对付现状为究竟，尚须求进步也。世俗之见，或以为指导国民，其责在政府，不免以不肖之心自待矣。或以指导国民，责在学识兼优之学者，此说似较贤。然吾谓实有指导国民之力量者，厥惟中学生，何也？以其受高等普通学，又能进求专门学，故可指导普通国民也。推而广之，虽谓能指导普通人类，亦无不可。故在中学校中之人，即当以此自任。

中学生负指导国民之任，将注意何事乎？共和国最重道德，与从前以官僚居首要之主义，适相反对。从前风俗，以科名为荣耀，自幼即揣摩科举。所以然者，为欲借考试而得做官也，为做官可得较优之财产，较优之名誉也。故财产、名誉，一归于官僚。盖专制国以君主为最有财产、名誉，以此类推，故小官得小财产，小名誉；大官得大财产，大名誉，故财产、名誉，一归于官僚。今试问，吾国此风已改乎？实未之改也。不但官员未改此风，即议员亦不脱官僚之习。如此旧染污俗，永锢国民之身而不洗除，则吾国将来决难立于世界之上，何也？盖世界强国，决不如此趋向也。政以贿成，决不能强国也。何故政以贿成乎？为官僚贪贿也。官僚所以贪贿者，为不勤也。不勤者无正当之收入，不能以自力自养，必有不正当之收入，庶足以济。欲求不正当之收入，于是乎贪；彼又有不正当之耗费，故又不能不贪。贪，故政以贿成也。夫为农、为工、为商，均须有正当之劳力，始有正当之收入；不勤不朴者，既不能效正当之劳力，即不能有正当之收入，于是，只可求途于官僚，以冀不正当之收入。若国民相率而求不正当之收入，斯其国危矣。

世界优强之国，官吏收入，较诸实业之收入，不如远甚，故国民相率趋实业而避官僚。今欲挽救吾国之弊，亦惟趋重实业而避官僚而已。今年本校添设工业班，正与此义相合，此又愿与诸君劝勉者也。

趋重实业，即可实行勤、朴、公三字，与旧道德不背，亦与新道德相合。旧道德曰义、曰恕、曰仁等，皆足与勤、朴、公三字互相发挥；新道德如自由、平等、权利、义务，亦赖勤、朴、公而圆满。或疑自由、平等与勤、朴不相容，此误解也。欲依赖他人，即不自由；依赖性，即由不勤所养成。即就小节言之，如起身要人伺候，出外要人跟随，若无人伺候跟随，几乎寸步难行，岂非不自由乎？此等不自由，皆由不勤所养成。故勤即自由，自由赖勤而后完全也。赖父、兄家产而生活者，可不自劳动而得衣食，当其任意耗费时，直可谓世界之蠹虫；及其耗费尽而变为穷汉，其苦有不堪言者，此又可见不勤之不自由矣。朴者，衣、食、住不奢侈也。余谓惟朴者最自由，因其无往不宜也。习于奢侈者，非美衣不衣，非美食不食；一旦遇世乱，美衣、美食不可得，遇粗粝不下咽，得布素不温暖，其不自由又何如乎？此即自由赖勤朴而完满之说也。或疑平等与勤朴无

关，岂知世界之不平等，即由于有人不勤朴乎。一夫不耕，或受之饥；一女不织，或受之寒。己之四体不勤，其影响足令他人受饥寒，此不平等之由于不勤者也。奢侈之家，一饮一食，或耗中人十家之产，以一人之不朴，令多数人迫于饥寒，此又不平等之由于不朴者也。不勤不朴，既不自由，又不平等，刻削他人以利己，尚望其尽己之职，兼为他人尽职乎？杨先生建中学于浦东，为地方造福，即尽己之职，兼为他人尽职也。所以能如此者，即由能勤朴也，岂非吾人所当效法者乎？

或又谓有权利始有义务，惟奴隶有义务而无权利。余则谓权利由义务而生，无义务外之权利。优强人种，得在世界上占优强之位置，亦赖无数先哲之尽义务于前耳。亦有人种竟居奴隶之位置，即因该人类之先辈，不知尽应尽之义务，遂牺牲后人之权利耳。故生而为人，有几十年之生命，即有几十年之义务。当我之幼时，未能为己、为人尽义务，而有教我、养我者，此被养、被教之权利，乃我预支之权利也。他日者，我任教人、养人之责任，即我应偿之义务也。至老年无力尽义务，而不妨享固有之权利，即支用中年所积蓄者而已。故中年之人，为绝对的应尽义务之人，其尽义务，半以偿幼年之预支，半以供老年之享用。故人努力之机会，全在中年，中学生即中年之起步，安可不自勉乎？

人之生命，不可半途丧失。而有半途丧失者，譬如机器中途被毁，未尽其用，岂不可惜乎？人赖衣、食、住而生，故衣、食、住为保命之要务是也。然使但以衣、食、住保命，而更无活动以尽义务，人生亦太无聊矣。譬如机器，须有房屋以藏之，修理以维持之，此亦机器之权利也。然使但藏诸房屋而不尽其用，则机器之为机器，又何足贵乎？人之能力，远非机器之比，果能为人类尽义务，则衣、食、住之权利，不难取得。且本当发挥其良能，以庄严此世界。余故曰，权利由义务而生，无义务外之权利，而勤朴则义务自尽。

或又谓世界文明进步，机械甚多，交通便利，有无须劳动者；且因机械多，交通便，而装饰品增多，似无须尚朴者，此谬论也。机械多，交通便，所以催人勤，而非阻人勤。用机器而物价廉，地无不辟，事无不举，即助人勤之证也。美国人爱迪生，固发明机器，而赞美机器之功，谓世界数十年后，可无贫人，即机器助人勤之说也。至于交通便而装饰品多，乃以装饰普及于人民，非欲个人穷奢极侈也。世界文明进步，无非以向时少数人所独享者，普及于人人而已。即就建筑布置而论，最讲究者，为学堂、博物院、公园，皆为人人可至之地，亦一证也。昔时惟多财者可以远游，而远游一次，须费多数金钱。今则交通便而旅费廉，远游之举，可普及于人人矣，非教人奢侈也，所以补偏狭之见而渐趋大同也。我国老子，俄儒托尔斯泰所主张，似有反对机器、交通之意，即以机器、交通，似与勤朴主义不合也。余则谓勤朴主义，适与机器、交通相得益彰，似无须过虑。故吾国人今日奉行勤朴主义，不至与世界潮流反对，亦适与自国国情相合。

余又提出一公字。所谓公者，即他人尽不到之义务，吾人为之代尽也。试举一例，即杨先生之捐产兴学是矣。吾人亦当以杨先生之心为心，尽他人未尽之义务，则道德高而旧染除，国日以强矣。

（王立才据蔡元培演说记录，见《浦东中学之盛会》油印本）

故勤即自由，自由赖勤而后完全也。

蔡元培 教育名篇

15

养成优美高尚思想①

——在上海城东女学演说词

今日蒙杨先生约弟到此，弟以为可听诸教习先生及来宾诸先生之伟论，故欣然而来。讵知杨先生专诚为弟开欢迎会，殊不敢当。今当先向杨先生及在座诸君道谢。演说未曾预备，愧无嘉言可贡。今谨竭所知，就女学一言。

弟从前亦曾担任女学，以为求国富强，人人宜受教育。既欲令人人受教育，自当以女学为最重要之事。何也？人之受教育，当自小儿时起。而小儿受母亲之教，比之受父亲之教为多。所谓习惯者，非必写字、读书，然后谓之教育也。扫地亦有教育，揩台亦有教育，入厨下烧饭亦有教育。总之，一举一动，一哭一笑，无不有教育。而主持此事者，厥惟母亲。与小儿周旋之人，未有比母亲长久而亲热者。苟母亲无学问，则小儿之危险何如乎？此已可见女学之重矣。然犹不止此，推本穷源，则胎教亦不可忽也。吾国古时，颇注意此事。女子当怀孕时，目不视恶色，耳不听恶声，口不出傲言，立必正，坐必端。何也？如孕时有不正之举动，则小儿受其影响，他年为不正之人，即由于此。苟女子无教育，则小儿在胎内时，为母体所范围，虽欲避免不良之影响，其道末由。当孩提时，又处处受母亲影响，此时染成恶习惯，他时改之最难。然则苟以教育为重要，岂可不以女学为重要乎？

弟有见及此，故亦曾组织女学，名曰"爱国女学校"。因诣②力不足，为他事所牵，率③不能专诚办女学，常觉抱愧于心。而白民先生自十年以前，即办女学，

---

① 这是蔡元培1913年6月底在上海城东女学的演说词，广益书局辑入《蔡元培言行录》。

② 诣：似为"毅"字之误。

③ 率：似为"卒"字之误。

维持至今不衰，此弟所钦佩者也。从前曾来参观，有黄任之①、刘季平诸先生任教课，崇尚柔术。其后在报上见过，知城东女学有崇尚美术、手工之倾向。今日参观，见许多美术品；听诸君唱歌，益知贵校有崇尚美术之倾向。或疑前后举动何以不一致？然以余观之，正合世界之趋势。何也？七八年前，吾人在专制政府之下，男子思革命，女子亦思革命，同心协力，振起尚武精神，驱除专制，宜也。然世界趋势，非常常如此。世有强凌弱之事，于是弱者合力以抵抗强者，逮两者之力相等，则抵抗之力无所用，人与人不必相争，当互相协力，各自分工，与人以外之强权抵抗。

人以外之强权何也？如风灾、水灾等皆是也。稻方开花而有暴风，则稻受损矣。棉方成熟而有淫雨，则棉受损矣。或大水冲决，则人民之田庐丧失。或火山爆烈，则一方之民受害。人所以受此种种灾害，毕竟由知识不足故也。使各自分工，研究学理，增加知识，则此种灾害，可渐消除。昔时道路不佳，不②力不能行远；今有汽舟、汽车，可以行远，即知识增而灾害渐消之一证也。兄弟二人在家中，有时不免争竞，然外侮来时，自知互相以御外侮，更可知自家争竞之非。人与人同居一世界，犹一家也；自然界之种种灾害，犹外侮也。故人与人不当相争，而当合力以与自然抵抗。节省无益之战斗力，移之以与天然战。近世种种新发明，即由此而产出者也。达尔文初创进化论，谓生存竞争，人类亦不能免，因地上养分不足，故势必至于互争。今知其不然，损人利己，决不能获最后之优胜。故生存竞争云云，已为过去学说。最新之进化学，已不主张此说矣。如赤十字社③设为救护队，虽两国相争，而该社专务救济，不论甲国、乙国，均得而救济之，不许强权者侵犯，已为世界各国所公认，此亦可见世界渐厌战争，共趋博爱之一端矣。

总之，世界须大家分担责任，又须打总算盘。吾国家族制度，父、子、兄、弟等，共居一家，饮食、衣服、房屋均公者，常易起冲突。假如一人穿新衣，一人穿旧衣，则穿旧衣者将不服，以为何厚彼而薄吾。如一人穿新衣，众人皆穿新

① 黄任之（1878—1965）：即黄炎培。
② "不"似为"人"字之误。
③ 赤十字社：即红十字会，国际人道主义救护组织。

衣，将不胜其费。如此种种冲突，实起于各人无职（责）任，而只知享用。故有提倡分至极小，以自活自养者，然仍不免糜费。例如有一大族，每日须供五十人之食，故须有一极大厨房。以其大也，分为五家，成为十人一家，然糜费仍多，因其间不免有侵欺之事也。如能互相帮助，互不相欺，则分工为之，而百事具举矣。一家之中，洗衣者常管洗衣，烧饭者常管烧饭，教育者专管教育，虽规模宏大，比之五十人为一家而过之，亦尚不为害。因崇尚强力之主义减退，共同生活之主义扩充也。

又世界将来之趋势，男、女权利为相同。人类初时，男、女权利不能相同者，因男子身体较强也。战争则男子任之，跋涉道途，亦男子任之，他如出外经商，政治上活动，亦均男子任之，因此等事较为劳苦也。女子任家中各事，似较安逸。然因此男子权利较多。由此可见，劳苦多者权利多，劳苦少者权利少，权利由劳苦生，非可舍劳苦而求权利。今之世界，女子职业，可与男子相同，故权利亦可相同。何也？古时相杀之事多，男子因习于战争，故体力不期而然自强。将来男子职业，不必执干戈，遵进化公例，肢体不用则消退，即可知男子体力，未必过于女子，故男、女权利可相等。

然苟趋重实业，分工交易，彼有余衣可以为吾衣，吾有余食可以为彼食，各得丰衣足食，以乐天年，岂不善乎？此身体之快乐也。然但得身体快乐，未可谓满足，因身体要死也。故尚须求精神之快乐。有身体快乐而精神苦者，似快实苦，终为愚人而已矣。然则精神之快乐如何？曰：亦在求高尚学问而已。许多学问道理考究不尽，加力研究，发现一种新理，常有非常之快乐。如考究星者，常研究星中有何原质，所行轨道如何，太阳系诸恒星如何情形，均有人考究此等事，初似与吾人无关，然苟能研究，甚为有益。考究原质者，初时知最小者为极小之原子，今又考知有更小之物，名曰电子。昔时知原子不变化，今知原子尚有变化。此等研究，有直接有益于人生日用者，有未即有用者。然考道①者，不论有用无用，苟未懂至彻底，则精神不快乐也。取譬不远，但举日常授课而言，教员为学生讲解：鸡能生蛋，牛能拖车，人知利用之，取为食物，用以耕田，似已

---

① "道"似为"究"字之误。

足矣；然执笔按纸，画鸡画牛，有何用乎？更以漆工制成漆鸡漆牛，又何用乎？人当野蛮时代，以木为门，借山洞以居，苟可御风御雨已足，何故不自足，必用长方之玻璃为窗，何故必要美丽之台毯，无他，皆为不满足之一念所驱而已。饥必思食，大人之常情也。然小儿之时，虽体中已饥，竟可不知饥为何事；然其身体内自然有求食之动机，若不得食，则身体即患病，此生理上无可强制者也。吾人之精神亦然，若无科学、美术，则心中成病，精神不快。船之制作，至今世之飞船，殆可谓穷巧极工；然船之最初，不过一根木头，随意摇摇而已。车之简单者，如独力推行之牛角车是也；然一步一步改好，则有火车、电车之美备。划子帆船，比之独木船已好矣，而人心尚以为不足，此即人类进化之秘机也。其要旨，即在分工协力。今试吾人关门为之，必不能成一火轮船。何也？取轮于甲，求舆于乙，均非通工易事不为功也。由此可知，吾欲成一事，必赖许多人帮助；吾做成一事，又可帮助人成事。故吾人用一分力，与全世界人有关系，知吾人之力非枉用。

女子教育，有主张养成贤母良妻者，有不主张养成贤母良妻者。以余论之，贤母良妻，亦甚紧要。有良妻则可令丈夫成好丈夫，有贤母可令子女成贤子女，是贤母良妻亦大有益于世界。若谓贤母良妻为不善，岂不贤不良反为善乎？然必谓女子之事，但以贤母良妻为限，是又不通之论也。人之动作力，如限于一家，常耗费多而成功少，故贤母能教其三孩子者，不必专教三孩子，不妨并他人之孩子而共教之。故余以为，女子当求学之时，即须自己想定专诚学一事，如专诚学教育，专诚学科学、美术、实业均可。吾苟专精一事，自有他人专精他事，吾可与之交换也。据各先进国之经验，则女子之职业，不宜为裁判官，因女子感情易动，近于慈爱，故遇应受罚责之人，亦或以其可怜而赦之。算学、论理学亦不宜。而哲学、文学、美术学最相宜，女子偏重此各科，故此中颇产名人。然历史上名字①尚少于男子。今可察世界之趋势，不必限定，各自分趋，他日所成就，定可与男子同。

余以为自初等小学始，以至中学，即可注重实业、美术，其中可包括文学

---

① "字"似为"人"字之误。

蔡元培 教育名篇

等。美国人某君，绝对注重实业。谓学堂教育，可以丧失人之能力，当使习为世界上之事，故青年之人，虽不入学堂，或助父，或助母，为一切事，均佳。入学堂者，常自谓学问甚高，是傲也。赖佣人之力以衣、食、住，习于舒服，而厌为劳苦之事，是懒也。傲且懒之习惯，殊不适于生存社会上。衣服须自裁，而彼不能自裁衣服，一切人生应为之事，彼均不能为，岂不可危乎？故某君之教育，不用教科书，不论男、女，均至厨房中烧饭。或谓裁衣为女子之事，某君曰不然，男子亦须学之。或谓解木为器，为男子之事，某君曰不然，女子亦须为之。所为各事，均即有科学寓乎中。菜即植物学也，肉即动物学也。烹调中有化学，有物理。用尺量布及绸，即为算学。剪刀剪物，亦地理学也。缝衣穿线，有重学、力学寓焉。太古不以铁为釜，将石镂空即为釜，是人类学、历史学也。美洲人之衣、食、住，与亚洲人之衣、食、住不同，是历史、地理均括于内也。我必尽义务，而后得与人共享权利；人享权利，亦必尽义务，自修身教授也。某氏发挥此主义，专著一书，名曰《学校及社会》，实可名之曰《学校及生活》。某氏倡此主义后，赞成之者颇多。近世小学、中学，必有手工、木工、石工、金工，近世之趋势如此，亦以生活教育之重要耳。

手工有日用必须者，有属于美术品者，又有本以供日用、而又加以美术之工夫者。美术似无用，非无用也。人类不自满足之念，实足见美术之不可少。吾见城东女学与世界趋势相同，此最可慰者。非只女学生应重手工、美术，即男学生亦应重手工、美术，此即男、女教育平等之一端也。

（据广益书局编印《蔡元培言行录》，1931年10月出版）

一九〇〇年以来教育之进步[①]

（甲）大会的问题

世界进化之公例，程度愈高，则速率愈增，以地质学、生物学、文明史证之而可见也。自一九〇〇年以来，仅历十五年耳，而其间可为教育界进步之标识者，有二大端。

一在学理方面，为实验教育学[②]之建设。盖教育学之所以不成为科学者，以其所根据者，为哲学家之理想，而不本诸实验也。前世纪之季，实验心理学[③]既已成立，于是由其中特别之部分，所谓儿童心理学，而演为实验教育学。虽在今日，其发展程度尚不及实验心理学之完全，而自千九百七年间，摩曼氏之《实验教育学讲义》发行，创立统系组织，科学之基础为之确定，是为教育学之一新纪元也。

一在事实方面，为教育之脱离于宗教。法国自千八百八十六年间，已易学校之宗教科为道德及文化，教士会（Congrégation）会员不得复充国民学校教习。千九百一年，定集会律，非经特别认许，不得立教士会。然教士会尚假教员会之名

---

① 1915年，在巴拿马举行万国教育会议。当时正在法国的蔡元培，受教育部委托，草拟向该会议提出的问题，分为（甲）向大会提出的和（乙）向分组会提出的两部分，总的题目为《一九〇〇年以来教育之进步》。蔡元培在起草全文前，先拟了一个要点，现附录于本文后。写作过程中，题目删去了"世界"二字，原拟定的"教育行政"、"教员之共同组织"、"职业及应用美术教育"等项未写入。

② 实验教育学：现代教育学说之一。主张用实验方法来研究儿童和教育的问题。以德国的拉伊和梅伊曼为代表。

③ 实验心理学：19世纪后期出现于德国的一个心理学学派。此学派认为心理学采用实验方法，作为一个学派已不存在，但作为一种方法的实验，却为现代心理学所继承和改造。

蔡元培 教育名篇

号以存立，其会员仍得厕身于教员之列，以密行其主义。及千九百十二年定律，无论男女，凡委身教会者，均不得复为国民学校（教）员。于是普通教育始脱离教会之势力范围。虽教会之私立学校不在禁例，而其势力决不能与国立学校抗行，可断言也。

在我中华，孔子之道，虽大异于加特力教①，而往昔科举之制，含有半宗教性质。废科学（举）而设学校，且学校之中，初有读经一科，而后乃废去，亦自千九百年以来积渐实行，亦教育界进步之一端也。

中等教育

中等教育，常含有三种作用：（一）高于小学教科之普通学；（二）应用于职业之能力；（三）高等教育之预备是也。现今各国中学校之组织，多兼此三作用而有之，故科目不能不繁重；而毕业以后，例必刍狗②其一部分，则前日修此一部分之日力，均为徒费。且缘此而使他部分之课程不得不有所减杀，此诚不经济之尤者也。夫进化之例，先浑而后口。建设之始，各种机关，不能同时并举，以一机关兼种种之作用，可也。今则分工之义大著。以中等教育言之，自小学以后之进级学校（Fortbildungs schule）以至中等之农、工、商业实习学校，所以养成适应于职业之能力者，设备甚周，乃犹于中学校中为少许之准备，不亦赘乎！其为高等教育之预备者，如较高之理、算，如同时之外国语，犹与他作用不无关系。至于古代语言，如希腊、拉丁，则专为大学之预备，奚必为中学之常课乎？窃以中学校当纯然为高等普通教育之机关，俟有延长义务教育之能力，则可与今日之小学教育冶而为一。其应用于职业之作用，悉让诸职业教育。而高等教育之预备，则于高等教育中附设机关而施行之。如是，则蹊径分明，而生徒之日力不致靡费矣。

乡村教育

乡村学校优于城市之学校者有三：空气新洁，适于卫生，一也；校外多有山林，宜于晨夕之运动，自然界之观察，二也；渐染于勤朴之俗，三也。是以近世英、德教育家皆提倡之。然乡村学校之劣点亦复不少：教员孤陋寡闻，不能发展

---

① 加特力教：即天主教。
② 刍狗：草和狗。《老子》：“天地不仁，以万物为刍狗。”比喻为轻贱无用的东西。

新思想，一也；宗教之固执拘忌之流行，乡村常甚于城市，二也；校中经济，半取给于学生之操作，如榨乳、艺蔬之属，师弟之间，营营于口腹问题，而鲜有高尚之观感，三也。夫城市之间，不独自然之空气至不洁也，即精神界之空气，亦贻害于儿童者不浅。侈靡之俗尚，恶薄之行为，鄙背之书报，触目皆是，教育之力不足以敌之。故大城市中青年之堕落者与年俱增。然则乡村学校者，不但乡村儿童有受此教育之幸福，即城市之儿童，亦不可不移就乡村而教育之。至于乡村学校之缺点，即自有补救之道，一学校之经济，合城市、乡村之力而供给之，学校之设备必完，其建筑及陈设必尽美。附设藏书楼，以供师生之涉览。厚教员之俸给，使不必营于米、盐琐屑之务。得与城市之教育家通声气；延学问家以时至校，为通俗之演讲；以图画或影戏介绍各地文明之纪念；教员以时率学生，而旅行于文明之都会，以赏鉴其著名之建筑，与夫收藏之美术品。如是，则兼有乡村及城市之长，而悉去其短矣。

教育之高尚理想

人类者，动物之一种。保持生命，继续种性之本能，动物所同具也。人类之所以视他动物为进化者，以有理想。教育者，养成人格之事业也。使仅仅为灌注知识、练习技能之作用，而不贯之以理想，则是机械之教育，非所以施于人类也。教育界中所不可缺之理想，大要如下：

一曰调和之世界观与人生观。夫世界果为何物，吾人之在世界，究居何等地位，是为哲学界聚讼之问题，诚不宜以举一废百之道强立标准。然无论何人，不可不有其一种之世界观及其与是相应之人生观，则教育之通则也。夫以世界之溥博如是，悠久如是，而吾人仅仅于其间占有数尺之形体，数十年之生命。然则以人生为本位，而忘有所谓世界观者，其见地之湫隘①，所不待言。然溥博者，极微之所积，悠久者，至暂之所延，且所谓溥博而悠久者，亦无以质言其为世界之真相，而特为极微而至暂者之所想象。然则持宇宙论而不认有人生之价值者，亦空漠之主义也。纯正之理想，不可不为世界观与人生观之调和。中国宋代哲学家陆象山曰："宇宙内事，即己分内事；己分内事，即宇宙内事。"其一例也。

---

① 湫隘：湫，低洼。湫隘，低湿狭小。

二曰担负将来之文化。世界，进化者也。后起者得前辈之事业以为凭借，苟其能力不逊于前人，则其所成立者，必较前人为倍蓰之进步。况教育为播种之业，其收效尚在十年以后，决不得以保存固有之文化为的，而当为更进一步之理想。中国古代之《盘铭》[①]曰："苟日新，日日新，又日新。"此其例也。

三曰独立不惧之精神。夫教育之业，既致力于将来之文化，则凡抱陈死之思想、扭目前之功利、而干涉教育为其前途之障碍者，虽临以教会之势力，劫以政府之权威，亦当孤行其是、而无为所屈。昔苏革拉底[②]行其服从真理之教育，为守旧者所嫉，至于下狱、受鸩而不易其操。此其例也。

四曰安贫乐道之志趣。教育之关系，至为重大，而其生涯，乃至为冷淡。各国小学教员之俸给，有不足以赡其家者。夫人苟以富贵为鹄的，则政治、实业之途，惟其所择；今舍之而委身于教育，则必于淡泊宁静之中，独有无穷之兴趣，虽高官厚禄，不与易焉。孔子曰："饭疏食、〈饮水〉曲肱而枕之，乐亦在其中矣，不义而富且贵，于我如浮云。"谛阿舍纳[③]偃息桶中，亚历山大王问何所欲？对曰：欲汝无掩我日光而已。此其例也。

夫以当今物质文明之当王，拜金主义之盛行，上述诸义，几何不被目为迂阔，然教育指导社会，而非随逐社会者也，则乌得不于是加之意焉。

（乙）分会问题

幼稚园教育　幼稚教育之扩充

自来言教育者，莫不以家庭教育为重大问题。然求之实际，往往不逮所望：为父母者未必解教育之理，一也；囿于职务而无暇为教育子女之准备，二也；家庭之习惯，在成人行所无事，而或有害于儿童之心理，三也。自物质文明之发展，生存竞争之增剧，而家庭教育之实行，益多障害。富者以图逸乐、逐酬应之故，而委其子女于保姆。贫者以谋生计、操家政之故，而放任子女于自由。是以有幼稚园之教育。且创立之始，大抵为三岁以上之儿童而设，而今则大都会兼为

---

① 《盘铭》：盘，古代洗沐的用具。铭，铭文。盘上刻铭文，作为警训。
② 今译为苏格拉底。
③ 谛阿舍纳（Diogenes Osinoppeus，约前404—前323）：古希腊犬儒学派哲学家。

一岁以上之儿童设之，其为鉴于家庭教育之不可能，而以是补充之，彰然可见也。

虽然，中国古语有云：教子婴孩。未及一岁之儿童，果可于其体育、德育之事，一不措意乎？且中国古代，尝有胎教之制。汉儒刘向[1]（西历前一世纪人）于所作《列女传》中言之曰："古者，妇人妊子，寝不侧，坐不边，立不跸，食不邪味，割不正不食，席不正不坐，目不视于邪色，耳不听于淫声，夜则令瞽诵诗，道正事。如此，则生子形容端正，才〈德〉必过人矣。"又言："周文王之母大任（西历前十三纪顷）有娠，目不视恶色，耳不听淫声，口不出恶言，能以胎教。"夫人类遗传之规则，胎儿灵性之有无，在今日虽尚为聚讼之问题，然孕妇之疾病、羸弱与夫非常之激动，不能不影响于胎儿，为生理上所可信；体魄与心灵有密切之关系，又为近世所公认者；然则胎教之说，当亦不无假定之价值也。于是由幼稚园之命意而推究之，见有不可不扩充者二。

一曰未及一岁婴儿之保育所。凡此等婴儿之生而无母或其母有故不能自育者，以曾受特别教育之保姆育之，所不待言；即有母而且能自育者，亦得携儿而来，于适宜之建筑，循普通之规则，而无以生计家政之属分其心。

二曰孕妇摄养所。其建筑，其陈设，其间起居、饮食之规则，劳逸之条件，所展览之图书，皆参合卫生术、美学、教育学之原理而规定之。凡孕妇皆得居焉。其贫者且得以公费协助其生计焉。

斯二者，在殷实之都市，力足以创举之，使教育家得缘是而增一种之实验。验之而有益，则他日以渐推广，或如今日之幼稚园，未可知也。

小学教育　对于国民教育及实利教育之商榷

小学教育者，纯粹之普通教育也。无论何人，其长成后，无论营何等职业，持何等信仰，居何等地域，皆不可以不受如是之教育，是之谓普通。如是，则定小学教育之主义，有二界说焉。

一曰当以受教育者之本体为标准，而不当以受教育者为何等他人或何等社会之器械而准一他人或一社会之需要以为标准。

二曰当以受教育者全体能力之发达为标准，而不当以其一部分能力之发达为标准。

---

[1]　刘向（约前77—前6）：西汉经学家、文学家。

自十八世纪以来，经卢梭、沛斯泰洛齐诸氏之提倡，旧时宗教教育，以宗教社会为标准，而专以发达信仰一方面之感情为教育者，既渐杀其势力；然以近世帝国主义之激进，物质文明之狂热，而其影响于教育界者，亦有二弊焉。

一曰极端之国民教育。夫人类为社会性之动物，于其本性，即含有适应社会之能力，固不得有离绝社会关系之各人，而要亦不容有消尽各人价值之社会。世界进化，常分向极大及极微之两方面而进行，而于其间得调和之公例。天文学之所考察，日渐广远，而原子论之所发见，则日益精眇，然最微之电子与最远之恒星有共通之性质焉。群性之发展，自人道主义而达于动物之爱护；各性之发展，由居住身体而达于思想之自由，然对于群之义务、对于己之权利有并行不悖之规道焉。

国家者，群性所历之一阶级，介乎家族及世界之间者焉。自政治家翘国家以为至尊无上之群制，以国外之世界为其战场，而以国内之人民为其器械，而且恃政府之强权，强以此等主义行于小学主义之中，养成其尊慢己国、蔑视他族、蹂躏人道、增进兽性之习惯；对于所征服之民族，所殖地之区域，则又施其一种特别之教育，并举其固有之语言若列史而摧灭之。是岂群性之本义，抑亦少数强权者之妄念云尔。内之酿社会之俶扰①，外之启世界之战争，其成效可睹矣。教育家而为服从公理、尊重人权起见，不可不于今日之极端国民教育加以矫正也。

二曰极端之实利主义。夫人类自有生以后，即不能遁乎厚生利用之范围。以记诵为常课、而摒除致用各科者，诚与人性相违。且教科过重抽象，则神经受过度之刺激，而且启情窦早开之弊。故普通教育中多列手工诸科，不得不视为至当。即如德佛伊②氏一派，欲以烹饪、裁缝及金工诸工为一切科学之导线者，其理论之直当，所不待言。惟今日实利教育之趋势，殆有以致用诸科为足尽教育之能事，而摒斥修养心性之功者，则未敢以为然也。夫人生不过数十寒暑耳，其间困苦艰难之阅历，不知凡几，何以吾人不采厌世主义，而必认此生存之价值，此未尝以哲学之目的论演绎之，而特以归纳所得，人人有此生存之欲望。且求诸生

① 俶扰：开始扰乱，泛指动乱。
② 德佛伊：今译杜威（John Dewey，1859—1952），美国唯心主义哲学家、教育家、实用主义者。

物学，而知此欲望为生物之所公有，故吾人不能不认其价值耳。然人类于自求生存以外，又自有对于真善美之欲望，此亦非以哲学之目的论演绎之，而于心理学之实验归纳而得之。中古时代之教育，偏于一部分之心理，而不及生理一方面，诚为偏隘。今也，偏重生理一方面，而于心理一方面均漠视之，不亦矫枉而过其正乎？健全之精神，必宿于健全之身体，衣食足而后知荣辱，生理之影响于心理也有然；科学知识、美术思想为发达工艺之要素，利用厚生之事业，非有合群之道德心，常不足以举之，心理之影响于生理，不亦有然乎！夫通功易事之制，于今为盛。在职业教育以上，自不必有顾此失彼之顾虑。小学教育既以遵循天性、养成人格为本义，则于身、心两方面，决不可有偏废，而且不可不使为一致之调和。此则对于极端之实利主义而不可不加以补正者也。

体育　论奖励及竞胜之有妨于体育

体育者，循生理上自然发达之趋势，而以有规则之人工补助之，使不致有所偏倚。又恐体操之使人拘苦也，乃采取种种游戏之方法，以无违于体育之本义者为准。其用意如此而已。夫人类有游戏之嗜好，而儿童为尤甚。既有此种种娱乐之方法，一经厘定秩序，则生徒之乐于从事也，自较智育、德育诸科为甚，初不待别有助长之法也。技之有巧拙，力之有强弱，别为问题，于体育无与焉。

而近日教育界乃亦采奖励、竞胜等法，以为助长体育之作用，吾以为有害而无益。

一曰生理上之害。生徒之中，官能有钝锐之别，体力有强弱之差，于体育之本义何害？惟求以各以本身为标准，使不致过惰而不及其格，过激而转损其躯，此体育之本义也。一涉竞胜，则人人以好胜之故，而为过激之运动，所伤实多。且各种游戏，各有其裨补于生理上一部分之特长，故以体育之本义衡之，当循环演习，而不宜有所偏重。一涉竞胜，则人不能不择其可以制胜之技，而专门演习，则生理上一部分偏于发展，而其他部分不能与之适应，失体育之本义矣。

二曰教科体育与知育、德育必各保其平衡。知、德诸科，教育家皆知助长之为害，故积分之制，试验之制，皆渐即于淘汰。今于体育方面，特采奖励、竞胜之法，则生徒必缘此而于体育一方面为倍蓰之练习，而知、德各科，不免有所偏废矣。

三曰心理上之害。体育者，对于己之关系者也。一涉竞争，则为对于人之关系。未竞之先，有希冀之心。既竞以后，胜者，于己为骄矜，于人为蔑视；负者，于己为愧恧①，于人为忮忌②。是皆心理上之恶德也。故吾以为体育必排除奖（奖）励及竞胜等种种助长之方法，而一以生理学为标准。

附：一九〇〇年以来世界之教育进步

实验教育学法国屏厦教员会。

教育行政　宜渐脱教会及政府之管理，而递于教育团体。

乡村教育　优于城市之点颇多，补救其孤陋之弊。

中等教育　宜分别普通与专门二种，前者专为较高之普通，后者属于职业。其为高等教育预备者，宜附设于高等教育之机关。

教育之高尚理想　适当之宇宙观及人生观。将来之文化。独立不倚（不为教会或政党所牵帅）。安贫乐道，遁世无闷。教员人格与生徒之影响。

右通会③

教员之共同组织

幼稚园教育　三年以后。一年以后。胎教。孕妇别居。一年以内抚子者之别居。

体育　奖励之害。竞技之害。

初等教育　近世之趋势，在实利主义，然不可不济以世界观及美感的教育。以人为本位，不得以社会之需用而强人以就之（如属地同化主义，如军国民主义等）。以完全之人格为本位，不得以动物通性限之。以全世界人类平等之眼光为标准，不得以教宗、门第、阶级等区别之。

职业及应用美术教育　普通之教育，大别为工作者与管理者二类。为欲挽④。

（据蔡元培手稿）

---

① 愧恧：惭愧、耻辱。
② 忮忌：忌恨。
③ 右通会：意为前面的是向大会提出的，而后面的则是向分组会提出的。
④ 蔡元培写到此处为止，未再写下去。

华法教育会之意趣[①]

今日为华法教育会发起之日，鄙人既感无限之愉快，尤抱无限之希望。

盖尝思人类事业，最普遍、最悠久者，莫过于教育。人类之进化，虽其间有迟速之不同，而其进行之涂辙[②]，常相符合。则人类之教育，宜若有共同之规范。欲考察各民族之教育，常若不能不互相区别者，其障碍有二：一曰君主，二曰教会。二者各以其本国、本教之人为奴隶，而以他国、他教之人为仇敌者也。其所主张之教育，乌得不互相歧异？

现今世界之教育，能完全脱离君政及教会障碍者，以法国为最。法国自革命成功，共和确定，教育界已一洗君政之遗毒。自一八八六年、一九〇一年、一九一二年三次定律，又一扫教会之霉菌，固吾侪所公认者。其在中国，虽共和成立，不过四年有奇，然追溯共和成立以前二千余年间，教育界所讲授之学说，自孔子、孟子以至黄梨洲[③]氏，无不具有民政之精神。故君政之障碍，拔之甚易，而决不虑其复活。中国又素行信仰自由之风。道、佛、回、耶诸教，虽得自由流布，而教育界则自昔以儒家言为主。儒家言本非宗教，虽有祭祀之礼，然其所崇拜者，以有功德于民、及以死勤事等条件为准，与法国哲学家孔德[④]所提议之

---

① 1916 年 3 月间，蔡元培与吴玉章、李煜瀛、汪兆铭等联同法国学者、名流发起组织"华法教育会"，以"发展中法两国之交通，尤重以法国科学与精神之教育，图中国道德智识经济之发展"为宗旨，于是月 29 日在巴黎自由教育会会所举行发起会，选出会长：蔡元培（中）、欧乐（法）；副会长：汪兆铭（中）、穆岱（法）；书记：李煜瀛、李圣章（中），裴纳、法露（法）；会计：吴玉章（中）、宜士（法）。蔡元培在发起会上发表了这篇演说。

② 涂辙：大道上车轮的印迹，比喻为道路、方法。

③ 黄梨洲：即黄宗羲（1610—1695），明清之际思想家、史学家。

④ 孔德（Auguste Comte, 1798—1857）：法国实证主义哲学家。主要著作有《实证哲学教程》、《实证政治体系》、《实证哲学问答》等。

"人道教"相类。至今日新式之学校，则并此等儒家言而亦去之。是中国教育之不受君政、教会两障碍，固与法国为同志也。

教育界之障碍既去，则所主张者，必为纯粹人道主义。法国自革命时代，既根本自由、平等、博爱三大义，以为道德教育之中心点，至于今且益益扩张其势力之范围。近吾于弥罗君所著《强权嬗于强权论》中，读去年二月间法国诸校长恳亲会之宣言，有曰："我等之提倡人权，既历一世纪矣，我等今又为各民族之自由而战。"又于本年三月十五日之日报，读欧乐①君之《理想与意志竞争论》，有曰："法人之理想，不问其为一人，为一民族，凡弱者亦有生存及发展之权利，与强者同。而且无论其为各人，为各民族，在生存期间，均有互助之义务，例如比利时、塞尔维亚、葡萄牙等，虽小在体魄，而大在灵魂，大在权利，不可不使占正当地位于世界以独立而进行。"其为人道主义之代表，所不待言。

其在中国，虽自昔有闭关之号，然教育界之所传诵，则无非人道主义。例如孔子作《春秋》，区人治之进化为三世：一曰据乱世（由乱而进于治），二曰升平世（小康），三曰太平世。据乱之世，内其国而外诸夏（内者亲也，外者疏也）；升平之世，内诸夏而外夷狄；太平之世，夷狄进至于爵（与诸夏同），天下远近大小若一。（以上见何休②《公羊传解诂》）教化流行，德泽大洽，天下之人人有士君子之行而少过矣。（以上见董仲舒《春秋繁露·俞序篇》③）孔子又尝告子游曰："大道之行也，天下为公，选贤与能（"与"者"举"也），讲信修睦。故人不独亲其亲，不独子其子，使老有所终，壮有所用，幼有所长，鳏寡孤独废疾者皆有所养，男有分，女有归，货恶其弃于地也，不必藏于己，力恶其不出于身也，不必为己。是故谋闭而不兴，盗窃乱贼而不作，故外户而不闭，是谓大同。"又曰："圣人以天下为一家，中国为一人。"其他如子夏言："四海之内皆兄弟。"张横渠言"民吾同胞"，尤与法人所唱之博爱主义相合。是中国以人道为教育，亦与法国为同志也。

---

① 欧乐（Aulard）：法国巴黎大学历史教授。1916年3月华法教育会成立，被推举为法方会长。中方会长为蔡元培。

② 何休（129—182）：东汉经学家。钻研今文诸经，历17年，撰成《春秋公羊解诂》，微言大义，成为今文经学家议政的主要依据。

③ 《春秋繁露》：书名。西汉董仲舒著。共17卷，82篇。内容推崇公羊学，阐发春秋大一统之旨；建立天人感应论的神秘主义体系，提出三纲、五常等行为规范，为加强封建统治提供理论依据。

夫人道主义之教育，所以实现正当之意志也。而意志之进行，常与知识及感情相伴。于是所以行人道主义之教育者，必有资于科学及美术。法国科学之发达，不独在科学固有之领域，而又夺哲学之席，而有所谓科学的哲学。法国美术之发达，即在巴黎一市，观其博物院之宏富，剧院与音乐会之昌盛，美术家之繁多，已足证明之而有余。至中国古代之教育，礼、乐并重，亦有兼用科学与美术之意义。《书》① 云："天秩有礼。"礼之始，固以自然之法则为本也。惟是数千年来，纯以哲学之演绎法为事，而未能为精深之观察，繁复之实验，故不能组成有系统之科学。美术则自音乐以外，如图画、书法、饰文等，亦较为发达，然不得科学之助，故不能有精密之技术，与夫有系统之理论。此诚中国所深欲以法国教育为师资，而又多得法国教育之助力，以促成其进化者也。

今者承法国诸学问家之赞助，而成立此教育会。此后之灌输法国学术于中国教育界，而为开一新纪元者，实将有赖于斯会。此鄙人之所以感无限之愉快，而抱无限之希望者也。敬为中国教育界感谢诸君子赞助之盛意，并预祝华法教育会之发展。华法教育会万岁！

（据世界社编印《旅欧教育运动》）

---

① 《书》：即《书经》，《尚书》的简称。

就任北京大学校长之演说

五年前，严几道先生为本校校长时，余方服务教育部，开学日曾有所贡献于本校。诸君多自预科毕业而来，想必闻知。士别三日，刮目相见，况时阅数载，诸君较昔当必为长足之进步矣。予今长斯校，请更以三事为诸君告。

一曰抱定宗旨　诸君来此求学，必有一定宗旨，欲知宗旨之正大与否，必先知大学之性质。今人肄业专门学校，学成任事，此固势所必然。而在大学则不然，大学者，研究高深学问者也。外人每指摘本校之腐败，以求学于此者，皆有做官发财思想，故毕业预科者，多入法科，入文科者甚少，入理科者尤少，盖以法科为干禄①之终南捷径也。因做官心热，对于教员，则不问其学问之浅深，惟问其官阶之大小。官阶大者，特别欢迎，盖为将来毕业有人提携也。现在我国精于政法者，多入政界，专任教授者甚少，故聘请教员，不得不聘请兼职之人，亦属不得已之举。究之外人指摘之当否，姑不具论。然弭谤莫如自修，人讥我腐败，而我不腐败，问心无愧，于我何损？果欲达其做官发财之目的，则北京不少专门学校，入法科者尽可肄业法律学堂，入商科者亦可投考商业学校，又何必来此大学？所以诸君须抱定宗旨，为求学而来。入法科者，非为做官；入商科者，非为致富。宗旨既定，自趋正轨。诸君肄业于此，或三年，或四年，时间不为不多，苟能爱惜光阴，孜孜求学，则其造诣，容有底止。若徒志在做官发财，宗旨既乖，趋向自异。平时则放荡冶游，考试则熟读讲义，不问学问之有无，惟争分数之多寡；试验既终，书籍束之高阁，毫不过问，敷衍三四年，潦草塞责，文凭

---

① 干禄：求得禄位（官职）。《论语·为政》："子张学干禄。"

到手，即可借此活动于社会，岂非与求学初衷大相背驰乎？光阴虚度，学问毫无，是自误也。且辛亥之役，吾人之所以革命，因清廷官吏之腐败。即在今日，吾人对于当轴①多不满意，亦以其道德沦丧。今诸君苟不于此时植其基，勤其学，则将来万一因生计所迫，出而任事，担任讲席，则必贻误学生；置身政界，则必贻误国家。是误人也。误己误人，又岂本心所愿乎？故宗旨不可以不正大。此余所希望于诸君者一也。

二曰砥砺②德行　方今风俗日偷③，道德沦丧，北京社会，尤为恶劣，败德毁行之事，触目皆是，非根基深固，鲜不为流俗所染。诸君肄业大学，当能束身自爱。然国家之兴替，视风俗之厚薄。流俗如此，前途何堪设想。故必有卓绝之士，以身作则，力矫颓俗。诸君为大学学生，地位甚高，肩此重任，责无旁贷，故诸君不惟思所以感己，更必有以励人。苟德之不修，学之不讲，同乎流俗，合乎污世，己且为人轻侮，更何足以感人。然诸君终日伏首案前，营营攻苦，毫无娱乐之事，必感身体上之苦痛。为诸君计，莫如以正当之娱乐，易不正当之娱乐，庶于道德无亏，而于身体有益。诸君入分科时，曾填写愿书，遵守本校规则，苟中道而违之，岂非与原始之意相反乎？故品行不可以不谨严。此余所希望于诸君者二也。

三曰敬爱师友　教员之教授，职员之任务，皆以为诸君求学之便利，诸君能无动于衷乎？自应以诚相待，敬礼有加。至于同学共处一堂，尤应互相亲爱，庶可收切磋之效。不惟开诚布公，更宜道义相勖④，盖同处此校，毁誉共之。同学中苟道德有亏，行有不正，为社会所訾詈⑤，己虽规行矩步，亦莫能辩，此所以必互相劝勉也。余在德国，每至店肆购买物品，店主殷勤款待，付价接物，互相称谢，此虽小节，然亦交际所必需，常人如此，况堂堂大学生乎？对于师友之敬爱，此余所希望于诸君者三也。

---

①　当轴：旧指宰执大臣。比喻居于政要地位。《宋史·苏轼传》："积以论事，为当轴者所恨。"

②　砥砺：磨石，砂石。《山海经·西山经》："崦嵫之山，苕水出焉，其中多砥砺。"郭璞注："磨石也。精为砥，粗为砺也。"引申为磨炼，磨砺。

③　偷：苟且之意。

④　勖：勉励。

⑤　訾詈：诋毁，辱骂。

　　余到校视事仅数日，校事多未详悉，兹所计划者二事：一曰改良讲义。诸君既研究高深学问，自与中学、高等不同，不惟恃教员讲授，尤赖一己潜修。以后所印讲义，只列纲要，细微末节，以及精旨奥义，或讲师口授，或自行参考，以期学有心得，能裨实用。二曰添购书籍。本校图书馆书籍虽多，新出者甚少，苟不广为购办，必不足供学生之参考，刻拟筹集款项，多购新书，将来典籍满架，自可旁稽博采，无虞缺乏矣。今日所与诸君陈说者只此，以后会晤日长，随时再为商榷可也。

（据《东方杂志》第 14 卷第 4 号，1917 年 4 月出版）

在爱国女学校之演说

　　本校初办时，在满清季年，含有革命性质。盖当时一般志士，鉴于满清政治之不良，国势日蹙①，有如人之罹重病，恐其淹久而至于不可救药，必觅良方以治之，故群起而谋革命。革命者，即治病之方药也。上海之革命团，名中国教育会②。革命精神所在，无论其为男为女，均应提倡，而以教育为根本。故女校有爱国女学，男校有爱国学社，以教育会员担任办理之责，此本校名之所由来也。其后几经变迁，男校因《苏报》案③而解散，中国教育会亦不数年而同志星散，惟女校存立至今。辛亥革命时，本校学生多有从事于南京之役者，不可谓非教育之成效也。当满清政府未推倒时，自以革命为精神。然于普通之课程，仍力求完备。此犹家人一面为病者求医，一面于日常家事，仍不能不顾也。至民国成立，改革之目的已达，如病已医愈，不再有死亡之忧。则欲副爱国之名称，其精神不在提倡革命，而在养成完全之人格。盖国民而无完全人格，欲国家之隆盛，非但不可得，且有衰亡之虑焉。造成完全人格，使国家隆盛而不衰亡，真所谓爱国矣。完全人格，男女一也。兹特就女子方面讲述之。

　　夫完全人格，首在体育。体育最要之事为运动。凡吾人身体与精神，均含一

---

　　① 蹙：迫促。《诗·小雅·小明》："曷云其还，政事愈蹙。"此处谓国家形势日甚衰落，益显危急。

　　② 中国教育会：1902 年由蔡元培、章炳麟等在上海发起成立，蔡任会长。旨在宣传反清革命，联络东南地区革命同志及改良中国教育。

　　③ 《苏报》案：《苏报》1896 年 6 月 26 日在上海创刊，1899 年后倾向革新，鼓吹改良。1903 年因发表推荐邹容《革命军》一文和章炳麟驳斥康有为改良主义政见的文章，清政府勾结上海公共租界工部局，于 6 月间逮捕章炳麟；邹容激于义愤，自动投案，《苏报》被封。这成为轰动全国的政治事件。后章、邹被判监禁。1905 年邹容病死于狱中。

种潜势力，随外围之环境而发达。故欲其发达至何地位，即能至何地位。若有障碍而阻其发达，则萎缩矣。旧俗每为女子缠足，不许擅自出门行走，终日幽居，不使运动，久之性质自变为懦弱。光阴日消磨于装饰中，且养成依赖性，凡事非依赖男子不可。苟无男子可依赖，虽小事亦望而生畏。倘不幸地方有争战之事，敌兵尚未至，畏而自尽者比比矣，又安望其抵抗哉。是皆不运动不发达其身体之故，卒养成懦弱性质，以减杀其自卫之能力与胆量也。欧美各国女子，尚不能免此，况乎中国。闻本校有体育专修科，不特各科完备，且于拳术尤为注意，此最足为自卫之具，望诸生努力，切勿间断。即毕业之后，身任体操教员者，固应时时练习，即担任别种事业者，亦当时时练习。盖此等技术，不练则荒，久练益熟，获益非浅鲜也。

次在智育。智育则属精神方面。精神愈用愈发达，吾前已言及矣。盖人之心思细密，方能处事精详。而习练此心思使之细密，则有赖于科学。就其易于证明者言之，如习算学，既可以增知识，又可以使脑力反复运用，入于精细详审一途。研究之功夫既深，则于处事时，亦须将前一事与后一事比较一番，孰优孰劣，了然于胸，而知识亦从比较而日广矣。故精究科学者，必有特别之智慧胜于恒人，亦由其脑筋之灵敏也。

更言德育。德育实为完全人格之本。若无德，则虽体魄智力发达，适足助其为恶，无益也。今先言我国女子之缺点。女子因有依赖男子之性质，不求自立，故心中思虑毫无他途，惟有衣服必求鲜艳，装饰必求美丽。何也？以其无可自恃也。而虚荣心于女子为尤甚，如喜闻家中之人做官，喜与有势力人往还，皆是。故高尚之品行，未可求诸寻常女界中也。今欲养成女子高尚之品行，非使其除依赖性质有自立性质不可。然自立不可误解，非傲慢自负，轻视他人之谓，乃自己有一定之职业，以自谋生活之谓。夫人果能自谋生活，不仰食于人，则亦无暇装饰，无取虚荣矣。尚有一端，女子之处家庭者，大凡姑媳妯娌间，总是不和，甚至诟谇①。其故何在？盖旧时习惯，女子死守家庭，不出门一步，不知社会情状，更不知世界情状，所通声息者，家中姑媳妯娌间而已。耳目心思之范围，既限于

---

① 诟谇：辱骂。

极小之家庭，自然只知琐细之事。而所争者，亦只此琐细之事。若是而望女子之品行日就高尚，难乎其难！盖其所处之势使然也。虽然，女子之缺点固多，而优点亦不少。今举其一端，如慈善事业，恻隐之心，女子胜于男子。不过昔时专在布施，反足养成他人懒惰之习。今则当推广爱人以德、与人为善之道。凡有善举，宜使受之者亦出其劳力有益于社会，则其仁慈之心，为尤恳挚矣。女子讲自由，在脱除无理之束缚而已，若必侈大无忌，在在为无理之自由，则为反对女学者所借口，为父兄者必不喜送女子入学。盖不信女学为培养女德之所，而谓女学乃损坏女德之地，非女学之幸也。

又今日女子入学读书后，对于家政，往往不能操劳，亦为所诉病。必也入学后，家庭间之旧习惯，有益于女德者保持勿失，而益以学校中之新知识，则治理家庭各事，必较诸未受过教育者，觉井井有条。譬如裁缝，旧时只知凭尺寸剪裁而已，若加以算学知识，则必益能精。如烹饪，旧时亦只知其当然，若加以化学知识，则必合乎卫生。其他各事，莫不皆然。倘女学生能如此，则为父兄者有不乐其女若妹之入学者乎？夫女子入校求学，固非脱离家庭间固有之天职也。求其实用，固可相辅而行者也。美国有师范学校，教授各科，俱用实习，不用书籍。假如授裁缝时，为之讲解自上古至现在衣服之变更，有野蛮时代之衣服与文明时代之衣服，是即历史科也。为之讲解衣服之原料，如丝之产地，棉之产地等，则地理科也。衣服之裁剪，有算法焉。其染色之颜料，有理化之法则焉，是即数学理化科也。推之烹饪等科，亦复如是。寓学问于操作中。可见女学固养成女子完全之人格，非使女子入学后，即放弃其固有之天职也。即如体操科中之种种运动，近亦有人主张徒事运动而无生产为不经济，有欲以工作代之者。庶不消耗金钱与体力，使归实用。此法以后必当盛行。益可见徒知读书，放弃家事，为不合于理矣。

（据《东方杂志》第 14 卷第 1 号，1917 年 1 月出版）

》 在清华学校高等科演说词①

两种感想 鄙人今日参观贵校，有两种感想：一为爱国心，一为人道主义。溯贵校之成立，远源于庚子之祸变②。吾人对于往时国际交涉之失败，人民排外之蠢动，不禁愧耻，而油然生爱国之心，一也。美国以正义为天下倡，特别退还赔款，为教育人才之用，吾人因感其诚而益信人道主义之终可实现，二也。此二感想，同时涌现于吾心中。夫国家主义与人道主义，初若不相容者，如国家自卫，则不能不有常设之军队。而社会之事业，若交通，若商业，本以致人生之乐利。乃因国界之分，遂反生种种障碍，种种垄断。且以图谋国家生存、国力发展之故，往往不恤以人道为牺牲。欧洲战争，是其著例。吾人对现在国家之组织，断不能云满意，于是学者倡无政府主义，欲破坏政府之组织，以个人为单位，以人道为指归。国家主义与世界主义之不相容，盖如此矣。而何以在贵校所得之二感想，同时盘旋于吾心中？岂非以今日为两主义过渡之时代，吾人固同具此爱国心与人道观念欤？国家主义与世界主义之过渡，求之事实而可征。今日世界慈善事业，若红十字会等组织，已全泯国界。各国工会之集合，亦以人类为一体。至思想学术，则世界所公，本无国别。凡此皆日趋大同之明证。将来理想之世界，不难推测而知矣。盖道德本有三级：（一）自他两利；（二）虽不利己而不可不利

---

① 清华学校，即今清华大学之前身。1911 年，清政府用美国退还的"庚子赔款"开办的一所留学预备学校。1925 年起逐步改办为大学。

② 庚子之祸变：指 1900 年（农历庚子年）八国联军攻占北京，强迫清政府于次年订立《辛丑条约》。其中规定付给各国"偿款"海关银四亿五千两，年息四厘，分 30 年还清，本息共计九亿八千二百二十三万八千一百五十两，以海关税、常关税和盐税作抵押，使国库本已空虚的清政府财政状况更加恶化。

他；（三）绝对利他，虽损己亦所不恤。人与人之道德，有主张绝对利他，而今之国际道德，止于自他两利，故吾人不能不同时抱爱国心与人道主义。惟其为两主义过渡之时代，不能不调剂之，使不相冲突也。

对清华学生之希望 吾人之教育，亦为适应此时代之预备。清华学生，皆欲求高深之学问于国外，对于此将来之学者，尤不能无特别之希望，故更贡数言如下。

一曰发达个性 分工之理，在以己之所长，补人之所短，而人之所长，亦还以补我之所短。故人类分子，决不当尽归于同化，而贵在各能发达其特性。吾国学生游学他国者，不患其科学程度之不若人，患其模仿太过而消亡其特性。所谓特性，即地理、历史、家庭、社会所影响于人之性质者是也。学者言进化最高级为各具我性，次则各具个性。能保我性，则所得于外国之思想、言论、学术，吸收而消化之，尽为"我"之一部，而不为其所同化。否则留德者为国内增加几辈德人，留法者、留英者，为国内增加几辈英人、法人。夫世界上能增加此几辈有学问、有德行之德人、英人、法人，宁不甚善？无如失其我性为可惜也。往者学生出外，深受刺激，其有毅力者，或缘之而益自发愤；其志行稍薄弱者，即弃捐其"我"而同化于外人。所望后之留学者，必须以"我"食而化之，而毋为彼所同化。学业修毕，更遍游数邦，以尽吸收其优点，且发达我特性也。

二曰信仰自由 吾人赴外国后，见其人不但学术政事优于我，即品行风俗亦优我，求其故而不得，则曰是宗教为之。反观国内，黑暗腐败，不可救疗，则曰是无信仰为之。于是或信从基督教，或以中国不可无宗教，而又不愿自附于耶教，因欲崇孔子为教主，皆不明因果之言也。彼俗化之美，仍由于教育普及，科学发达，法律完备。人人于因果律知之甚明，何者行之而有利，何者行之而有害，辨别之甚析，故多数人率循正轨耳。于宗教何与？至于社会上一部分之黑暗，何国蔑有，不可以观察未周而为悬断也。质言之，道德与宗教，渺不相涉。故行为不能极端自由，而信仰不可不自由。行为之标准，根于习惯；习惯之中，往往有并无善恶是非之可言，而社交上不能不率循者。苟无必不可循之理由，而故与违反，则将受多数人无谓之嫌忌，而我固有之目的，将因之而不得达。故入境问禁，入国问俗，不能不有所迁就。此行为之不能极端自由也。若夫信仰则

属之吾心，与他人毫无影响，初无迁就之必要。昔之宗教，本初民神话创造万物末日审判诸说，不合科学，在今日信者盖寡。而所谓与科学不相冲突之信仰，则不过玄学问题之一假定答语。不得此答语，则此问题终梗于吾心而不快。吾又穷思冥索而不得，则且于宗教哲学之中，择吾所最契合之答语，以相慰藉焉。孔[①]之答语可也，耶[②]之答语可也，其他无量数之宗教家、哲学家之答语亦可也。信仰之为用如此。既为聊相慰藉之一假定答语，吾必取其与我最契合者，则吾之抉择有完全之自由，且亦不能限于现在少数之宗教。故曰信仰期于自由也。明乎此，则可以勿眩于习闻之宗教说矣。

三曰服役社会　美洲有取缔华工之法律，虽由工价贱，而美工人不能与之竞争，致遭摈斥，亦由我国工人知识太低，行为太劣，而有以自取其咎。唐人街之腐败，久为世所诟病[③]。留学生对于此不幸之同胞，有补救匡正之天职。欧洲留学界已有行之者，如巴黎之俭学会，对于法国招募华工，力持工价与法人平等及工人应受教育之议。俭学会并设一华工学校，授工人以简易国文、算术及法语，又刊《华工杂志》，用白话撰述，别附中法文对照之名词短语，以牖[④]华工之知识。英国留学生亦有同样之事业，其所出杂志，定名《工读》。是皆于求学之暇，为同胞谋幸福者也。美洲华工，其需此种扶助尤急，而商人巨贾，不暇过问，惟待将来之学者急起图之耳。贵校平日对于社会服役，提倡实行，不遗余力，如校役夜课及通俗演讲等，均他校所未尝有。窃望常抱此主义，异日到美后，推行于彼处之华工，则造福宏矣。

（据《蔡子民先生言行录》）

---

① 孔：指孔子。

② 耶：指耶稣。

③ 诟病：耻辱。引申为指斥或嘲骂。《礼记·儒行》："常以儒相诟病。"

④ 牖：通"诱"。诱导。

在直隶省定县中学的演说

　　鄙人初到贵县，承诸君子以极郑重之仪式相招待，且愧且感，谢谢！又承不弃，命行所陈述，以备参考，鄙人义不敢辞。但鄙人于贵县教育界状况，尚未详为考察，势不能为切实之贡献，惟有举鄙人回国以来，对于我国教育界之感想？为诸君子言之而已。窃以我国学校，本从科举之制遗蜕而来，故形式虽仿欧洲，而精神则尚不脱离科举时代之习惯。父兄之送其子弟于学校也，初不问在校有何所得，惟望其能毕业；毕业以后，又可进较高之学校，以至于毕业，如科举时代之由生员而举人，而进士而已。不惟学生之父兄也，即学生之自处与学校，教职员之对于学生，亦大多数有此思想，于是学校遂为养成资格之机关。

　　然而我国所有之高等学校，决不能尽容一切之中学毕业生；所有之中等学校，又不能尽容一切之小学毕业生。凡毕业生之不能入较高学校者，既屡投考而无效，势不得不别觅职业以自赡。然校中所习，并无专门技术，又自负其学业之资格，不肯再从事于劳工，竞入政治界，其次则入商业，此两者决不能容多人，具得者既以无聊之地位自荒。而不得者遂以闲散，甚且因闲散而堕落，于是学生之信用失，学校之信用亦渐失，为父兄者将不免视学校为畏途矣。

　　近日热心之教育家发见此弊，爰提倡职业教育以救之。

　　一曰于普通教育中参用职业教育。各教科之讲授，务注意于有关实用之点，使学生自任洒扫、烹饪之技，以养成勤朴之习，尤注意于校园工场之附设，以及农工业之练习。如是则毕业以后，必能躬自劳动，而不致俨然政治家、资本家自处矣。

　　二曰于普通学校以外，多设职业学校。欧洲行所谓补习学校者，小学毕业生入之。其所授技术，粗之若理发、佣仆之流，精之若雕刻、绘画之类，凡数百科，

蔡元培 教育名篇

罗列无遗。其中等农工实习学校，则大率半日听课，半门做工，其做工时间无论何等垢秽，何等劳苦，皆与普通之农工一律。决非如吾国甲乙种实业学校，每周实习十余时，间而又毫不切实者，故离校以后，即能与普通农工共同操作，而又能以其所得之学识，徐图改良，此真我国所亟宜取法者也。

有为从学制上图救济者，然使科举时代所遗传之虚荣心，不从根本上拔除之，则虽改变学制，亦尚无济于事，故不可不有修养精神之方法。

一曰提起学问之兴趣。学问者，一方面所以应用于职业，而他方面又所以餍吾人爱智之心。在昔科举时代所借为敲门砖者，制艺①试帖，而少数有志之士，尚各以性之所近，钻研学问，如所谓义理②考据词章等者，且常以忍饥诵经，安贫乐道为美谈。吾国文化之不至澌火，赖有此耳。日本之大学生有售新闻纸、拉人力者，以筹学费者；美国之大学生有充庖人之助手、膳堂之伺役，以自给者。我国留法俭学会会员，行定期做工蓄其工资，以供他年求学之需者。彼惟于学问上有至高之兴趣，故不惜历尽艰苦，以达其研究学问之目的。苟教育家能提起学生研究学问之兴趣，则又何患其不忠于职业，而自放于闲散耶。

二曰引起美学之情感。凡虚荣心所由起，在局促于目前之利害得失，而没其高尚洁白之志趣，唯美感足以药之。美感者，使吾人游心于利害得失之外，而无论何等境遇，悉有以自娱者也。古之教育，礼乐并重。乐即美感教育之一端，不过今日之美感教育，于音乐以外，尚有种种美术及利用自然之美，范围较广大耳。普通教育中有乐歌、图画、体操等，均为引起美感之专科。为教员者，不可不特别注意。其他各教科，亦可参用此法。授地理时，兼用清丽之山水，崇宏之建筑；授历史时，兼及古代纪念品及诗人、美术家轶事与著作；授国文及外国语时，征引文学；授数理化学时，于讲授学理之外，兼及形式、光线之美观；授博物学时，于生理及致用之外，兼及结晶、构体、色彩。鸣声之足以动人者，无在不可以引起美感也。此皆鄙人对于今日普通教育之感想，谨陈其概略，以就正于诸君子。

（据《甲寅日刊》，1917 年 5 月 5 日、6 日刊发）

---

① 制艺：亦称制义、时义、时文、八比文或四书文。皆指古代应试所作文章。其文体遵守科举考试制度的规定。

② 义理：旧时指讲求经义、探究名理的学问。

❯ 以美育代宗教说

——在北京神州学会演说词

　　兄弟于学问界未曾为系统的研究，在学会中本无可以表示之意见。惟既承学会诸君子责以讲演，则以无可如何中，择一于我国有研究价值之问题为到会诸君一言，即"以美育代宗教"之说是也。

　　夫宗教之为物，在彼欧西各国，已为过去问题。盖宗教之内容，现皆经学者以科学的研究解决之矣。吾人游历欧洲，虽见教堂棋布，一般人民亦多入堂礼拜，此则一种历史上之习惯。譬如前清时代之袍褂，在民国本不适用，然因其存积甚多，毁之可惜，则定为乙种礼服而沿用之，未尝不可。又如祝寿、会葬之仪，在学理上了无价值，然戚友中既以请帖、讣闻相招，势不能不循例参加，借通情愫。欧人之沿习宗教仪式，亦犹是耳。所可怪者，我中国既无欧人此种特别之习惯，乃以彼邦过去之事实作为新知，竟有多人提出讨论。此则由于留学外国之学生，见彼国社会之进化，而误听教士之言，一切归功于宗教，遂欲以基督教劝导国人。而一部分之沿习旧思想者，则承前说而稍变之，以孔子为我国之基督，遂欲组织孔教，奔走呼号，视为今日重要问题。

　　自兄弟观之，宗教之原始，不外因吾人精神作用而构成。吾人精神上之作用，普通分为三种：一曰知识；二曰意志；三曰感情。最早之宗教，常兼此三作用而有之。盖以吾人当未开化时代，脑力简单，视吾人一身与世界万物，均为一种不可思议之事。生自何来？死将何往？创造之者何人？管理之者何术？凡此种种，皆当时之人所提出之问题，以求解答者也。于是有宗教家勉强解答之。如基督教推本于上帝，印度旧教则归之梵天，我国神话则归之盘古。其他各种现象，亦皆以神道为惟一之理由。此知识作用之附丽于宗教者也。且吾人生而有生存之

欲望，由此欲望而发生一种利己之心。其初以为非损人不能利己，故恃强凌弱，掠夺攫取之事，所在多有。其后经验稍多，知利人之不可少，于是有宗教家提倡利他主义。此意志作用之附丽于宗教者也。又如跳舞、唱歌，虽野蛮人亦皆乐此不疲。而对于居室、雕刻、图画等事，虽石器时代之遗迹，皆足以考见其爱美之思想。此皆人情之常，而宗教家利用之以为诱人信仰之方法。于是未开化人之美术，无一不与宗教相关联。此又情感作用之附丽于宗教者也。天演之例，由浑而画。当时精神作用至为混沌，遂结合而为宗教。又并无他种学术与之对，故宗教在社会上遂具有特别之势力焉。

迨后社会文化日渐进步，科学发达，学者遂举古人所谓不可思议者，皆一一解释之以科学。日星之现象，地球之缘起，动植物之分布，人种之差别，皆得以理化、博物、人种、古物诸科学证明之。而宗教家所谓吾人为上帝所创造者，从生物进化论观之，吾人最初之始祖，实为一种极小之动物，后始日渐进化为人耳。此知识作用离宗教而独立之证也。宗教家对于人群之规则，以为神之所定，可以永远不变。然希腊诡辩家，因巡游各地之故，知各民族之所谓道德，往往互相抵触，已怀疑于一成不变之原则。近世学者据生理学、心理学、社会学之公例，以应用于伦理，则知具体之道德不能不随时随地而变迁；而道德之原理则可由种种不同之具体者而归纳以得之；而宗教家之演绎法，全不适用。此意志作用离宗教而独立之证也。

知识、意志两作用，既皆脱离宗教以外，于是宗教所最有密切关系者，惟有情感作用，即所谓美感。凡宗教之建筑，多择山水最胜之处，吾国人所谓天下名山僧占多，即其例也。其间恒有古木名花，传播于诗人之笔，是皆利用自然之美以感人者。其建筑也，恒有峻秀之塔，崇闳幽邃之殿堂，饰以精致之造像，瑰丽之壁画，构成黯淡之光线，佐以微妙之音乐。赞美者必有著名之歌词，演说者必有雄辩之素养，凡此种种，皆为美术作用，故能引人入胜。苟举以上种种设施而摒弃之，恐无能为役矣。然而美术之进化史，实亦有脱离宗教之趋势。例如吾国南北朝著名之建筑则伽蓝[①]耳，其雕刻则造像耳，图画则佛像及地狱变相之属为

---

① 伽蓝：佛教寺院的通称。原为梵文的音译，僧伽蓝摩的略称，意译即"众园"或"僧院"。

多；文学之一部分，亦与佛教为缘。而唐以后诗文，遂多以风景人情世事为对象；宋元以后之图画，多写山水花鸟等自然之美。周以前之鼎彝，皆用诸祭祀。汉唐之吉金，宋元以来之名瓷，则专供把玩。野蛮时代之跳舞，专以娱神，而今则以之自娱。欧洲中古时代留遗之建筑，其最著者率为教堂，其雕刻图画之资料，多取诸新旧约①；其音乐，则附丽于赞美歌；其演剧，亦排演耶稣故事，与我国旧剧"目莲救母"相类。及文艺复兴以后，各种美术，渐离宗教而尚人文。至于今日，宏丽之建筑，多为学校、剧院、博物院。而新设之教堂，有美学上价值者，几无可指数。其他美术，亦多取资于自然现象及社会状态。于是以美育论，已有与宗教分合之两派。以此两派相较，美育之附丽于宗教者，常受宗教之累，失其陶养之作用，而转以激刺感情。盖无论何等宗教，无不有扩张己教、攻击异教之条件。回教之谟罕默德②，左手持《可兰经》，而右手持剑，不从其教者杀之。基督教与回教冲突，而有十字军之战③，几及百年。基督教中又有新旧教之战，亦亘数十年之久。至佛教之圆通④，非他教所能及。而学佛者苟有拘牵教义之成见，则崇拜舍利受持经忏之陋习，虽通人亦肯为之。甚至为护法起见，不惜于共和时代，附和帝制。宗教之为累，一至于此，皆激刺感情之作用为之也。

　　鉴激刺感情之弊，而专尚陶养感情之术，则莫如舍宗教而易以纯粹之美育。纯粹之美育，所以陶养吾人之感情，使有高尚纯洁之习惯，而使人我之见、利己损人之思念，以渐消沮者也。盖以美为普遍性，决无人我差别之见能参入其中。食物之入我口者，不能兼果他人之腹；衣服之在我身者，不能兼供他人之温，以其非普遍性也。美则不然。即如北京左近之西山，我游之，人亦游之；我无损于人，人亦无损于我也。隔千里兮共明月，我与人均不得而私之。中央公园之花石，农事试验场之水木，人人得而赏之。埃及之金字塔，希腊之神祠，罗马之剧场，瞻望赏叹者若干人，且历若干年，而价值如故。各国之博物院，无不公开者，

---

　　① 新旧约：天主教以《旧约全书》、《新约全书》为圣经。
　　② 谟罕默德：通译穆罕默德（约570—632），伊斯兰教创始人。
　　③ 十字军之战：西欧封建主、大商人和天主教会为扩张势力及掠夺财富，以维护基督教名义，对东地中海沿岸地区发动了侵略性的战争。这次以从"异教徒"（穆斯林）手中夺回圣地耶路撒冷为名义的东侵，前后8次，历时近200年（1096—1291）。史称十字军东征。
　　④ 圆通：佛教名词。圆，无偏缺；通，无障碍，顺达。

即私人收藏之珍品，亦时供同志之赏览。各地方之音乐会、演剧场，均以容多数人为快。所谓独乐乐不如与人乐乐，与寡乐乐不如与众乐乐，以齐宣王之惛，尚能承认之，美之为普遍性可知矣。且美之批评，虽间亦因人而异，然不曰是于我为美，而曰是为美，是亦以普遍性为标准之一证也。

美以普遍性之故，不复有人我之关系，遂亦不能有利害之关系。马牛，人之所利用者，而戴嵩①所画之牛，韩干②所画之马，决无对之而作服乘之想者。狮虎，人之所畏也，而芦沟桥③之石狮，神虎桥之石虎，决无对之而生搏噬之恐者。植物之花，所以成实也，而吾人赏花，决非作果实可食之想。善歌之鸟，恒非食品。灿烂之蛇，多含毒液。而以审美之观念对之，其价值自若。美色，人之所好也；对希腊之裸像，决不敢作龙阳之想；对拉飞尔④、若鲁滨司⑤之裸体画，决不敢有周昉⑥秘戏图之想。盖美之超绝实际也如是。且于普通之美以外，就特别之美而观察之，则其义益显。例如崇闳之美，有至大至刚两种。至大者如吾人在大海中，惟见天水相连，茫无涯诶。又如夜中仰数恒星，知一星为一世界，而不能得其止境，顿觉吾身之小虽微尘不足以喻，而不知何者为所有。其至刚者，如疾风震霆，覆舟倾屋，洪水横流，火山喷薄，虽拔山盖世之气力，亦无所施，而不知何者为好胜。夫所谓大也，刚也，皆对待之名也。今既自以为无大之可言，无刚之可恃，则且忽然超出乎对待之境，而与前所谓至大至刚者胪合而为一体，其愉快遂无限量。当斯时也，又岂尚有利害得丧之见能参入其间耶！其他美育中，如悲剧之美，以其能破除吾人贪恋幸福之思想。《小雅》⑦之怨悱，屈子⑧之离忧，均能特别感人。《西厢记》若终于崔、张团圆，则平淡无奇；惟如原本之终于草桥一梦，始足发人深省。《石头记》若如《红楼后梦》等，必使宝、黛成婚，则此书

---

① 戴嵩：唐画家。师事韩滉，擅画田野之景，尤善水牛。

② 韩干：唐画家。长安人。善画人物，尤工马，骨肉均匀，得其神气，自成一家。

③ 芦沟桥：卢沟桥。

④ 拉飞尔：通译拉斐尔（1483—1520），意大利文艺复兴时期画家、建筑师。

⑤ 鲁滨司：通译鲁本斯（1577—1640），佛兰德斯画家。创作的神话、历史、宗教、人物肖像及风俗和风景画等作品，气象万千，色彩富丽。

⑥ 周昉：唐画家。字景玄，京兆（今陕西西安）人。工仕女，并擅长作佛道宗教画。

⑦ 《小雅》：《诗经》组成部分之一。大部分为西周后期及东周初期贵族宴会乐歌，小部分是批评时政过失或抒发怨愤之情的民间歌谣。

⑧ 屈子：即屈原（约前340—约前278）。我国史载最早的伟大诗人。

可以不作；原本之所以动人者，正以宝、黛之结果一死一亡，与吾人之所谓幸福全然相反也。又如滑稽之美，以不与事实相应为条件。如人物之状态，各部分互有比例。而滑稽画中之人物，则故使一部分特别长大或特别短小。作诗则故为不谐之声调，用字则取资于同音异义者。方朔割肉以遗细君，不自责而反自夸。优旃①谏漆城，不言其无益，而反谓漆城荡荡，寇来不得上，皆与实际不相容，故令人失笑耳。要之，美学之中，其大别为都丽之美，崇闳之美（日本人译言优美、壮美）。而附丽于崇闳之悲剧，附丽于都丽之滑稽，皆足以破人我之见，去利害得失之计较，则其所以陶养性灵，使之日进于高尚者，固已足矣。又何取乎侈言阴骘②、攻击异派之宗教，以激刺人心，而使之渐丧其纯粹之美感为耶。

（据《蔡子民先生言行录》）

---

① 优旃：古代优人。优旃谏漆城，出自《史记·滑稽列传》："优旃者，秦倡侏儒也。"又载："始皇尝议欲大苑囿""二世立，又欲漆其城"，皆因优旃讽谏而止。
② 阴骘：骘，定。称阴德为"阴骘"。

在南开学校全校欢迎会上的演说词

余自归国以来，居京瞬将一稔①。虽经贵校数约来津，只以事冗，未获践诺，深以为恨。兹者承贵校励学、敬业、演说三会约邀，来与诸君为学术上之讨论，并可请益于诸君，是诚可欣喜者。既来兹，复蒙贵校董严先生、校长张先生殷殷招待，开会欢迎，得与全校诸君共话，感激实甚。

贵校为国中知名之学校，鄙人闻名久矣，深以未得参观为憾。今兹之来，未得有所预备，姑取各学校普通注重之德、智、体三育，为诸君言之。三育之重，各国学校殆莫不皆然，在中国则有名无实者犹居多数，此实大可商榷者也。

今请首言体育：古之所谓勇夫、侠士，君子称之，此即体育之发端。逮汉，人民犹有佩剑之遗风，久之，则此俗渐失，人人习于颓靡，身体柔弱，腰弓背屈。群以为知识发达，道德增加，便足为毕人生事，于是，囚首垢面者，反目为是，雄躯壮干者，鄙为不足道。殊不知有健全之身体，始有健全之精神；若身体柔弱，则思想精神何由发达？或曰，非困苦其身体，则精神不能自由。然所谓困苦者，乃锻炼之谓，非使之柔弱以自苦也。今之学校中，盖咸知注视体育者，但国人之惰性甚深，致学生仍不得充量以提倡。贵校连捷华北，体育已臻佳境。东亚虽败，然断不可视为败兴之举。以体育之提倡，贵乎全体四万万人中。设尽四万人体育发达，余者仍颓唐故我，则全国体育依然列于软弱之类。矧②东亚与赛诸君，尽属之学校，其数不过有数十人，即胜亦不得便以为荣；故此次之败，乃赐

---

① 一稔：原指田间农作物的一次收成，引申为一年。《国语·郑语》："凡周存亡，不三稔矣。"
② 矧：况且。

我良机，俾体育发达者不以是自满，且因之愈倡练习之风。而贵校体育号称发达者，大望始终勿急，为国人倡焉。

次言智育：学校中之智育，多不外乎教科书。顷闻贵校教科书大都以英文充用，此法甚善。盖贵校非他校比，贵校学生大多数为将来升学研究之人，而他种学校尚多急于生活之学生。昔黄韧之①先生主张职业教育，即本此故。原中国今日之学生，受国家之影响，家庭之阻挠，所志多不能遂，转而入于谋生自活之途，此职业教育所以急待注意者也。若诸君者，则升学乃唯一之方针，固无须谋及职业矣。但升学亦有二种方向：一即倾向于研究，一即得有普通专门学术。二者乃此后升学必由之径，愿诸君审察之。教授假诸外人，此乃借径熟习外国语言，以备研究各种科学。英文科学高于他国，固无论矣；若德若法，要亦可资助益。吾国学规，有英、德文之须习，而各国亦以多习他国语言为则。若贵校既习英文，复新增德文。此后吾甚盼法文、义大利②文亦靡不增加。盖学校范围小者，其力不充，不得不因陋就简。至贵校则数达千人，前程方兴未艾，扩而大之，固甚易易也。

论德育，在国中甚属难言。旧日道德，隐然有一种魔力，法规所定，无论当否，无丝毫违抗改变余地。国之君主，家之家长，私塾之师，其令之严，被动者惟有服从，无所谓自由其思想，使居于判断是非之地。此种思想之箝制，积数千年，至今日学校校长犹存此风。其是也，全校是之；非也，全校非之。于是，校风播荡，国风斯成，国中思想之不自由，较之各国思想发达者，有霄壤之别矣。然贵校于斯，殊异于众。贵校董严先生于旧道德素称高贵，而校长张先生又属基督徒；但二先生决不因己之信仰强诸君以为从。校中各会会章不一，入者纯属自由择选，无丝毫信仰之束缚。此种自由足为未来之道德开一新径。吾甚愿诸君守此勿变，以养成此种优美之习惯焉。

（周恩来笔录，据南开学校《校风》第 67 期，1917 年 5 月 30 日出版）

---

① 黄韧之：即黄炎培，字韧之、任之。
② 义大利：通译意大利。

蔡元培
教育名篇

在浙江旅津公学演说词

七月六日为浙江旅津公学举行暑假休业式，承穆校长之召，以同乡资格，得与盛会，极为荣幸。

近日张勋①擅行复辟，国本摇动，诸君对之当咸有所感愤，而知其必败。诸君须知此事即可以观有教育与无教育之优劣，新教育与旧教育之胜负。大凡吾人做事，必先审其可能与不可能，应为与不应为，然后定其举止。张勋欲以一家之兵力压制全国，此事之不可能也；以五族共和之国，而归之一姓，此事之不应为也。张勋竟不事先审度，悍然施行，称奴才于竖子②之门，甘冒天下之大不韪，此无教育之害也。与张勋同谋之康有为、梁鼎芬③辈，亦尝受教育矣，其诗文学术，国人亦颇多尊崇之。然此乃旧教育，故于世界之大势、政体之利弊、国民之心理，未尝稍事研究，胶执旧说，顽固成性，竟与无教育之张勋同做无谋之事，此未尝受新教育之害也。

今之言新教育者，以体育、智育、德育并重，其功效胜于旧教育什百。以言体育，旧时习惯，偏重勤习，而于身体之有妨碍与否，皆所不顾，且以身体与灵魂为二物。人之智慧学术，皆由灵魂出，故重视灵魂，而轻视身体。今经科学发

---

① 张勋（1854—1923）：江西奉新人。清末充任总兵、提督等职。1911 年武昌起义后，被清廷任为江苏巡抚兼两江总督、南洋大臣。袁世凯就任总统后，所部改称武卫前军，但仍表示忠于清室，禁部属剪发，被称为"辫子军"。1917 年 5 月，乘段祺瑞、黎元洪"府院之争"的时机，以调解为名，率军入京。7 月 1 日拥溥仪复辟，自封为议政大臣兼直隶总督、北洋大臣。至 12 日为皖系军阀段祺瑞击败，逃入荷兰使馆，被通缉。后病死天津。
② 竖子：指溥仪。
③ 梁鼎芬（1859—1919）：字星海，号节庵，广东番禺人。光绪进士。历任知府、道员、按察使、布政司等职。曾长期为张之洞幕僚。反对戊戌变法，攻讦康、梁。辛亥革命后成为遗老，被废帝溥仪召充毓庆宫行走，参与张勋复辟活动。

明，人之智慧学术，皆由人之脑质运用之力而出，故脑力盛则智力富，身体弱则脑力衰，新教育之所以注重体操运动，实基于此。

以言智育，旧日习惯，大都偏重墨守，大言不惭，食古不化；今之新教育，每以科学练其头脑，使为有规则之研究，且就前人研究已到地步，追迹探究，而为更进之发明，不故步自封，不墨守旧说，故能精益求精，日有所发明。

以言德育，旧日每言忠君爱国，若以国属于君者，法之路易十四①所谓"朕即国家"，即此意也。故人一举一动，往往就一人一家着想，而乏团体社会之观念。此次复辟运动，皆含此意。今之言教育者，以为国乃万民所共有，非一姓所独擅，故一举一动，往往就万民全体着想，故言德育，每注重于公道。又旧日德育，每偏重于礼而不注重于乐。吾国古代，礼、乐并重，当知乐与德育大有关系。盖乐者，所谓美的教育也。古人每称乐以和众，今学校唱歌，全班学生合和，亲爱和乐之意，油然而生。此亦发扬公德之一作用也。若偏重于礼，则人人拘束，而不相亲近矣。此皆新教育之胜于旧教育者也。诸君来此受新教育，此张勋、康有为所未得享受之福，而诸君享受之。将来学成，必有补时局，不禁拭目望之。

（据天津《大公报》，1917 年 7 月 14 日刊发）

---

① 路易十四（1638—1715）：1643—1715 年间法国国王。在位时，加强专制统治（宣称"朕即国家"），强化中央集权。在其统治时期，社会矛盾严重，法国封建专制制度开始走向没落。

蔡元培 教育名篇

北京大学校役夜班开学式演说词

校役夜课，各学校早有行之者。本校开办已二十年，至今日而始能开学，实为抱歉之事。在常人之意，以学校为学生而设，与校役何涉。不知一种社会，无论小之若家庭、若商店，大之若国家，必须此一社会之各人皆与社会有休戚相关之情状，且深知此社会之性质，而各尽其一责任。故无人不当学，而亦无时不当学也。诸位看我年纪，已亦不小，事情亦颇忙，然我当有暇时，尚不废学。本校职员，皆自励于学；学生，则职员助之为学。惟诸位独无就学之机会，未免偏枯。此所以有夜课之设，而且今日特举此郑重之开学式也。

我以为夜课之有益于诸位者有二：（一）有益于现在之地位。诸位现在所任之事，或在教室，或在图书馆，或在庶务处。能书能算，则于送信购物等事，不致误会；略涉理科，则于搬运仪器、检收药品之事，可有把握；略解外国语，则于外国教员或来宾之往来，易于应对；且略知修身大义，则于卫生之道，勤勉诚实之行，皆能心知其意，而切实行之，必不至有不正之行，取非分之财，亦将不至因境遇之不如人，而酿成神经病。（二）有益于他种职业之预备。在校之人，既人人与本校休戚相关，自愿其永久在校任事。然事变无常，或以校务之改变，或以本人境遇之关系，有不能不离校者，若仅恃前清时代公馆中门房打杂之普通技能以应，也恐人浮于事，难得相当位置。今受此夜课之教育，知书算则可应用于商店；知理科大意，则改习农工各业，易于见长；若于性之所近，力求进步，亦未尝不可成为学者，为乡村学校教师。此皆有益于诸位者也。故学生诸君，特以就学之暇，为诸位担任教科，他人为诸位尚热心如此，诸位自己对于切身之事，岂不更宜热心？本校开办夜课之始，不能不特设奖励及惩戒之例，以防流弊。然终望诸位人人勤奋，使惩奖之例，竟可废撤，则尤我之所希望也。

（据《北京大学日刊》，1918 年 4 月 16 日刊发）

新教育与旧教育之歧点

——在天津中华书局"直隶全省小学会议欢迎会"上的演说词

今日承京津中华书局代表之招，得与诸先生晤言一堂，不胜荣幸。中华书局，为供给教育资料之机关；诸君子皆有实施教育之职务。今日所相与讨论者，自然为教育问题。鄙人于小学教育，既未有经验；又于直隶省教育情形，未有所考察，不能为切实之贡献。谨以平日对于教育界之普通感想，质之于诸先生。

夫新教育所以异于旧教育者，有一要点焉，即教育者非以吾人教育儿童，而吾人受教于儿童之谓也。吾国之旧教育以养成科名仕宦之才为目的。科名仕宦，必经考试，考试必有诗文，欲作诗文，必不可不识古字，读古书，记古代琐事。于是先之以《千字文》、《神童诗》、《龙文鞭影》、《幼学须知》等书；进之以四书、五经；又次则学为八股文、五言八韵诗；其他若自然现象、社会状况，虽为儿童所亟欲了解者，均不得阑入教科，以其于应试无关也。是教者预定一目的，而强受教者以就之；故不问其性质之动静，资禀之锐钝，而教之只有一法，能者奖之，不能者罚之，如吾人之处置无机物然，石之凸者平之，铁之脆者煅之；如花匠编松柏为鹤鹿焉；如技者教狗马以舞蹈焉；如凶汉之割折幼童，而使为奇形怪状焉；追想及之，令人不寒而栗。新教育则否，在深知儿童身心发达之程序，而择种种适当之方法以助之。如农学家之于植物焉，干则灌溉之，弱则支持之，畏寒则置之温室，需食则资以肥料，好光则复以有色之玻璃；其间种类之别，多寡之量，皆几经实验之结果，而后选定之；且随时试验，随时改良，决不敢挟成见以从事焉。故治新教育者，必以实验教育学为根底。实验教育学者，欧美最新之

科学，自实验心理学出，而尤与实验儿童心理学相关。其所试验者，曰感觉之阈①，曰感觉之分别界，曰空间与时间之表象，曰反射，曰判断，曰注意力，曰同化作用，曰联想，曰意志之阅历，曰统觉，凡一切心理上之现象皆具焉。其试验之也，或以仪器，或以图画，或以言语，或以文字。其所为比较者，或以年龄，或以男女之别，或以外界一切之关系，或以祖先之遗传性，因而得种种普通之例，亦即因而得种种差别之点。虽今日尚未达完全之域，然研究所得，视昔之纯凭臆测者，已较有把握矣。

因而知教育者，与其守成法，毋宁尚自然；与其求划一，毋宁展个性。请举新教育之合于此主义者数端。一曰托尔斯泰（Tolstoy）之自由学校，其建设也，尚在实验教育学未起以前，乃本卢梭、裴斯泰洛齐、弗罗贝尔②等之自然主义而推演之者；其学生无一定之位置，或坐于凳，或登于桌，或伏于窗槛，或踞于地板，惟其所欲；其课程亦无定时，惟学生之愿，常以种种对象间厕而行之；其教授之形式，惟有问答。闻近年比利时亦有此种学校，鄙人欲索其章程，适欧战起，比为德所据，不可得矣。二曰杜威（Dewey）之实用主义，杜威尝著《学校与普通生活》一书，力言学校教科与社会隔绝之害；附设一学校于芝加哥大学，即以人类所需之衣、食、住三者为工事标准，略分三部：一曰手工，如木工、金工之类；二曰烹饪；三曰缝织，而描画模型等皆属之。即由此而授以学理，如因烹饪而授以化学，因裁缝而授以数学，因手工而授以物理学、博物学，因原料所自出而授以地学，因各时代各民族工艺若服食之不同而授以历史学、人类学等，是也。三曰蒙台梭利之儿童室，即特设各种器具以启发儿童之心理作用者，是也；吾国已有译本，想诸君已见之。四曰某氏之以工作为操练说，此说不忆为何人所创，大约以能力说为基础。能力者，西方所谓 Energy 也，近世自然哲学，以世界一切现象，不外乎能力之转移，如然（燃）煤生热，热能蒸水成汽，汽能运机，机能制器；即一种能力之由煤，而热，而汽，而机，而器，递相转移也。惟

---

① 阈：门槛，门限。

② 弗罗贝尔（1782—1852）：德国学前教育家。在德国古典唯心主义哲学思想的影响下，形成了他的哲学观点和教育观点，认为儿童具有活动、认识、艺术和宗教的本能，教育即促进这种本能发展的过程。

能力之转移，有经济与不经济之别，如水力可以运机发电，而我国海潮瀑布之属皆置而不用，是即不经济之一端也。近世教育，如手工图画等科，一方面为目力手力之操练，而一方面即有成绩品，此能力转移之经济者也。其他各种运动，大率只有操练，并无出品，则为不经济之转移。若合个人生理及社会需要两方面而研究之，设为种种手力足力之工作，以代拍球蹴球之戏；设为种种运输之工作，以利用竞走竞漕之役；则悉于体育之中，养成勤务之习惯，而一切过激之动作，凌人之虚荣心，亦可以免矣。其他类是之新说，为鄙人所未知者，尚不知凡几，亦足以见现代教育界之进步矣。吾国教育界，乃尚牢守几本教科书，以强迫全班之学生，其实与往日之《三字经》、四书、五经等，不过五十步与百步之相差。欲救其弊，第一，须设实验教育之研究所；第二，教员须有充分之知识，足以应儿童之请益与模范而不匮；第三，则供给教育品者，亦当有种种参考之图画与仪器，以供教员之取资。如此，则始足语于新教育矣。

（据《北京大学日刊》，1918 年 5 月 30、31 日刊发）

北京大学一九一八年开学式演说词

　　大学为纯粹研究学问之机关，不可视为养成资格之所，亦不可视为贩卖知识之所。学者当有研究学问之兴趣，尤当养成学问家之人格。本校一年以来，设研究所，增参考书，均为提起研究学问兴趣起见。又如设进德会，书法、画法、乐理研究会，开校役夜班，助成学生银行、消费公社等，均为养成学生人格起见。此皆诸生所当注意者。且诸生须知既名大学，则万不可有专己守残之习。一年以来，于英语外，兼提倡法、德、俄、意等国语，及世界语；于旧文学外，兼提倡本国近世文学，及世界新文学；于数、理、化等学外，兼征集全国生物标本，并与法京"巴斯德生物学院"协商设立分院。近并鉴于文科学生轻忽自然科学，理科学生轻忽文学、哲学之弊，为沟通文、理两科之计划。望诸生亦心知其意，毋涉专己守残之习也。

　　　　　　　　　　　　　　　（据《北京大学日刊》，1918年9月21日刊发）

德国分科中学之说明

近日，北京大学方鉴于文理分科之流弊，提出"文理合并"之议，而中学教育界乃盛传"文实分科"之说，异哉！原中学文实分科说之由来：

（1）由国文教员嫌国文教授时间之不足，而欲减数学若自然科学之时间以补之。

（2）由数学教员嫌数学教授时间之不足，而欲减国文若历史、地理之时间以足之。

为调和两者计，乃有文实分科之说，在清季已试行之。其制盖有数种流弊：

（1）各省竞设文科中学，而实科至少。以实科之设备较普通中学需费更巨，其教员亦非现在高等师范之毕业生所能任。至于文科，则设备之费更简，而科举时代之文人皆可为教员也。

（2）既少实科中学，则专门以上学校之属于文、法、商诸科者，虽不患无可招之生；而理、医、工、农诸科，则合格之生甚少。

（3）文、法、商诸科所招之中学毕业生，科学知识太缺乏，仍为变相的举子，而不适于科学万能之新时代。

故民国元年，教育部取消文实分科之制，而定现行之中学制。在现行中学制所需改革之点固多，而决无恢复文实分科之理。说者动引德国文实分科制以为凭借，不知德之中学，本止文科，其后因时势之需要而增设实科，未几又有文实合科之制。后者已出，而前者未被淘汰，且因一部分人之尽力，前者亦次第改良，有以适应乎时势，故亦随教育之进步而稍有增设，遂使三者得并存于教育界，初非建设之初即规定有此三种也。今先述三种中学教科差别之大略，及建设时期如下（见下页表）。

　　方实科及文实科中学之初设也，其毕业生之资格不能与文科等。文科毕业生，得于大学之神学、哲学、医学、法学四科自由选择；而其他两校毕业生，仅得进哲学科之近世外国语、数学及自然科学等门。及其毕业于大学也，文科出身者，得任各种官吏；而其他两校出身者，以下级官吏为限。文科出身者，得任各种教员；而其他两校出身者，以中学校中一部分之教员为限。及一八九八年及九九年，教育会议之结果，而资格遂以平等，惟非文科毕业生欲入神学、法学两科，须受希腊文或拉丁文之特别试验而已。在实科诸生，以先习近世外国语之故，补习古代语，进步甚速。故佛郎福脱[①]（Frankfort）之新式中学，遂规定先习近世外国语，而于第四年始习古代语；行之卓有成效，而其他都会仿行之，尚名为佛郎福脱式也。

教科		文科	实科	文实科	新式
	第六级	拉丁文始	无拉丁、希腊文，而注重于法语、英语、数学、自然科学及图绘	无希腊文，注重拉丁文，如文科。注重法语、英语、数学、自然科学，如实科	惟有一种近世外国语（如法国语之类）
	第五级				
	第四级	法语始			
	第三级下	希腊文始			
	第三级上				
	第二级下				
	第二级上	英语始			
	第一级下				
	第一级上				
		其他历史、地理、国语、数学、宗教、自然科学、图绘、体操、唱歌	余同上	余同上	余同上
创始时代		中古时代	一八六〇年	未详，稍后于实科	最近
校数增加率	一八九五年	四三九	一九八	一二八	未详
	一九〇三年	四六八	二六五	一二二	未详

---

① 佛郎福脱：今译法兰克福。

由是观之，德国之中学制，由文科而趋于实科，乃有折中之文实科；由分而合，初不足为由合而分者之凭借也。

且欧式中学，年限较长，含有高等普通及高等预备之两种作用，故佛郎福脱式及法国式皆始合而后分。我国既采日本制，于大学及高等专门学校皆有预科（日本之高等学校，即大学预科），中学年限较短，而偏重高等普通之作用。若分中学为两科，是破坏普通教育之原则矣。今并表法国中学制于下，以备参考。

小学	四年为第十至第七级							
中学		甲　种				乙　种		
	第六级	有拉丁或希腊文				无拉丁文，有两种近世外国语		
	第五级							
	第四级					自是年起，国语及科学加重		
	第三级							
	第二级	（子）拉丁、希腊文		（丑）拉丁及近世外国语		（寅）拉丁文及较完备的科学		（卯）近世外国语及较完备的科学
	第一级							
	哲学数学级	（天）哲学	（地）数学	（元）哲学	（黄）数学	（宇）哲学	（宙）数学	（洪）哲学 |（荒）数学

在甲种农业学校演说词

　　余友某君①，以黄豆制作各种食品，可以代用牛乳，外人颇为欢迎。是以在法开设豆腐公司，以供其需用。学理与实验，可谓兼有矣。

　　回顾吾国农业，与法国农业〈较〉，有诸多希望于列位也。彼法国中等农校，关于实习，非常注意。实习钟点，除每周十余点钟理论外，皆为于农场实习。或于上午听讲笔录之，下午施之于实验。由是理论与实验，相辅而行。理论之所不及者，而实验可以补其短；实验之无有者，理论得以导之。农业进步之秘诀，其在是乎！其在是乎！

　　又实习之材料，视地方之产物而异。如在法之南部，产多量之葡萄，而实习之从事于葡萄者特多；在其北方产萝卜，则实习于制糖尤盛。详察现在世界趋势，有反对工商派者，谓业于工商者，蠢集②于大城市之中，于卫生上观之，不利者甚多。而乡曲之农民，往往具有健康之检查；其所以致此，无非以日耕作畎亩之中，受清鲜之大气而然。国民健康之程度，影响于国家之盛衰兴亡。是故提倡农业者，为今日富强之唯一之良策也。俯审吾国，以固有习惯，于农业一事，颇肯注意。然以沿用旧法，于学理上毫无应用。故学理之研究者，亦为振兴农业不可少之设备。由是观之，虽注意学理，而实验忽之，不过纸上谈兵已耳。

　　且欲发达工商业，非提兴农业不可。工非农，材料之产出无资；商非农，运输之功何用？故农业者，工、商之本，强富之基也。猗欤③！农业一事，岂可忽

---

　　① 余友某君：指李石曾。
　　② 蠢集：蠢，蠕动状。
　　③ 猗欤：猗，亦作"歆"。赞美之词。欤，表感叹语气。

视乎？世人多以农为卑贱事，不知此中利害关系之如此其重大。古舜耕于历山，尧耕于南阳，彼圣人透彻情形，作此以尽提倡之功，鄙夫掩目以取笑。吾辈当慕尧、舜之微意，而摒鄙夫之无为者也。某君由天津至法，曾专攻于农已年余，愿从事耕作，而与耕夫为伍；彼以素无实习之工夫，不能行持久之作业，而卒以被制于耕夫。是故虽有研究学理之事实，不能与耕夫同操作，乏实习之工夫，其结果也，卒不能达振兴农业之目的。

又吾国关于农业机关之设立，如晨星之寥寥。虽卒业于学校，无相当之位置，以试用其技术；是以居家而灰心，其所学无所应用，或奔走于政途，而受所学非所用之讥。因此，注意实习，而卒业后得从事耕种，与农夫谋进步，庶几农业前途，有一的（滴）之希望焉。

（据蔡元培演说词记录稿）

注意学理，而实验忽之，不过纸上谈兵已耳。

蔡元培　教育名篇

教育之对待的发展

　　吾人所处之世界，对待的世界也。磁电之流，有阳极则必有阴极；植物之生，上发枝叶，则下苗根，非对待的发展乎？初民数学之知识，自一至五而已，及其进步，自五而积之，以至于无穷大，抑亦自一而折之，以至于无穷小，非对待的发展乎？古人所观察之物象，上有日月星辰，下有动植水土而已；及其进步，则大之若日月之组织，恒星之光质，小之若微生植物之活动，原子电子之配置，皆能推测而记录之，非对待的发展乎？

　　教育之发展也亦然。在家族主义时代所教训者，夫妇、亲子、兄弟间之关系，孝弟亲睦而已。及其进而为家族的国家主义，则益以君臣、朋友二伦，所扩张者犹是人与人之关系。而管仲之制，士之子恒为士，农之子恒为农，工之子恒为工，商之子恒为商，幼而习焉，不见异物而迁。李斯之制，焚诗书百家语，欲习法令者，以吏为师。是个人职业教育之自由犹被限制也。进而为立宪的国家，一方面认个人有思想、言论、集会之自由，是为个性的发展；一方面有纳税、当兵之义务，对于国家而非对于君主，是为群性的发展。于是有所谓国民教育者。两方面发展之现象，亦以渐分明。虽然，群性以国家为界，个性以国民为界，适于甲国者，不必适于乙国。于是持军国民主义者，以军人为国民教育之标准；持贵族主义者，以绅士为标准；持教会主义者，以教义为标准；持实利主义者，以资本家为标准。个人所有者，为"民"权而非"人"权；教育家所行者，为"民权的"教育而非"人格的"教育。自人类智德进步，其群性渐溢乎国家以外，则有所谓世界主义若①人道主义；其个性渐超乎国民以上而有所谓人权若人格。

科学研究也，工农集会也，慈善事业之进行也，既皆为国际之组织，推之于一切事业，将无乎不然；而个人思想之自由，则虽临之以君父，监之以帝天。囿之以各种社会之习惯，亦将无所畏葸而一切有以自申。盖群性与个性的发展，相反而适以相成，是今日完全之人格，亦即新教育之标准也。持个人的无政府主义者，不顾群性；持极端的社会主义者，不顾个性；是为偏畸之说，言教育者其慎之。

吾友黄郛②君著《欧战之教训及中国之将来》，对于吾国教育之计划，有曰："立国于二十世纪，非养成国民兼具两种相反对之性质不可：曰个人性与共同性……今次欧战教训，无论其国民对于国家如何忠实，若仅能待命而动，无独立独行之能力者，终不足以担负国家之大事。年前法国教育家钮渥曾著一论，谓'从前世人尝有一疑问，谓教育之目的，究系为个人乎？抑为社会与国家乎？如为个人也，宜助长个性之发达，是与共同组织有碍也；如为社会与国家也，宜奖励共同性之养成，是阻止个性之发达也。吾今敢确切答复曰：此后国家之生存，必须全体国民同时具备此两面之资格而后可。故此后教育家之任务，在发见一种方法，能使国民内包的个性发达，同时使外延的社会与国家之共同性发达而已矣。'盖惟此二性具备者，方得谓此后国家所需要之完全国民也。"黄君之言，足以证教育对待的发展之义矣。余惜其仅为国民教育言，一闻未达，故广其义，以著于篇，备今之言新教育者参考焉。

（据《新教育》第 1 卷第 1 期，1919 年 2 月出版）

---

① 若：或者。

② 黄郛（1880—1936）：字膺白，浙江上虞人。早年留学日本，加入同盟会。曾在北京大学讲授军事知识。

贫儿院与贫儿教育的关系

——在北京青年会演说词

贫儿院的历史同成效，刘景山先生已讲得很详细了。鄙人对于贫儿院，有一种特别感想，并且有一种特别希望。所以看得这一次的募捐，比较别种慈善事业尤为重要。请与诸位男女来宾讲讲。

贫儿是没有受家庭教育的机会，所以到院。这原是他们的不幸。但鄙人对于家庭教育很有点怀疑。第一层：教育是专门的事业，不是人人能担任的。譬如诸位有一块美玉，要琢成佩件，必要请教玉工。又如有几两黄金，要炼成首饰，必要请教金工。断不是人人自作的。现在要把自家子女造成适当的人物，敢道比琢玉炼金容易，人人可以自任的么？第二层：有子女的人，不是人人有实行教育的时间。男子呢，莫不有一定职业，就每日有一定做工的时间。做工完毕了，还有奔走公益的，应酬亲友的，随意消遣的。请问每日中有多少时间可以在家与他的子女相见？妇人呢，或是就职业，或是操家政，也有讲应酬好消遣的，请问每日中有多少时间可以专心对付他的子女？所以有钱的就把子女交给没有受过教育的仆婢，统统引诱坏了；没有钱的就听子女在家里胡闹，或在街上乱跑。父母闲暇了，高兴了，子女就有不好的事，也纵容他；忙不过来了，不高兴了，子女就有好的事，也瞎骂一阵，乱打几拳。这又是大多数父母的通病了。而且现在的家庭对于儿童可以算好的榜样么？正经的父母不知道儿童性情与成人大有不同，立了很严规矩，要儿童仿作，已经很不相宜了。还有大多数的父母夫妇的关系、兄弟妯娌的关系、姑嫂的关系、主仆的关系、亲戚邻居的关系，高兴了就开玩笑，讲别人的丑事；不高兴了，相骂相打。要是男子娶了妾，雇了许多男女仆，那就整日的演妒忌猜疑的事，甚且什么笑话都可以闹出来。这可以做儿童的榜样么？兼且成年的人爱看的书报与图画，爱听的笑话与鼓词，不免有不宜于儿童的，父母看了听了，可以不到儿童的耳目么？有许多儿童都是受了家庭不好的教育，进学校后很不容易改良。所以我对于家庭教育很有点怀疑。

我们古代的大教育家，要算是孔子、孟子。孔子有一个学生叫陈亢，疑孔子教训儿子总比教训学生有特别一点的。有一日问着孔子的儿子伯鱼。照伯鱼对答的：有一次遇见了他的父亲，问他学了诗没有。他说没有学。他的父亲就说了不学诗的短处。又有一次遇见了他的父亲，问他学了礼没有。他也说没有学。他的父亲就说了不学礼的短处。陈亢恍然大悟，知道君子是疏远他的儿子呢。孟子有一个学生，叫公孙丑，有一日问道："君子为什么不亲自教他的儿子？"孟子答道："办不到。教他必用正道。教了不听，必要怒。怒了便伤了父子的感情。万一儿子想着父亲教我的，他自己也还没有做到，这更是彼此互相责备，更坏了。所以古人用交换法把自己的儿子请别人教，反替别人教他的儿子呵。"照此看来，圣如孔子、贤如孟子，尚且不敢用家庭教育，何况平常人呢？

所以我的理想：一个地方必须于蒙养院与中小学校以外，有几个胎教院、几个乳儿院，都由专门的卫生家管理。胎教院的设备，如饮食、器具、花园、运动场、装饰的雕刻与图画、陈列的书报，都是有益于孕妇的身体与精神的。因为孕妇身体上受了损害，或精神上染了污浊，都要害及胎儿的。乳儿院的设备，必须于乳儿的母亲身体上、精神上都是有益的。要是母亲有了疾病，或发了邪淫、愤怒、悲愁的感情，都是害及乳儿的。有了这种设备，不论那个人家，要是妇人有了孕，便是进胎教院；生了子女，便迁到乳儿院。一年以后，小儿断乳，就送到蒙养院受教育，不用他的母亲照管。他的母亲就可以回家，操他的家政，或营他的职业了。

现在还没有这种组织，运动别人，别人也不肯信。我想先从贫儿院下手。要是贫儿院试办这种事情很有成效，那就可以推广到不贫的儿童了。这是我的第一种希望。

美国大教育家杜威博士，不久要来中国。他创了一种很新的教育主义，是即

工即学，是要学校生活与社会生活密接。曾在雪卡哥①大学附设一个学校试验过，很有成效。我于民国元年在南京发表一篇《对于教育方针之意见》，曾于实利主义一节中介绍过。去年在天津青年会演讲《新教育与旧教育之歧点》，又介绍过一回。他的即工即学主义，是学生只须做工，一切学理就在做工的时候指点他，用不着什么教科书。我但用贫儿院已设的烹饪、裁缝、木器与地毯四项工作做个比例，就容易明白了。这四项的原料都是动植物，便可以讲生物学。这四项的工具都是矿物做成的，便可以讲矿物学、地质学。做这四项工作的时候，或用热度，或用手力，或用机械，或用电磁，就可以讲物理学。食物的调和，衣服的漂白与渲染，木器的油漆，都与化学有关，便可以讲化学。食物的分量，衣服的尺寸，木器各方面的比例，地毯与房屋的配合，各种原料与工具的购入，各种成绩品的出售，都要计算、记录，便可以讲数学与簿记法。指明原料出产的或成绩品出售的地方，比较各民族饮食、衣服、器具的异同，便可讲地理学与人类学。比较古今饮食、衣服、器具的异同，便可讲历史学。做工要勤，要谨慎，要有进步，要与同作的学生互相帮助。这四项工作以外，有休息，有共同的运动，又有洗濯食器与衣服、整理被褥、洒扫堂室、应对宾客等杂务，便可以讲卫生与修身。就食物的装置、衣服与器具的形式与色彩，可以讲美学与美术。就贫儿以往的苦痛，现在的安乐，将来的希望，也可以讲点哲学。把一切经过的情形，或教习的言语叫各人写出来，便可以练习国文或外国文。诸位看！照此办法还要用什么教科书么？还要聚了几十个学生在教室里面，各人对了一本书，听教习一句一句地呆讲么？但这种学校生活与社会生活密接的组织，不但我们中国人没有肯办的，就是办了，也怕没有人肯送他的子弟来。因为中国人现在还叫进学校作读书，要是到校以后，只有工作，没有读书，就一定不赞成了。现在贫儿院既有工作，何不把上午的读书省却，匀派在工作的时间，来试试杜威博士的新主义呢。要是试了有成效，就可以劝别的学校也来试试。这是我第二种的希望。

　　我国人不许男女间有朋友的关系，似乎承认"男女间只有恋爱的关系"，所以很严地防范他。既然有此承认，所以防范不到处，就容易闹笑话了。欧美人承

---

　　① 雪卡哥：即芝加哥。

认男女的交际，与单纯男子的或单纯女子的，完全一样。普通的交际与友谊的关系隔得颇远，友谊的关系与恋爱的关系，那就隔得更远了。他们男女间看了自己的人格同对方的人格，都非常尊重。而且为矫正从前轻视女子的恶习，交际上男子尤特别尊重女子，断不敢稍有轻率的举动。即如跳舞会是古代传下来的习惯，也是随时代进化，活泼中仍含着谨严的规则。不是为贫儿院筹款，曾在迎宾馆举行一次，诸君曾经参与的么？近来女权发展，又经了欧洲的大战争，从前男子的职业，一大半都靠女子来担任。此后男子间互助的关系，无论在何等方面，必与单纯男子方面或单纯女子方面一样。我们国里还能严守从前男女的界限，逆这世界大潮流么？但是改良男女的关系，必要有一个养成良习惯的地方，我以为最好是学校了。外国的小学与大学，没有不是男女同校的。美国的中学也是大多数男女同校。我们现在除国民小学外，还没有这种组织。若要试办，最好从贫儿院入手。院中男女生都有，但男生专做木工、毡工，女生专做烹饪、裁缝，划清界限，还不是男女同校的真精神。最好破除界限，不论何等工作，只要于生理上、心理上相宜的，都可以自由选择，都可以让他们共同操作。要是试验了成绩很好，那就可以推行到别的学校了。

还有一层，中国的戏剧不许男女合演，用男子来假装女子，这是最不自然的。所以扭扭捏捏，不但演剧时不合女子的态度，反把平日间本人的气概都改变了。我不喜观旧剧，对于学生演新剧亦不大欢迎，就是为此。但现在男女尚不能同校，若要合男女学生试演新剧，学生的父母不是要大不答应的么？我以为此事也可由贫儿院先来试办。先就译本的西剧中，选几种悲剧来试演，演得纯熟了，要是开筹款会就可以演给来宾看看，不专靠现在男生的唱歌、女生的跳舞了。要是有几个学生演得很好，就可以作为改良戏剧的起点，不是很有关系么？

以上三端，都想借贫儿院试试男女共同操作的习惯，是我第三种的希望。

我有上述的特别感想与这三种希望，所以看得贫儿院非常重要。尤希望男女来宾竭力替他筹款，不但帮他维持，还要帮他发展呵！

（据《北京大学日刊》，1919 年 4 月 23、25、26 日刊发）

蔡元培

教育名篇

≫ 科学之修养

——在北京高等师范学校修养会演说词

鄙人前承贵校德育部之召，曾来校演讲；今又蒙修养会见召，敢述修养与科学之关系。

查修养之目的，在使人平日有一种操练，俾临事不致措置失宜。盖吾人平日遇事，常有计较之余暇，故能反复审虑，权其利害是非之轻重而定取舍。然若至仓促之间，事变横来，不容有审虑之余地，此时而欲使诱惑、困难不能隳①其操守，非于修养有素不可，此修养之所以不可缓也。

修养之道，在平日必有种种信条：无论其为宗教的或社会的，要不外使服膺②者储蓄一种抵抗之力，遇事即可凭之以定抉择。如心所欲作而禁其不作，或心所不欲而强其必行，皆依于信条之力。此种信条，无论文明、野蛮民族均有之。然信条之起，乃由数千万年习惯所养成；及行之既久，必有不适之处，则怀疑之念渐兴，而信条之效力遂失。此犹就其天然者言也。乃若古圣先贤之格言嘉训，虽属人造，要亦不外由时代经验归纳所得之公律，不能不随时代之变迁而易其内容。吾人今日所见为嘉言懿行者，在日后或成故纸；欲求其能常系人之信仰，实不可能。由是观之，则吾人之于修养，不可不研究其方法。在昔吾国哲人，如孔、孟、老、庄之属，均曾致力于修养，而宋、明儒者尤专力于此。然学者提倡虽力，卒不能使天下之人尽变为良善之士，可知修养亦无一定之必可恃者也。至于吾人居今日而言修养，则尤不能如往古道家之蛰影深山，不闻世事。盖今日

---

① 隳：毁坏。
② 服膺：由衷信服。《礼记·中庸》："得一善，则拳拳服膺，而弗失之矣。"朱熹注："服，犹著也；膺，胸也。奉持而著之心胸之间，言能守也。"

社会愈进，世务愈繁。已入社会者，固不能舍此而他从；即未入社会之学校青年，亦必从事于种种学问，为将来入世之准备。其责任之繁重如是，故往往易为外务所缚，无精神休暇之余地，常易使人生观陷于悲观厌世之域，而不得志之人为尤甚。其故即在现今社会与从前不同。欲补救此弊，须使人之精神有张有弛。如作事之后，必继之以睡眠，而精神之疲劳，亦必使有机会得以修养。此种团体之结合，尤为可喜之事。但鄙人以为修养之致力，不必专限于集会之时，即在平时课业中亦可利用其修养。故特标此题曰："科学的修养。"

今即就贵会之修养法逐条说明，以证科学的修养法之可行。如贵会简章有"力行校训"一条。贵校校训为"诚勤勇爱"四字。此均可于科学中行之。如"诚"字之义，不但不欺人而已，亦必不可为他人所欺。盖受人之欺而不自知，转以此说复诏他人，其害与欺人者等也。是故吾人读古人之书，其中所言苟非亲身实验证明者，不可轻信；乃至极简单之事实，如一加二为三之数，亦必以实验证明之。夫实验之用最大者，莫如科学。譬如报纸记事，臧否不一，每使人茫无适从。科学则不然。真是真非，丝毫不能移易。盖一能实验，而一不能实验故也。由此观之，科学之价值即在实验。是故欲力行"诚"字，非用科学的方法不可。

其次"勤"：凡实验之事，非一次所可了。盖吾人读古人之书而不慊①于心，乃出之实验。然一次实验之结果，不能即断其必是，故必继之以再以三，使有数次实验之结果。如不误，则可以证古人之是否；如与古人之说相刺谬，则尤必详考其所以致误之因，而后可以下断案。凡此者反复推寻，不惮周详，可以养成勤劳之习惯。故"勤"之力行亦必依赖夫科学。

再次"勇"：勇敢之意义，固不仅限于为国捐躯、慷慨赴义之士，凡作一事，能排万难而达其目的者，皆可谓之勇。科学之事，困难最多。如古来科学家，往往因试验科学致丧其性命，如南北极及海底探险之类。又如新发明之学理，有与旧传之说不相容者，往往遭社会之迫害，如哥白尼、贾利来②之惨祸。可见研究学问，亦非有勇敢性质不可；而勇敢性质，即可于科学中养成之。大抵勇敢性质有二：其一发明新理之时，排去种种之困难阻碍；其二，既发明之后，敢于持论，

---

① 慊：满足、满意。
② 贾利来：即伽利略。

不惧世俗之非笑。凡此二端，均由科学所养成。

再次"爱"：爱之范围有大小。在野蛮时代，仅知爱自己及与己最接近者，如家庭之类。此外稍远者，辄生嫌忌之心。故食人之举，往往有焉。其后人智稍进，爱之范围渐扩，然犹不能举人我之见而悉除之。如今日欧洲大战，无论协约方面或德奥方面，均是己非人，互相仇视，欲求其爱之普及甚难。独至于学术方面则不然：一视同仁，无分畛域；平日虽属敌国，及至论学之时，苟所言中理，无有不降心相从者。可知学术之域内，其爱最溥。又人类嫉妒之心最盛，入主出奴，互为门户。然此亦仅限于文学耳；若科学，则均由实验及推理所得唯一真理，不容以私见变易一切。是故嫉妒之技无所施，而爱心容易养成焉。

以上所述，仅就力行校训一条引申其义。再阅简章，有静坐一项。此法本自道家传来。佛氏之坐禅，亦属此类。然历年既久，卒未普及社会；至今日日本之提倡此道者，纯以科学之理解释之。吾国如蒋竹庄①先生亦然，所以信从者多，不移时而遍于各地。此亦修养之有赖于科学者也。

又如不饮酒、不吸烟二项，亦非得科学之助力不易使人服行。盖烟酒之嗜好，本由人无正当之娱乐，不得已用之以为消遣之具，积久遂成痼疾。至今日科学发达，娱乐之具日多，自不事此无益之消遣。如科学之问题，往往使人兴味加增，故不感疲劳而烟酒自无用矣。

今日所述，仅感想所及，约略陈之。惟宜注意者，鄙人非谓学生于正课科学之外，不必有特别之修养，不过正课之中，亦不妨兼事修养，俾修养之功，随时随地均能用力，久久纯熟，则遇事自不致措置失宜矣。

（据《北京大学日刊》，1919年4月24日刊发）

---

① 蒋竹庄：即蒋维乔（1873—1958），江苏武进人。早年肄业于南菁书院。研究文、史、哲学，尤精气功养生之学。曾任东南大学校长。

不愿再任北京大学校长的宣言

（一）我绝对不能再做那政府任命的校长：为了北京大学校长是简任职，是半官僚性质，便生出许多官僚的关系，那里用呈，那里用咨，天天有一大堆无聊的照例的公牍。要是稍微破点例，就要呈请教育部，候他批准。什么大学文、理科叫作本科的问题，文、理合办的问题，选科制的问题，甚而小到法科暂省学长的问题，附设中学的问题，都要经那拘文牵义①的部员来斟酌。甚而部里还常常派了什么一知半解的部员来视察，他报告了，还要发几个训令来训饬几句。我是个痛恶官僚的人，能甘心仰这些官僚的鼻息么？我将进北京大学的时候，没有想到这一层，所以两年有半，天天受这个苦痛。现在苦痛受足了，好容易脱离了，难道还肯投入去么？

（二）我绝对不能再做不自由的大学校长：思想自由，是世界大学的通例。德意志帝政时代，是世界著名专制的国家，他的大学何等自由。那美、法等国，更不必说了。北京大学，向来受旧思想的拘束，是很不自由的。我进去了，想稍稍开点风气，请了几个比较的有点新思想的人，提倡点新的学理，发布点新的印刷品，用世界的新思想来比较，用我的理想来批评，还算是半新的。在新的一方面偶有点儿沾沾自喜的，我还觉得好笑。那知道旧的一方面，看了这点半新的，就算"洪水猛兽"一样了。又不能用正当的辩论法来辩论，鬼鬼祟祟，想借着强权来干涉。于是教育部来干涉了，国务院来干涉了，甚而什么参议院也来干涉了，世界有这种不自由的大学么？还要我去充这种大学的校长么？

---

① 拘文牵义：文，法令条文；义，指书本上的义理；拘牵，牵制、束缚。章炳麟《致伯中书》："政党中人，专欲拘文牵义，空谈玄远，虑又未必同心也。"

（三）我绝对不能再到北京的学校任校长：北京是个臭虫窠（这是民国元年袁项城①所送的徽号，所以他那时候虽不肯到南京去，却有移政府到南苑去的计划）。无论何等高尚的人物，无论何等高尚的事业，一到北京，便都染了点臭虫的气味。我已经染了两年有半了，好容易逃到故乡的西湖、鉴湖，把那个臭气味淘洗净了。难道还要我再做逐臭之夫，再去尝尝这气味么？

我想有人见了我这一段的话，一定要把"我不入地狱，谁入地狱"的话来劝勉我。但是我现在实在没有到佛说这句话的时候的程度，所以只好谨谢不敏了。

附：爱蔡子民者启

右宣言闻尚是蔡君初出京时所草，到上海后，本拟即行宣布，后因北京挽留之电，有友人劝其婉复，免致以个人去留问题与学生所争政治问题，永结不解之缘，故有以有条件的允任维持之电，后来又有卧病不行之电，均未将真意说出。闻其意，无论如何，决不回校也。鄙人抄得此宣言书，觉与北京各报所载启事，及津浦车站告友之言，均相符合，必是蔡君本意。个人意志自由，本不可以多数压制之，且为社会上留此一个干净人，使不与政治问题发生关系，亦是好事。故特为宣布，以备挽留蔡君者之参考焉。

爱蔡子民者启②

（据蔡元培手稿）

---

① 袁项城：即袁世凯。袁为河南项城人。
② 蔡元培在此件后面，注有"署名可否如此？请谷弟斟酌"。谷弟即其从弟蔡元康，字谷青。

北京大学第二十二年开学式演说词

今日为北京大学第二十二年的开学日，新到诸生差不多占四分之一。本来旧生所知道的，也当为新生申说大概。况此次学潮以后，外边颇有谓北京大学学生专为政治运动，能动不能静的。不知道本校学生这次的加入学潮，是激于一时的爱国热诚，为特别活动，一到研究学问的机会，仍是非常镇静的。外边流言，实是误会。但是，我们也不可不作"有则改之、无则加勉"的打算。所以，我现在把北京大学的教育方针说说，不但给新生指示趋向，也是为旧生提醒一番的意思。

诸君须知，大学并不是贩卖毕业证书的机关，也不是灌输固定知识的机关，而是研究学理的机关。所以，大学的学生并不是熬资格，也不是硬记教员讲义，是在教员指导之下自动地研究学问的。为要达上文所说的目的，所以延聘教员，不但是求有学问的，还要求于学问上很有研究的兴趣，并能引起学生的研究兴趣的。不但世界的科学取最新的学说，就是我们本国固有的材料，也要用新方法来整理他。这种标准，虽不是一时就能完全适合，但我们总是向这方面进行。又如图书、杂志、仪器、标本，研究学理上所必不可少的，我们限于经费，虽不能一时购置完备，但也是逐年增加的。且既然认定大学是研究学理的机关，对于纯粹学理的文理科，自当先作完全的建设。我们因文理科尚有许多门类，为经费与地位所限，不能一时并设，所以，乘北洋大学同是国立，同有土木工科、采矿冶金科的关系，把工科归并北洋。即用工科的经费与教室、实验室，来扩充理科的一部分。研究学理，不可不摒除分心的嗜好，所以，本校提倡进德会，对于嫖赌的恶习，官吏议员的运动，是悬为戒律的。研究学理，必要有一种活泼的精神，不

是学古人"三年不窥园"①的死法能做到的，所以，本校提倡体育会、音乐会、书画研究会等，来涵养心灵。印证学理的材料，都是直接或间接有关于人生。研究学理的结果，必要影响于人生。傥②没有养成博爱人类的心情，服务社会的习惯，不但印证的材料不完全，就是研究的结果也是虚无。所以本校提倡消费公社、平民讲演、校役夜班与《新潮》杂志等，这些都是本校最注重的事项，望诸君特别注意。

抑本校很愿多延各国硕学来校讲授，惜机会很不易得。今年适值杜威博士来华游历，本校得博士与哥仑比亚大学校长的允许，得请博士留华一年，在本校讲授哲学，这是很难得的机会。所以，今日特请博士演说，并先为绍介。

（据《北京大学日刊》，1919 年 9 月 22 日刊发）

---

① 三年不窥园：《汉书·董仲舒传》："（仲舒）少治《春秋》，孝景时为博士，下帷讲诵……盖三年不窥园，其精如此。"旧时用来形容学习专心。

② 傥：倘或、倘若。

杜威六十岁生日晚餐会演说词

今日是北京教育界四团体公祝杜威博士六十岁生日的晚餐会。我以代表北京大学的资格，得与此会，深为庆幸。我所最先感想的，就是博士与孔子同一生日，这种时间的偶合，在科学上没有什么关系；但正值博士留滞我国的时候，我们发现这相同的一点，我们心理上不能不有特别感想。

博士不是在我们大学说：现今大学的责任，就该在东西文明做媒人么？又不是说：博士也很愿分负此媒人的责任么？博士的生日，刚是第六十次；孔子的生日，已经过二千四百七十次，就是四十一又十个六十次，新旧的距离很远了。博士的哲学，用十九世纪的科学作根据，用孔德的实证哲学、达尔文的进化论、詹美士①的实用主义递演而成的，我们敢认为西洋新文明的代表。孔子的哲学，虽不能包括中国文明的全部，却可以代表一大部分；我们现在暂认为中国旧文明的代表。孔子说尊王，博士说平民主义；孔子说女子难养，博士说男女平权；孔子说述而不作，博士说创造。这都是根本不同的。因为孔子所处的地位、时期，与博士所处的地位、时期，截然不同；我们不能怪他。

但我们既然认旧的亦是文明，要在他里面寻出与现代科学精神不相冲突的，非不可能。即以教育而论，孔子是中国第一个平民教育家。他的三千个弟子，有狂的，有狷的，有愚的，有鲁的，有辟②的，有喭③的，有富的如子贡，有贫的如

---

① 詹美士：今译詹姆斯（1842—1910），美国哲学家、心理学家，实用主义者，机能心理学创始人。

② 辟：意偏激。

③ 喭：粗俗。

蔡元培 教育名篇

原宪；所以东郭、子思①说他太杂。这是他破除阶级的教育的主义。他的教育，用礼、乐、射、御、书、数的六艺作普通学；用德行、政治、言语、文学的四科作专门学。照《论语》所记的，同（问）仁的有若干，他的答语不一样；问政的有若干，他的答语也不是一样。这叫作是"因材施教"。可见他的教育，是重在发展个性，适应社会，决不是拘泥形式，专讲画一的。孔子说："学而不思则罔，思而不学则殆。"这就是经验与思想并重的意义。他说："多闻阙疑，慎言其余，多见阙殆，慎行其余。"② 这就是试验的意义。

我觉得孔子的理想与杜威博士的学说，很有相同的点。这就是东西文明要媒合的证据了。但媒合的方法，必先要领得西洋科学的精神，然后用他来整理中国的旧学说，才能发生一种新义。如墨子的名学③，不是曾经研究西洋名学的胡适君，不能看得十分透澈，就是证据。孔子的人生哲学与教育学，不是曾研究西洋人生哲学与教育学的，也决不能十分透澈，可以适用于今日的中国。所以我们觉得返忆旧文明的兴会，不得欢迎新文明的浓挚。因而对于杜威博士的生日，觉得比较那尚友④古人，尤为亲切。自今以后，孔子生日的纪念，再加了几次或几十次，孔子已经没有自身活动的表示；一般治孔学的人，是否于社会上有点贡献是一个问题。博士的生日，加了几次以至几十次，博士不绝的创造，对于社会上必更有多大的贡献。这是我们用博士已往的历史可以推想而知的。兼且我们做孔子生日的纪念，与孔子没有直接的关系；我们做博士生日的庆祝，还可以直接请博士的赐教。所以对于博士的生日，我们觉得尤为亲切一点。我敬敢代表北京大学全体举一觞，祝杜威博士万岁！

（据《北京大学日刊》，1919 年 10 月 22 日刊发）

---

① 子思（前483—前402）：战国初哲学家。姓孔，名伋，孔子之孙。相传曾受业于曾参。他把儒家的道德观念"诚"看作是世界的本原，以"中庸"为其学说的核心。

② 语出《论语·为政》："子张学干禄，子曰'多闻阙疑，慎言其余，则寡尤；多见阙殆，慎行其余，则寡悔。言寡尤，行寡悔，禄在其中矣。'"意谓：孔子在回答子张问求官方法时，认为要多听少讲，不讲没把握的话，对有把握的话也要谨慎地讲，这就可以少犯错误。多观察，不做没把握的事，对有把握的事情要细心去做，这就可以少干错事。不说错话，不干错事，官职的俸禄就在这里面了。

③ 名学：即逻辑学。

④ 尚友：尚通"上"。意谓上与古人交友。

国文之将来

——在北京女子高等师范学校演说词

今日是贵校毛校长与国文部陈主任代表国文部诸君要我演说，我愿意把国文的问题提出来讨论。尤愿意把高等师范学校应当注意那一种国文的问题提出来讨论。所以预拟了《国文之将来》的题目。

国文的问题，最重要的就是白话与文言的竞争。我想将来白话派一定占优胜的。

白话是用今人的话来传达今人的意思，是直接的。文言是用古人的话来传达今人的意思，是间接的。间接的传达，写的人与读的人都要费一番翻译的工夫，这是何苦来？我们偶然看见几个留学外国的人，写给本国人的信都用外国文，觉得很好笑。要是写给今人看的，偏用古人的话，不觉得好笑么？

从前的人，除了国文，可算是没有别的功课。从六岁起到二十岁，读的写的，都是古人的话，所以学得很像。现在应学的科学很多了，要不是把学国文的时间腾出来，怎么来得及呢？而且从前学国文的人是少数的，他的境遇，就多费一点时间，还不要紧。现在要全国的人都能写能读，那能叫人人都费这许多时间呢？欧洲十六世纪以前，写的读的都是拉丁文。后来学问的内容复杂了，文化的范围扩张了，没有许多时间来摹仿古人的话，渐渐儿都用本国文了。他们的中学校，本来用希腊文、拉丁文作主要科目的。后来创设了一种中学，不用希腊文。后来又创设了一种中学，不用拉丁文了。日本维新的初年，出版的书多用汉文。到近来，几乎没有不是言文一致的。可见由间接的，趋向直接的，是无可抵抗的。我们怎么能抵抗他呢？

有人说：文言比白话有一种长处，就是简短，可以省写读的时间。但是脑子

里翻译的时间，可以不算么？

有人说：文言是统一中国的利器，换了白话，就怕各地方用他本地的话，中国就分裂了。但是提倡白话的人，是要大家公用一种普通话，借着写的白话来统一各地方的话，并且用读音统一会所定的注音字母来帮助他，那里会分裂呢？要说是靠文言来统一中国，那些大多数不通文言的人，岂不摒斥在统一以外么？

所以我敢断定白话派一定占优胜。但文言是否绝对的被排斥，尚是一个问题。照我的观察，将来应用文，一定全用白话。但美术文①，或者有一部分仍用文言。

应用文，不过记载与说明两种作用。前的是要把所见的自然现象或社会经历给别人看。后的是要把所见的真伪善恶美丑的道理与别人讨论。都只要明白与确实，不必加新的色彩，所以宜于白话。譬如司马迁的《史记》，不是最有名的著作么？他记唐虞的事，把"钦"字都改作"敬"字，"克"字都改作"能"字，其余改的字很多，记古人的事，还要改用今字，难道记今人的事反要用古字么？又如六朝人喜作骈体文，但是译佛经的人，别创一种近似白话的文体，不过直译印度文与普通话不同罢了。后来禅宗的语录，就全用白话。宋儒也是如此。可见记载与说明应用白话，古人已经见到，将来的人，自然更知道了。

美术文，大约可分为诗歌、小说、剧本三类。小说从元朝起，多用白话。剧本，元时也有用白话的。现在新流行的白话剧，更不必说了。诗歌，如《击壤歌》②等，古人也用白话。现在有几个人能做很好的白话诗，可以料到将来是统统可以用白话的。但是美术有兼重内容的，如图画、造像等；也有专重形式的，如音乐、舞蹈、图画等。专重形式的美术，在乎支配均齐，节奏调适。旧式的五、七言律诗与骈文，音调铿锵，合乎调适的原则，对仗工整，合乎均齐的原则，在美术上不能说毫无价值。就是白话文盛行的时候，也许有特别传习的人。譬如我

---

① 美术文：指诗歌、小说、剧作以及寿序、墓志一类文字。

② 《击壤歌》：古歌名。最早载于《论衡·艺增》。相传唐尧时有老人击壤而歌："吾日出而作，日入而息。凿井而饮，耕田而食。帝力何有于我哉。"击壤，为一种投掷游戏。后以此作为形容太平盛世的典故。

们现在通行的是楷书、行书，但是写八分①的，写小篆的，写石鼓文②或钟鼎文③的，也未尝没有。将来文言的位置，也是这个样子。

　　至于高等师范的学生，是预备毕业后做师范学校与中学校的教习的。中学校的学生虽然也许读几篇美术文，但练习的文不外记载与说明两种。师范学校的学生是小学校教习的预备，小学校当然用白话文。照这么看起来，高等师范学校的国文，应该把白话文作为主要。至于文言的美术文，应作为随意科，就不必人人都学了。

（据《北京大学日刊》，1919 年 11 月 19 日刊发）

---

　　① 八分：汉字书体名，即八分书，也称分书。字体似隶而体势多波磔。相传为秦时上谷人王次仲所造。

　　② 石鼓文：我国现存最早的刻石文字。唐初发现十块鼓形刻石，各有四言诗一首，内容为歌咏秦国君游猎之事。书体为秦始皇统一文字前的大篆，即籀文。

　　③ 钟鼎文：金文的旧称。

文化运动不要忘了美育

现在文化运动，已经由欧美各国传到中国了。解放呵！创造呵！新思潮呵！新生活呵！在各种周报上，已经数见不鲜了。但文化不是简单，是复杂的；运动不是空谈，是要实行的。要透澈复杂的真相，应研究科学。要鼓励实行的兴会，应利用美术。科学的教育，在中国可算有萌芽了。美术的教育，除了小学校中机械性的音乐、图画以外，简截可说是没有。

不是用美术的教育，提起一种超越利害的兴趣，融合一种画分人我的僻见，保持一种永久平和的心境；单单凭那个性的冲动，环境的刺激，投入文化运动的潮流，恐不免有下列三种的流弊：（一）看得很明白，责备他人也很周密，但是到了自己实行的机会，给小小的利害绊住，不能不牺牲主义。（二）借了很好的主义作护身符，放纵卑劣的欲望；到劣迹败露了，叫反对党把他的污点，影射到神圣主义上，增了发展的阻力。（三）想有简单的方法，短少的时间，达他的极端的主义；经了几次挫折，就觉得没有希望，发起厌世观，甚且自杀。这三种流弊，不是渐渐发见了么？一般自号觉醒的人，还能不注意么？

文化进步的国民，既然实施科学教育，尤要普及美术教育。专门练习的，既有美术学校、音乐学校、美术工艺学校、优伶学校①等，大学校又设有文学、美学、美术史、乐理等讲座与研究所。普及社会的，有公开的美术馆或博物院，中间陈列品，或由私人捐赠，或用公款购置，都是非常珍贵的。有临时的展览会，有音乐会，有国立或公立的剧院，或演歌舞剧，或演科白剧，都是由著名的文学

————————————
① 此处指戏剧学校。

家、音乐家编制的。演剧的人，多是受过专门教育、有理想、有责任心的。市中大道，不但分行植树，并且间以花畦，逐次移植应时的花。几条大道的交叉点，必设广场，有大树，有喷泉，有花坛，有雕刻品。小的市镇，总有一个公园。大都会的公园，不只一处。又保存自然的林木，加以点缀，作为最自由的公园。一切公私的建筑，陈列器具，书肆与画肆的印刷品，各方面的广告，都是从美术家的意匠构成。所以不论那一种人，都时时刻刻有接触美术的机会。我们现在，除文字界稍微有点新机外，别的还有什么？书画是我们的国粹，都是模仿古人的。古人的书画，是有钱的收藏了，作为奢侈品，不是给人人共见的。建筑雕刻，没有人研究。在嚣杂的剧院中，演那简单的音乐，卑鄙的戏曲。在市街上散步，只见飞扬尘土，横冲直撞的车马，商铺门上贴着无聊的春联，地摊上出售那恶俗的花纸。在这种环境中讨生活，怎么能引起活泼高尚的感情呢？所以我很望致力文化运动诸君，不要忘了美育。

（据《晨报》副刊，1919 年 12 月 1 日刊发）

在北京高等师范学校《教育与社会》杂志社演说词

　　前几天看到贵校办的图书阅览所和通俗讲演所，我就觉到这是受杜威先生学说的影响。今天开成立会的《教育与社会》杂志社，想必亦是受着杜威先生的影响，因为他的教育主义即在学校和社会打成一片。方才杜先生所讲的，本他平日所主张的实验主义①，事事从脚踏实地做去，很可以供诸君的参考。我是无话可说，只有把老生常谈再谈一回。

　　贵杂志的宗旨是，改造社会，先改造教育。照此看来，定是现在教育不行，才去改造的。但是现在教育不行之点是什么呢？依我看来，现在教育不脱科举时代之精神。科举时代的教育，不过得一个便利机会，养成一己的才具，此外都不管了。改立学校以后，一般人对于学校的观念，仍复如此。教育既无改革，社会上一切事业，都是一仍旧贯。因此这种教育不能不改造的。

　　从"改造教育去改造社会"这句话而论，有两种解说。第一改造教育，以改造将来社会。就是学校里养成一种人才，将来进社会做事。比如现在的国民学校的学生，预备将来做国民；现在的师范生，将来做教师；诸如此类，不必遍举。第二改造教育同时改造社会，就是学生或教员一方面讲学问，一方面效力社会。以前教育，注重第一层，做教员的专门教书，学生专门念书。这几年来尤以去年五月到现在为最，趋重到第二层。学校教育同时影响到社会。杜威先生的教育主

---

　　① 实验主义：也称工具主义。杜威曾称其实用主义哲学学说为工具主义。他否认科学规律和理论是客观实在的反映，主张有用即真理，成功即证明手段合理。

张，就是如此。现在各学校创立平民学校、讲演所等等，都是学生在校即效力社会的表现。

从教育着手，去改造社会，改造之点，繁不胜举。但是简单说来，可以归到教育调查会定的两句话"养成健全人格，提倡共和精神"。社会的各分子都具有健全人格，此外复有何求？所以第二句话离不了第一句话。所谓健全人格，分为德育、体育、智育、美育四项。换言之，和自由、平等、博爱的意思亦相契合的，都能自由平等，都能博爱互助，共和精神亦发展了。

现在社会上不自由，有两种缘故：一种人不许别人自由，自己有所凭藉，剥夺别人自由，因此有奴隶制度、阶级制度。又有一种人甘心不自由，自己被人束缚，不以为束缚，甘心忍受束缚。这种甘心不自由的人，自己得不到自由，而且最喜剥夺别人自由，压制别人自由，所以不能博爱，不能互助，因此社会上亦不平等不安稳了。倘能全国人都想自由，一方面自己爱自由；一方面助人爱自由，那么国事决不至于如此。要培养爱自由、好平等、尚博爱的人，在教育上不可不注重发展个性和涵养同情心两点。

论到发展个性一层，现在学校中行分年级制度，不论个性如何，总使读满几年，方能毕业，很不适当。因此有人訾①学校不如书塾书院。最显而易见的就是国文。我人虽可反驳訾者说学校中科目太多，且教法亦不同。但学校确有不及书院之点。我们知道以前书院院长，或擅长文学，从其学者，能文者辈出；或长经学与小学②，从其学者，莫不感化。因为院长以此为毕生事业，院内尚自由研究，故能自由发展。现在学校内科目繁多，无研究余地。所以有人竭力提倡废止年级制，行选科制。又有人如胡适之先生，提倡纯粹自由学校，无一定校所，无上课形式，欲学某科，找得精于某科者为导师，由导师指定数种书籍，自由研究，质疑问难而已。我想这样办法，比现行年级制、划一制可以发展个性。

同情心就是看到别人感受的事情，和自己的一样，彼此休戚相关，互相谅解。所以现行考试制度，最与此点背驰。为争名次之高下、分数之多寡，使同情

① 訾：诋毁。
② 小学：小学，汉代称文字学为小学。隋唐以后，范围扩大，成为文字学、训诂学、音韵学的总称。

心日减，嫉妒心大增。同学之间，不肯相互研究。竟有得一参考书籍，秘不告人，以为惟我独知，可以夺得第一，可笑之至。这种考试制度，受科举余毒，有碍同情心，应得改良的。又如体育，本属很平常之事，应有健全之体格，方能从事各种事业，苟能了解此点，无不乐为的。乃竟盛行比赛运动，以为奖励体育，养成抑人我胜之观念，并且造成运动员阶级。这都是抑却同情心的。所以自去年到现在，学生运动，在一校内，往往发生冲突。如甲揭条①示攻乙，乙揭条示讦丙。又如此地学生，责备彼地学生，不能援助，彼地学生亦然。其实向同一目的去运动，正宜互相了解，发生同情。攻讦责备，都是无谓。因此可见学校中涵养同情心一层，尚欠注意。

教育改造之点很多，我以为上述二层，发展个性，涵养同情心，要更加注意。

（据《教育与社会》第 1 卷第 1 号，1920 年 4 月 15 日出版）

---

① 揭条：原指启事一类的文字告示，此处犹言不属光明正大的"小字报"。

在北京高等师范学校学生自治会演说词

今天是贵校第十一周年的开学纪念日，又是学生自治会开始成立的第一日。纪念日是每年必有一次，每次纪念的内容不同。这第十一次的纪念，比较第十次更有许多进步的报告，这是可喜的，我以为今日自治会的成立，更是可喜的了。

我们一听到"治"字，就想到有治者与被治者的分别。既有这种分别，两方面便含有敌对的意思。虽是治者方面谋被治者的利益，愿意协助，但因有阶级隔在那里，好事往往也会变成坏事了。

我想学校应守的规则简单得很，不过卫生、学业、品行，等等。关系卫生的，如宿舍的清洁、整齐，起卧有一定时刻等事。关系学业的，如按时自修，不旷废功课等。关于品行的，如在学校里不做贬损人格的坏事，在外边能保全自己的名誉，或保全学校团体的名誉。这都简单，人人容易想得到做得到的。我们既自认是人，尊重自己的人格，且尊重他人的人格，本无须他人代庖。但前人总不放心，必要用人替来管理，由是学校也生了治者——如学监、舍监都是——与被治者的阶级。在治者既像负担了被治者一生人格上的责任，必要一种模范人物，才能胜任。但是这种人才从哪里来呢？凡有学校的学监，地位既不及教员的隆重，并且他们的职务又极干燥无味，不如教员还可以增进自己的学问。单是宿舍起卧的时刻，或考试时的监场、检查等等琐事，在有学问、有才能、在社会上能得一个地位的，必不肯来担任。担任的往往因知识才能较差的。请这等人来干，或是死守规则过于严了，因此和学生发生恶感；或是太不守职过于宽了，样样通融；或仅对一部分宽了，又要开罪于他一部分的学生。十余年来学校里闹风潮，起因往往都很小的。

学校事情本很简单，学生都可以管，既都让给管理员，学生便不知不觉地把一切学业、自修、卫生清洁种种责任，都交与管理员去做，自己一概可以不管的样子。譬如住在旅馆里的人，公文要件交在柜房，自己就不注意了。学生既是如此，所以种种不规则的事，层见迭出，闹出许多的笑话。有人以为是管理不好的缘故，愈加注意管理，教育部也屡屡下通令。无如依然无效，这实在是有人代为管理的缘故。

现在诸君成立这个自治会，可以把治者与被治者的分别去掉，不要别人来管理了。所以我觉得今日的自治会，关系是重大得很。

况在贵校的自治会，比别校更觉紧要。因为凡人有种奇异心理，就是在一方面吃了亏，要在他方面去报复。如做媳妇吃了婆婆的苦，到自己做婆婆时便要报复媳妇。又如下属在上司前吃了亏，就照样去待他下属，这种例很多很多。学生既是被治的，将来出去办学校，当教习，一定也要治人，这正是流毒无穷的了。

诸君是高等师范生，实验这种自治的制度，我想有两方面益处。

（一）纵的方面：诸君自治比被治好得多，都自己试验过了；将来出校，转到中学或是师范学校，提倡自治，总可以应用，断不至把自己从前所受的弊害，向别的学生图报复了。

（二）横的方面：是"五四"以后，全国人以学生为先导，都愿意跟着学生的趋向走。如上海、杭州等地的闭市，官厅命令置之不顾，反肯听学生联合会的指挥，是实在的证据。民国从前也曾挂起自治的招牌，但不久就被政府取去。国民因不懂自治，也就任他取去。如今学生实行自治做个先导，我们怎地做，且在平民学校、平民讲演中去劝别人做。平民自治虽比学校复杂些，但由简单做到较复杂方面，由学生传之各地方，一定可以提起国民自治的精神。所以我觉得诸君的自治会成立，更可以作贵校最大的纪念。敬祝学生自治会万岁！北京高等师范学校万岁！

（据《蔡子民先生言行录》）

北京大学校旗图说

    各国的国旗，虽然也有采用天象、动物、王冠等等图案，但是用色彩作符号的占多数。法国三色旗，说是自由、平等、博爱三大主义的符号，是最彰明较著的。我国国旗用五色，说是表示五族共和，也是这一类。我们现在所定的校旗，右边是横列的红、蓝、黄三色，左边是纵列的白色，又于白色中间缀黑色的北大两篆文，并环一黑圈。这是借作科学、哲学、玄学的符号。

    我们都知道，各种色彩，都可用日光七色中几色化成的。我们又都知道，日光中七色，又可用三种主要色化成的。现在通行三色印刷术，就是应用这个原理。科学界的关系，也是如是。世界事物，虽然复杂，总可以用科学说明他们；科学的名目，虽然也很复杂，总可以用三类包举他们。哪三类呢？第一，是现象的科学，如物理、化学，等等。第二，是发生的科学，如历史学、生物进化学，等等。第三，是系统的科学，如植物、动物、生理学，等等。我们现在用红、蓝、黄三色，作这三类科学的符号。

    我们都知道，白是七色的总和，自然也就是三色的总和了。我们又都知道，有一种哲学，把种种自然科学的公例贯串起来，演成普遍的原理，叫作自然哲学。我们又都知道，有几派哲学，把自然科学的原理，应用到精神科学，又把各方面的原理统统贯串起来，如英国斯宾塞尔[①]氏的综合哲学，法国孔德氏的实证哲学，就是。这种哲学，可以算是科学的总和。我们现在用总和七色的白色来表示他。

---

    ①   斯宾塞尔：通译斯宾塞。英国哲学家。

蔡元培 教育名篇

　　但是人类求知的欲望，决不能以综合哲学①与实证哲学②为满足，必要侵入玄学③的范围。但看法国当实证哲学盛行以后，还有别格逊④的玄学，很受欢迎，就可算最显的例证了。玄学的对象，叔本华叫他作"没有理解的意志"；斯宾塞尔叫他作"不可知"；哈特曼叫他作"无意识"。道家叫作"玄"；释家叫作"涅槃"。总之，不能用科学的概念证明，全要用玄学的直觉照到的就是了。所以我们用没有颜色的黑来代表他。

　　大学是包容各种学问的机关，我们固然要研究各种科学；但不能就此满足，所以研究融贯科学的哲学；但也不能就此满足，所以又研究根据科学而又超绝科学的玄学。科学的范围最广，哲学是窄一点儿，玄学更窄一点儿。就分门研究说，研究科学的人最多，其次哲学，其次玄学。就一人经历说，研究科学的时间最多，其次哲学，其次玄学。所以校旗上面，红、蓝、黄三色所占的面积最大，白次之，黑又次之。

　　这就是国立北京大学校旗所以用这几种色，而这几种色所占面积又不相同的缘故。

（据《蔡孑民先生言行录》）

---

　　① 综合哲学：19世纪英国实证论者斯宾塞的庸俗进化论的哲学系统。
　　② 实证哲学：法国孔德的实证主义的哲学。也称实证论。
　　③ 玄学：指一种研究感官不可达到的东西即超经验的东西的哲学，它的研究对象是神、灵魂和意志自由等。
　　④ 别格逊：通译为柏格森（Bergson，1859—1941），法国哲学家，生命哲学和现代非理性主义的主要代表。主要著作有《试论意志的直接材料》、《物质与记忆》、《创造进化论》等。

中学的教育①

我在北京的时候，早知道贵校很有声名的。今天承贵校欢迎，得与诸君谈谈，很觉愉快。但是因为时间仓卒，没有预备，只好以短时间谈一谈中学的教育。

一般办中学的人，大都两种观念：第一是养成中坚人物；第二是预备将来升学。所谓养成中坚人物的，就是安排他们在中学毕业之后，马上就可以去到社会上做事。其实，中学所得的知识很浅，并不能够应用他去做特殊的事业，纵然可以做一点儿，也不过很平常、平常的，甚至变做一个中等游民，也不稀奇的。除了当当绅士之外，简直无所措手足。所以说，要养成中坚人物很难能的了。

德国的学制，文实分科。中古时代，文科注重拉丁、希腊文，以后科学渐渐发明，始趋重理、数各科，并且因为趋重活的文学的关系，所以把拉丁、希腊的死文学通通去掉了。实科注重理、数各科，但是后来也渐渐地趋重哲学、外国文……又有注重医学的。到了后来，还有些学校对文实两种双方并重的，简直可以说是文实科。照这样看起来，学文科的不能不兼重实科的科学；学实科的同时也不能不兼重文科的科学。这样分科的制度，都是想要达到上面所述的那两个目的。

日本的学制，是仿照德国的，并且把他越弄越笨了。他把中学的目的完全看做养成社会中坚人物，所以在中学的上面有高等学校，为入大学的预备学校。

中国的学制，又纯从日本抄袭出来的，大略与日本相仿佛。因为中学程度不能直接升入大学，所以大学设有预科。但是总计小学、中学的年限共有十一年了，加上大学预科二年，共有十三年，才能达到大学的本科，时间已觉得太长，

89

现在还想在中学加增年限，那就更不经济了。所以有人主张文、实分科，但也未见得就是顶好的法子。譬如大学原来是采分科制的，然而现在也觉得不十分便当，想要把他变通，去掉分科制，何况中学呢。比方文科的哲学，离不掉生物学、物理学、化学……因为不如是，那范围就未免太小。学理科的人，也不能不知道哲学；学天文学的人，更加不能不知道数学以及其他科学，况且我们应当具有宇宙观的。所以学实科的人，也要知道文科的科学。当然，学其他科的，除对于所专攻的科学以外，有关联的各科，也要达到普通的程度，不能单向一方进行，所以中学要想文、实分科，非常困难。但是，现在已经把国文改为白话，可以免掉专攻国文的工夫，同时可以省得多少时间。外国语一项，普通一般都教些文学书，我以为可以不必专读几本文学书，尽可读些科学读本，如游记……一方面可以学习外国语，他方面可以兼得科学上的知识，把这些所省的时间和精力，去普遍研究科学，年限和分科都不成什么顶难解决的问题了。

外国中学不专靠教科书，常常从书本以外，使学生有自己研究的余地，所以他读的是有用的，是活的科学，毕业以后，出来在社会上做事，很不费力。但是有一种通病，恐怕无论那国都差不多，所有的教科书，每每不能学完，一方面固然是教员没有统计预算，但他方面还是为着学生没有自己研究的能力，没有自动的精神，所以弄得毕业之后，又不能进大学，简直没有一点事可以干，恰成一个游民。

日本中学是预备做中等社会的人，造成一般中坚分子，倘若自量他的能力不能够入大学毕业，就可不进中学，免得枉费光阴，他便一直入中等实业学校—甲种实业学校，毕业出来，可以独立谋生活，比较我们中国中学毕业生仅仅做一个游〈民〉那就好多了。所以我说中学的目的，只是惟一的预备升学。

但是进中学的时候，自己就要注重个人自修，预备将来可以升什么学校。中学生在修业时代，最紧要的科学有三种，分述如下。

（一）数学因为我们无论将来是进哪一科，哲学或者是文学，通通离不掉数理的羁绊，至于讲到理、数各科，工、农、商科，更不消说了。

（二）外国语因为中国科学不甚发达，大半都是萌芽时代，要学高深科学，非直接用原本不行，而且在中学时不注意外国语，以后更难了。

（三）国文　我们是中国人，对于本国文学，当然要具有普通的学识，但是不要学什么桐城派①，四六文②，……只要对于日常用的具备和发表自己的思想毫无阻碍就够了。

以上这三种，对于升学很有关系，很须注意。但是都不纯粹靠教室内听听时候所能了事的，还是看各个人自修的功夫何如，所以我很希望诸君在课外还要特别留心才是。

我今天所讲的，不是专指贵校说的，是泛论中学的教育，供你们参考罢了。

（邓光禹笔记，据长沙《大公报》，1920 年 11 月 9、10 日刊发）

学理科的人，也不能不知道哲学。

----

① 桐城派：清代散文流派。由康熙时的方苞所开创，其后刘大櫆、姚鼐等又进一步有所发展。因他们都是安徽桐城人，其作品一般内容贫乏，往往流于空洞。在清代颇有影响。

② 四六文：骈文的一体。全篇多以四字、六字相间为句，世称骈四俪六。

蔡元培　教育名篇

学生的责任和快乐①

今天承贵校欢迎，我是很不敢当的。我昨天到岳云中学演讲，从贵校门口经过，看到贵校规模阔大，听说贵校内容也是很好的，我很想到贵校参观。适逢贵校校长请我今日演讲，使我得与诸君有谈话的机会，我心里是很愉快的，所以我于百忙中，抽出时间与诸君谈谈。

贵校的校名是"兑泽"二字，在先前创办的人，取这两个字，是很有意思的。"兑"字怎样呢？"兑者说也"，就是学有所得、令人快乐的意思。所以孔子说："学而时习之，不亦说乎。"就他这句话讲，诸君由小学毕业，继续升入中学，求学的时间没有中断，也算是时习了，自然有许多喜悦的事情。孔子又说："有朋自远方来，不亦乐乎。"孔子当日设教杏坛②，三千徒众，都是从远方来的。贵校性质，虽说是由西路公学改变的，这不过是历史上的关系。就教育原理上讲，没有什么界限。现在所有的学生，大概都是从远方来的，朝夕相见，研究各种科学，这是第一层可快乐的事情。

前几年张敬尧督湘③，对于教育摧残殆尽，贵校尚能维持下去，一方面是教职员办事的毅力，他方面是诸位求学的热忱。我是很佩服的。现在张敬尧已去，依我数日的观察，贵省的教育，很有新机，就是先前回去的学生，也都来了。"旧雨重逢，济济一堂"，这是第二层可快乐的事情。孔子所说的话，大概是这个意思。

---

① 此篇为蔡元培在长沙兑泽中学的演说。
② 杏坛：传说中孔子聚徒讲学的地方。
③ 张敬尧督湘：张敬尧（1880—1933），字勋臣，安徽霍邱人。历任北洋军师长、督办。1918年任湖南督军，进行残暴统治，1920年湖南人民开展"驱张运动"，在群众斗争和湘军逼迫下退出湖南。

　　我再回溯去年"五四运动"以后，我们一般学子受了这种感触，其中由自觉到觉人的很不少，至若学生去岁干预政治问题，本是不对的事情，不过当此一发千钧的时候，我们一般有智识的人，如果不肯牺牲自己的光阴，去唤醒一般平民，那么，中国更无振兴的希望了。但是现在各位的牺牲，是偶然的，不得已的。若是习以为常，永荒学业，那就错了。还有一层，现在各位为社会服务，这也算是分内的事情，不一定要人家知道，只要求其如何能尽自己的责任，并且不要以此为出风头、沽名誉的器具。纵成（然）人家不知道我，我也无须要人知道，这就是孔子所讲的"人不知而不愠"的意思。

　　上面所讲的是学生的责任和学生的快乐。我还有几句话要奉告诸君的。诸君当此青年时代，到中学读书，今日的学生，就是将来改造社会的中坚人物。对于读书和做事，都要存一种诚心，凡事只要求其尽责在我，不可过于责人。就以学校的设备上讲，或因经济的关系，或因不得已的事故，力量做不到的时候，大家要设身处地想想才好。今天我还要到别处演讲，时间将到了，不能多说，我所贡献各位的，就是这样。

（觪僧笔记，据长沙《大公报》，1920 年 11 月 19 日刊发）

普通教育和职业教育

——在新加坡南洋华侨中学等校欢迎会的演说词

兄弟已经几次到过新嘉（加）坡了，今天得有机会，和诸位共话一堂，实在荣幸得很！只是今天没有什么预备，所以不能有多少贡献，还望诸君原谅。

在座诸君，大半是学界中人，因此可知这里的学校多了。我今天就把普通教育和职业教育说一说。刚才从中学校来，知道中学内有商科一班，这却是职业教育的性质，不在普通小学校或中学校的普通教育范围以内。

普通教育和职业教育，显有分别：职业教育好像一所房屋，内分教室、寝室等，有各别的用处；普通教育则像一所房屋的地基，有了地基，便可把楼台亭阁等建筑起来。故职业教育所注重的，是专门的技能或知识，有时研究到极精微处，也许有和日常生活绝不相干的情形。例如研究卫生的，查考起微生虫来，分门别类，精益求精，有一切另外的事都完全不管的态度。这是从事专门学问的特异点。

可是我们要起盖房子时，必得先求地基坚实，若起初不留意，等到高屋将成，才发见地基不稳，才想设法补救，已经来不及了。我刚才讲过普通教育好像房屋的地基一样，所以教育者和被教育者，都要特别注意才是。现今欧美各大学中的课程，非常严重，对于各种基本的知识，差不多不很注意了。为什么呢？因为学生在中小学的时代，早已受了很重的训练，把高深学术的基础筑固了，入大学时自然不觉得困难。若在中小学内，并没有建筑好基础，等到自悟不够时，再要补习起来，那就很不容易了。

因此前年我国审查教育会，把普通教育的宗旨，定为：（一）养成健全的人格，（二）发展共和的精神。

所谓健全的人格，内分四育，即：（一）体育，（二）智育，（三）德育，（四）美育。

这四育是一样重要，不可放松一项的。先讲体育，在西洋有一句成语，叫做健全的精神，宿于健全的身体。足见体育的不可轻忽。不过体育是要发达学生的身体，振作学生的精神，并不是只在赌赛跑跳或开运动会博得名誉体面上头，其所以要比赛或开运动会，只是要引起研究体育的兴味；因恐平时提不起锻炼身体的精神，故不妨常和人家较量较量。我们比不过人家时，便要在平常用功了。其实体育最要紧的，是合于生理。若只求个人的胜利，或一校的名誉，不管生理上有无危险，这不要说于身体上有妨害，且成一种机械的作用，便失却体育的价值了。而且只骛虚名，在心理上亦易受到恶影响。因为常常争赛的结果，可使学生的虚荣心旺盛起来；出去服务社会，一切举动，便也脱不了虚荣心的气味，这是贻害社会不浅的。不过开运动会和竞技等，在平时操练有些呆板乏味时，偶然举行一下，倒很可能有调剂机械作用。因变化常态而添出兴趣，是很好的，只要在心理上使学生彻底明白体育的目的，是为锻炼自己的身体，不是在比赛争胜上，要使他们望正鹄做去。

次讲智育，案我们教书，并不是像注水入瓶一样，注满了就算完事。最要是引起学生读书的兴味。做教员的，不可一句一句或一字一字的，都讲给学生听。最好使学生自己去研究，教员竟不讲也可以，等到学生实在不能用自己的力量了解功课时，才去帮助他。至于常用口头的讲授，或恐有失落系统的毛病，故定出些书本来，而定书本也要看学生的程度，高下适宜才对。做学生的，也不是天天到校把教科书熟读了，就算完事，要知道书本只不过给我一个例子，我要从具体的东西内抽出公例来，好应用到别处去。譬如从书上学到菊花、看见梅花时，便知也是一种植物；从书上学得道南学校、看见端蒙学校，便也知道是什么处所；若果能像这样的应用，就是不能读熟书本，也可说书上的东西都学得了。

再现在各学校内，每把学生分为班次，要知这是不得已的办法，缘学生的个性不同：有的近文学，有的喜算术等；所以各人于各科进步的快慢，也不能一致，但因经济方面，或其他的关系，一时竟没法子想。然亦总须活用为妙。即有特别的天才的，总宜施以特别的教练。在学生方面，也要自省，我于哪几科觉得

蔡元培 教育名篇

很困难的，须格外用功些，哪几科觉得特别喜欢的，也不妨多学些。总之，教授求学，两不可呆板便了。

至于德育，并不是照前人预定的格言做去就算数。有些人心目中，以为孔子或孟子所讲的总是不差，照他们圣人的话实行去，便是有道德了；其实这种见解，是不对的。什么叫道德，并不是由前人已造成的路走去的意义，乃是在不论何时何地照此做法，大家都能适宜的一种举措标准。是以万事的条件不同，原理则一。譬如人不可只爱自己，于是有些人讲要爱家，这便偏于家庭；或有些人提倡爱群，又偏于群的方面了。可是他的原理，只是爱人一语罢了。故我们要一方考察现时的风俗情形，一方推求出旧道德所以酿成的缘故，拿来比较一下。若是某种旧道德成立的缘故，现在已经没有了，也不妨把他改去，不必去死守他。我此刻在中学校看见办有图书馆、童子军等，这些事物，于许多人很适宜，于四周办事人亦无妨害，这便不是不道德。总之，道德不是记熟几句格言，就可以了事的，要重在实行。随时随地，抱着试验的态度，因为天下没有一劳永逸的事情，若说今天这样，便可永远这样，这是大误。要随时随地，看事势的情形，而改变举措的标准。去批评人家时，也要考察他人所处的环境怎样而下断语才是。

第四美育，从前将美育包在德育里的，为什么审查教育会，要把他分出来呢？因为挽近人士，太把美育忽略了，按我国古时的礼乐二艺，有严肃优美的好处。西洋教育，亦很注意美感的。为要特别警醒社会起见，所以把美育特提出来，与体智德并为四育。

美育之在普通学校内，为图工音乐等课。可是亦须活用，不可成为机械的作用。从前写字的，往往描摹古人的法帖，一点一划，依样葫芦，还要说这是赵字①哪，这是柳字②哪，其实已经失却生气，和机器差不多，美在哪里？

图画也是如此，从前学子，往往临摹范本，圆的圆，三角的三角，丝毫不变，这亦不可算美。现在新加坡的天气很好，故到处有自然的美，要找美育的材料，

---

① 赵字：赵，指赵孟頫（1254—1322），字子昂，号松雪道人。浙江湖州人。宋代著名书画大家，书法工行楷，画法精山水。其字世称"赵体字"。

② 柳字：柳，指柳公权（778—865），字诚悬，京兆华原（今陕西耀县）人。唐代著名书法家，官至太子太师，其字世称"柳体字"。

很容易。最好叫学生以己意取材，喜图画的，教他图画；喜雕刻的，就教他雕刻，引起他美的兴趣。不然，学生喜欢的不教，不喜欢的硬叫他去做，要求进步，很难说的。像儿童本喜自由游戏，有些人却去教他们很繁难的舞蹈，儿童本喜自由嬉唱，现在的学校内，却多照日本式用１２３４５６７等，填了谱，不管有无意义，教儿童去唱。这样完全和儿童的天真天籁相反。还有看见西洋教音乐，要用风琴的，于是也就买起风琴来，叫小孩子和着唱。实则我们中国，也有箫笛等简单的乐器，何尝不可用？必要事事模仿人家，终不免带着机械性质，于美育上，就不可算是真美。

以上四育，都宜时时试验演进，要一无偏枯，才可教练得儿童有健全的人格。

学校教育注重学生健全的人格，故处处要使学生自动。通常学校的教习，每说我要学生圆就圆，要学生方就方，这便大误。最好使学生自学，教者不宜硬以自己的意思，压到学生身上。不过看各人的个性，去帮助他们作业罢了。但寻常一级的学生，总有二十人左右。一位教员，断不能知道个个学生的个性，所以在学生方面，也应自觉，教我的先生，既不能很知道我，最知我的，便是我自己了。如此，则一切均须自助才好。大概受毕普通教育，至少要获得地平线以上的人格，使四育平均发展。

又我们人类，本是进化的动物，对于现状常觉不满足的。故这里有了小学，渐觉中学的不可少，办了普通教育，又觉职业教育的不可少了。南洋是富于实业的地方，我们华侨初到这里的，大多数从工事入手以创造家业。不过发大财成大功的，都从商务上得来。商业在南洋，的确很当注意的，这里的中学，就应社会的需要，而先办商科。然若进一步去研究，商业的发达，必借原料的充裕，那原料，又怎样能充裕呢？不消说，全在农业的精进了。农业更须种种的农具，要求器械的供给，又宜先开矿才行，这又侧重到工艺上头。按我国制造的幼稚，实在不容不从速补救。开了铁矿自己不会炼钢，却将原料卖给别国，岂不可惜？若精了制造术，便不怕原料的一时跌价，因为我们能自己制造应用品出售，也可不吃大亏啦。

照现在的社会看来，商务的发达，可算到极点了，以后能否保持现状，或更有所进步，这都不能有把握。万一退步起来，那么，急须从根本上补救。像研究

蔡元培 教育名篇

农业和开工厂等，都足为经商的后盾，使商务的基础，十分稳固，便不愁不能发展。故学生中有天性近农近工的，不妨分头去研究，切不可都走一条路。

农商工的应用，我们都知道了。但在西洋，这三项都极猛进。而我国自古以农立国，工业一途，亦发达极早。何以到了今日都远不如他们呢？这便因他们有科学的缘故。一个小孩子知识未足时，往往不知事物的源本。所以若去问小孩子，饭是从哪里来的？他便说"从饭桶里来的"。聪明些的，或能说"从锅子里来的"。都不能说从田里来的。我国的农夫，不能使用新法，且连一亩田能出多少米，养活多少人，都不能计算出来，这岂不是和小孩子差不多么？故现在的学生，对于某种科学有特别的兴味的，大可去专门研究。即如性喜音乐的，将来执业于社会，能调养他人的精神，提高社会的文化，也尽有价值，尽早自立。做教师的，不妨去鼓舞他们，使有成功。总之，受毕普通教育，还要力图上进，不可苟安现状。若愁新洲没有专门学校，那可设法回国，或出洋去。

我最后还有几句关于女学校的话要说：这里的学校，固已不少，但可惜还没有女子中学。刚才在中学时，涂先生也曾提及这一层。我想男女都可教育的，况照现在的世界看来，凡男子所能做的，女子也都能做。不过我国男女的界限素严，今年内地各校要试办男女合校时，有许多人反对。若果真大众都以为非分校不可，那就另办一所女子中学也行。若经济问题上，不能另办时，我看也可男女合校的。在美国的学校，大都男女兼收，虽有几校例外，也是历来习惯所致。在欧洲还有把一校划分男女二部的，这也是一种方法。总之，天下无一定不变的程式，只有原理是不差的。我们且把胆子放大了，试试男女合校也好。若家庭中父兄有所怀疑时，就可另办一所女子中学，或把男子中学划分二部，或把讲堂上男女座位分开，便极易办到了。这女子中学一事，只要父兄与学生两方面，多数要求起来，我想一定可以实现的。我今日所说的，就是这些了。

（陈安仁、夏应佛笔记，据《北京大学日刊》，1921 年 1 月 7 日刊发）

何谓文化①

  我没有受过正式的普通教育，曾经在德国大学听讲，也没有毕业，哪里配在学术讲〈演〉会开口呢？我这一回到湖南来，第一，是因为杜威、罗素两先生，是世界最著名的大哲学家，同时到湖南讲演，我很愿听一听。第二，是我对于湖南，有一种特别感想。我在路上，听一位湖南学者说："湖南人才，在历史上比较的很寂寞，最早的是屈原；直到宋代，有个周濂溪②；直到明季，有个王船山③，真少得很。"我以为蕴蓄得愈久，发展得愈广。近几十年，已经是湖南人发展的时期了。可分三期观察：一是湘军时代：有胡林翼④、曾国藩、左宗棠及同时死战立功诸人。他们为满清政府尽力，消灭太平天国，虽受革命党菲薄，然一时代人物，自有一时代眼光，不好过于责备。他们为维持地方秩序，保护人民生命，反对太平，也有片面的理由。而且清代经康熙、雍正以后，汉人信服满人几出至诚。直到湘军⑤崛起，表示汉人能力，满人的信用才丧尽了。这也是间接促成革

---

  ① 1920 年 10 月下旬，湖南学者周览（鲠生）、杨端六等发起"长沙讲演会"，蔡元培等北京各校著名教授均被邀请讲演。蔡元培共讲 9 次，讲演词曾被记录发表。同年冬，蔡元培在赴欧途中，将被发表的记录稿加以修订，寄《北京大学日刊》陆续刊载。此篇被称是"在湖南的第一次讲演"。

  ② 周濂溪：周敦颐（1017—1073），北宋哲学家。因筑室庐山莲花峰下的小溪上，取营台故居濂溪以名之，后人遂称濂溪先生。其学说对以后理学发展有很大影响。有《周子全书》。

  ③ 王船山：王夫之（1619—1692），清代学者、思想家，湖南衡阳人。晚年居衡阳石船山，学者称之船山先生。对天文、历法、数学、地理学都有所研究，尤精于经学、史学、文学，在哲学上的贡献最为突出。

  ④ 胡林翼（1812—1861）：字贶生，号润芝，湖南益阳人。清末湘军重要人物。道光进士。曾任四川按察使、湖北巡抚等职。与曾国藩合兵进剿太平军，并称"曾胡"。

  ⑤ 湘军：以曾国藩为首领的军阀武装。1853 年 1 月始建，兵员募自湖南，粮饷由清廷供给。1854 年 2 月，开始对太平军作战，1864 年 7 月攻陷天京。主要将领有左宗棠、刘长佑、曾国荃等。

命。二是维新时代：梁启超、陈宝箴①、徐仁铸②等在湖南设立时务学堂，养成许多维新的人才，戊戌政变，被害的六君子中，以谭嗣同为最。他那思想的自由、眼光的远大，影响于后学不浅。三是革命时代：辛亥革命以前，革命党重要分子，湖南人最多，如黄兴③、宋教仁④、谭人凤⑤等，是人人知道的。后来洪宪一役，又有蔡锷等恢复共和。已往的人才，已经如此热闹，将来宁可限量？此次驱逐张敬尧以后，励行文治，且首先举行学术讲演会，表示凡事推本学术的宗旨，尤为难得。我很愿来看看。这是我所以来的缘故。已经来了，不能不勉强说几句话。我知道湖南人对于新文化运动，有极高的热度。但希望到会诸君想想，哪一项是已经实行到什么程度？应该什么样的求进步？

文化是人生发展的状况，所以从卫生起点，我们衣食住的状况，较之茹毛饮血、穴居野处的野蛮人，固然是进化了。但是我们的着衣吃饭，果然适合于生理么？偶然有病能不用乩方药签与五行生克等迷信，而利用医学药学的原理么？居室的光线空气，足用么？城市的水道及沟渠，已经整理么？道路虽然平坦，但行人常觉秽气扑鼻，可以不谋改革么？

卫生的设备，必需经费，我们不能不联想到经济上。中国是农业国，湖南又是产米最多的地方；俗语说"湘广熟，天下足"，可以证明。但闻湖南田每亩不过收谷三石，又并无副产。不特不能与欧美新农业比较，就是较之江浙间每亩得米三石，又可兼种蔬麦等，亦相差颇远。湖南富有矿产，有铁、有锑、有煤。工艺品如绣货、瓷器，亦皆有名。现在都还不大发达。因为交通不便，输出很不容易。考湖南面积比欧洲的瑞士、比利时、荷兰等国为大，彼等有三千以至七千启罗迈当的铁路，而湖南仅占有粤汉铁路的一段，尚未全筑。这不能不算是大缺陷。

---

① 陈宝箴（1831—1900）：字右铭，江西义宁人。举人出身。1895—1898 年，在湖南巡抚任内，与按察使黄遵宪、学政江标筹办新政，开办时务学堂，设矿务、轮船、电报及制造公司。戊戌变法失败后，被清廷革职。

② 徐仁铸（1863—1900）：字砚父，江苏宜兴人。光绪进士。颇张康有为之说。1897 年，以编修视学湖南时，与梁启超、谭嗣同交相善，手颁条诫，分谕各学校学习自然科学，培养实用人才。又作《輶轩今语》，阐述维新变法求才之意，遭顽固派叶德辉、王先谦的攻击。戊戌变法失败后，被清廷革职。

③ 黄兴（1874—1916）：字克强，湖南善化（今长沙）人，近代民主革命家。

④ 宋教仁：民主革命家。

⑤ 谭人凤（1860—1920）：号石屏，湖南新化人，近代民主革命者。

经济的进化，不能不受政治的牵制。湖南这几年，政治上苦痛，终算受足了。幸而归到本省人的手，大家高唱自治，并且要从确定省宪法入手，这真是湖南人将来的生死关头。颇闻为制宪机关问题，各方面意见不同，此事或不免停顿。要是果有此事，真为可惜。还望大家为本省全体幸福计，彼此排除党见，协同进行，使省宪法得早日产出，自然别种政治问题，都可迎刃而解了。

近年政治家的纠纷，全由于政客的不道德，所以不能不兼及道德问题。道德不是固定的，随时随地，不能不有变迁，所以他的标准，也要用归纳法求出来。湖南人性质沈毅，守旧时固然守得很凶，趋新时也趋得很急。遇事能负责任，曾国藩说的"扎硬寨，打死仗"，确是湖南人的美德。但也有一部分的人似带点夸大、执拗的性质，是不可不注意的。

上列各方面文化，要他实行，非有大多数人了解不可，便是要从普及教育入手。罗素对于俄国布尔塞维克的不满意，就是少数专制多数。但这个专制，是因多数未受教育而起的。凡一种社会，必先有良好的小部分，然后能集成良好的大团体。所以要有良好的社会，必先有良好的个人，要有良好的个人，就要先有良好的教育。教育并不是专在学校，不过学校是严格一点，最初自然从小学入手。各国都以小学为义务教育，有定为十年的，有八年的，至少如日本，也有六年。现在有一种人，不满足于小学教育的普及，提倡普及大学教育。我们现在这小学教育还没有普及，还不猛进么？

若定小学为义务教育，小学以上，尚应有一种补习学校。欧洲此种学校，专为已入工厂或商店者而设，于夜间及星期日授课。于普通国语、数学而外，备有各种职业教育，任学者自由选习。德国此种学校，有预备职业到二百余种的。国中有一二邦，把补习教育规定在义务教育以内，至少二年。我们学制的乙种实业学校，也是这个用意，但仍在小学范围以内。于已就职业的人，不便补习。鄙意补习学校，还是不可省的。

进一步，是中等教育。我们中等教育，本分两系：一是中学校，专为毕业后再受高等教育者而设；一是甲种实业学校，专为受中等教育后即谋职业者而设。学生的父兄沿了科举时代的习惯，以为进中学与中举人一样，不筹将来能否再进高等学校，姑令往学。及中学毕业以后，即令谋生，殊觉毫无特长，就说学校无

用。有一种教育家，遂想在中学里面加职业教育，不知中等的职业教育，自可在甲种实业学校中增加科目，改良教授法；初不必破坏中学本体。又现在女学生愿受高等教育的，日多一日，各地方收女生的中学很少，湖南只有周南代用女子中学校一所，将来或增设女子中学，或各中学都兼收女生，是不可不实行的。

再进一步，是高等教育。德国的土地，比湖南只大了一倍半，人口多了两倍，有大学二十。法国的土地，比湖南大了一倍半，人口也只多了一倍半，有大学十六。别种专门学校，两国都有数十所。现在我们不敢说一省，就全国而言，只有国立北京大学，稍为完备，如山西大学、北洋大学，规模都还很小。尚有外人在中国设立的大学，也是有名无实的居多。以北大而论，学生也只有两千多人，比较各国都城大学学生在万人以上的，就差得远了。湖南本来有工业、法政等专门学校，近且筹备大学。为提高文化起见，不可不发展此类高等教育。

教育并不专在学校，学校以外，还有许多的机关。第一是图书馆。凡是有志读书而无力买书的人，或是孤本、抄本，极难得的书，都可以到图书馆研究。中国各地方差不多已经有图书馆，但往往只有旧书，不添新书。并且书目的编制，取书的方法，借书的手续，都不便利于读书的人，所以到馆研究的很少。我听说长沙有一个图书馆，不知道内容什么样。

其次是研究所。凡大学必有各种科学的研究所，但各国为便利学者起见，常常设有独立的研究所。如法国的巴斯笃研究所[①]，专研究生物化学及微生物学，是世界最著名的。美国富人，常常创捐基金，设立各种研究所，所以工艺上新发明很多。我们北京大学，虽有研究所，但设备很不完全。至于独立的研究所，竟还没有听到。

其次是博物院。有科学博物院，或陈列各种最新的科学仪器，随时公开讲演，或按着进化的秩序，自最简单的器械，到最复杂的装置，循序渐进，使人一览了然。有自然历史博物院，陈列矿物及动植物标本，与人类关于生理病理的遗骸，可以见生物进化的痕迹，及卫生的需要。有历史博物院，按照时代，陈列各种遗留的古物，可以考见本族渐进的文化。有人类学博物院，陈列各民族日用器物、衣服、装饰品以及宫室的模型、风俗的照片，可以作文野的比较。有美术博

---

① 巴斯笃研究所：通译为巴斯德研究所。

物院，陈列各时代各民族的美术品，如雕刻、图画、工艺、美术，以及建筑的断片等，不但可以供美术家的参考；并可以提起普通人优美高尚的兴趣。我们北京有一个历史博物馆，但陈列品很少。其余还没有听到的。

其次是展览会。博物院是永久的，展览会是临时的。最通行的展览会，是工艺品、商品、美术品，尤以美术品为多。或限于一个美术家的作品，或限于一国的美术家，或征及各国的美术品。其他特别的展览会，如关于卫生的、儿童教育的，还多。我们前几年在南京开过一个劝业会，近来在北京、上海，开了几次书画展览会，其余殊不多见。

其次是音乐会。音乐是美术的一种，古人很重视的。古书有《乐经》、《乐记》。儒家礼、乐并重，除墨家非乐外，古代学者，没有不注重音乐的。外国有专门的音乐学校，又时有盛大的音乐会。就是咖啡馆中，也要请几个人奏点音乐。我们全国还没有一个音乐学校，除私人消遣，沿照演旧谱，婚丧大事，举行俗乐外，并没有新编的曲谱，也没有普通的音乐会，这是文化上的大缺点。

其次是戏剧。外国的剧本，无论歌词的、白话的，都出自文学家手笔。演剧的人，都受过专门的教育。除了最著名的几种古剧以外，时时有新的剧本。随着社会的变化，时有适应的剧本，来表示一时代的感想。又发表文学家特别的思想，来改良社会，是最重要的一种社会教育的机关。我们各处都有戏馆，所演的都是旧剧。近来有一类人想改良戏剧，但是学力不足，意志又不坚定，反为旧剧所同化，真是可叹。至于影戏的感化力，与戏剧一样，传布更易。我们自己还不能编制，外国输入的，又不加取缔，往往有不正当的片子，是很有流弊的。

其次是印刷品，即书籍与报纸。他们那种类的单复，销路的多寡，与内容的有无价值，都可以看文化的程度。贩运传译，固然是文化的助力，但真正文化是要自己创造的。

以上将文化的内容，简单地说过了。尚有几句紧要的话，就是文化是要实现的，不是空口提倡的。文化是要各方面平均发展的，不是畸形的。文化是活的，是要时时进行的，不是死的，可以一时停滞的。所以要大家在各方面实地进行，而且时时刻刻地努力，这才可以当得文化运动的一句话。

（据《北京大学日刊》，1921 年 2 月 14 日刊发）

对于师范生的希望

　　在今日看来，无论中外，男女都要受教育，并且所受的教育都要一样的。从前的人以为所学的科学不必相同，有女子须学而男子不应学者，有男子须学而女子不应学者，于是学校有男女之别。社会情形改变，家庭情形亦随之改变：从前只有男子在社会上做事，女子毫不负责任，近年来女子常常代男子做许多社会事业，譬如欧战发生以后，男子都从军去了，女子乃不得不在社会上做事。塞尔维亚的女子也有从军的。照这样看来，男女所做的事，应该相同。中国的教育，男女学校不是平行发达：男子有专门学校，有大学校，女子没有，所以北京大学实行男女同学。中国有男子师范、女子师范，但男女师范之分离，并不是程度上的关系，并不是功课上的关系，不过因仍旧习惯罢了。

　　师范的性质与中学不同：中学毕业后还要升学；师范毕业，就要当教员。师范是为培植将来的小学教员。诸位是将来的教员，不可不注重学校中一切的科学。中学各科有各科的教员，教师或只教一种科学，小学则不然。小学内常常以一人兼教各种科学。初等小学常以一人兼学校中一切科学，如手工、图画、音乐、体操，所以一个师范生可以办一个小学。师范生的程度，必须各科都好，才能担负这种责任。小学教师正像工人一样，工人的各种器具都完备，才能制造各种东西，小学教师的各种科学都完善，才能得良好的小学教育。所以师范生须兼长并进，不能选此舍彼。

　　现在的学校多实行选科制①，但这种制度只能行之于高等以上的学校，并且

---

　　① 选科制：高等学校的一种教学管理制度。同学分制相联系。各系或专业的课程一般分为必修科，指定选修科和任意选修科三类。每一类课程规定一定的学分数。读满学分总数方可毕业。

学生只有相对的选择，无绝对的选择，除必修科以外的科学，才有选择权。北京大学现行这种制度，如入化学科，有三分之二是必修科，余者可自由选择。又如在每门选一种或几种科学，而不专习某科者谓之旁听生，修业期限无定，学校亦不发毕业证书。学生所选的科学必须经教员审定，因教员知道选何者有益，选何者无益，如走生路，若无人指引，易入歧路。总而言之，高等教育方行选科制，但须教员认定。

普通教育不能行选科制，只可采用选科精神。从前的学生有因一二种科学不及格而降班者，譬如甲长于国文而算术不好，因算术不好降入低年级，使他的国文也不能随高年级听讲。这种办法很不公平。遇了这种情形可用选科的精神，就是甲算术不好，乙国文不好，可令甲乙二人在低年级听算术国文，其余的科学仍随高年级听讲。普通教育，选科的程度至此为止，普通师范学校当然也是这样。

师范生对于各科的知识，必须贯通，各有心得，多看参考书，参观实在情形，心身上才有利益。怎么叫做师范？范就是模范，可为人的榜样。自己的行为要做别人的模范，所以师范生的行为最要紧。模范不是短时间能成就的，须慢慢的养成。

学校内的规则不许你们这样，或不许你们那样，这是消极的。学生知道这些规则对于我们有益，我情愿遵守，才肯入校。所以学校的规则可说不是学校定的，是你们自己定的。学校的规则如很不方便，可求改良，但不得忽然破坏规则。教室内无规则，就没有秩序，你们当教员的时候愿看见这种情形么？

"五四"以后，社会上很重视学生，但到了现在，生出许多流弊。学生以自己为万能，常常想去干涉社会上的事和政治上的事。如果学校内有一部分人如此，他部分想用功的人也决不能用功了。欧战①以来，各国毕业生有许多当兵者，但未毕业的仍旧求学。不求学，专想干涉校外的事，有极大的危险。国家的事不是学生可以解决的，学生运动不过要提醒外界的人，不是能直接解决各种问题。所以用不着常常运动。

---

① 欧战：即第一次世界大战。

蔡元培 教育名篇

"五四运动"发源于北大，当时这种运动，出于势不得已，非有意干涉政治。现在北大的学生决不肯轻易干涉政治上的事。为什么缘故呢？（一）因学问不充足，办事很困难，办事须从学问上入手，不得不专心求学。（二）觉得中国政治问题层出不穷，若常常干预，必至无暇用功。我出京的时候，他们专心求学以外，只办平民学校，不管别的事情了。

小学教员在社会上的位置最重要，其责任比大总统还大些。你们在学校中如有很好的预备，就能担负这责任，有益于社会真不浅呵！

（据《北京大学日刊》，1921 年 2 月 24 日刊发）

对于学生的希望①

　　我于贵省②学生界情形不甚熟悉，我所知者为北京学生界情形，各地想也大同小异。今天到此和诸君说话，便以所知之情形，加以推想，贡献诸君。

　　"五四运动"以来，全国学生界空气为之一变。许多新现象、新觉悟，都于"五四"以后发生，举其大者，共得四端。

一　自己尊重自己

　　吾国办学二十年，犹是从前的科举思想，熬上几个年头，得到文凭一纸，实是从前学生的普通目的。自己的成绩好不好，毕业后中用不中用，一概不问。平日荒嬉既多，一临考试，或抄袭课本，或打听题目，或请划范围，目的只图敷衍，骗到一张证书而已，全不打算自己要做一个什么样人，自己和人类社会有何关系。"五四"以前之学生情形，恐怕有大多数是这样的。

　　"五四"以后不同了。原来"五四运动"也是社会的各方面酝酿出来的。政治太腐败，社会太龌龊，学生天良未泯，便忍耐不住了。蓄之已久，迸发一朝，于是乎有"五四运动"。从前的社会很看不起学生，自有此运动，社会便重视学生了。学生亦顿然了解自己的责任，知道自己在人类社会占何种位置，因而觉得自身应该尊重，于现在及将来应如何打算，一变前此荒嬉暴弃的习惯，而发生一种向前进取、开拓自己运命的心。

---

　　① 此篇为蔡元培在湖南的第七次讲演。
　　② 贵省：指湖南省。

二　化孤独为共同

"各人自扫门前雪，不管他人瓦上霜"，是中国古人的座右铭，也就是从前学生界的座右铭。从前的好学生，于自己以外，大半是一概不管，纯守一种独善其身的主义。"五四运动"而后，自己与社会发生了交涉，同学彼此间也常须互助，知道单是自己好，单是自己有学问有思想不行，如想做事真要成功，目的真要达到，非将学问思想推及于自己以外的人不可。于是同志之联络，平民之讲演，社会各方面之诱掖指导，均为最切要的事，化孤独的生活为共同的生活，实是"五四"以后学生界的一个新觉悟。

三　对自己学问能力的切实了解

从前学生，对于自己的学问有用无用，自己的能力那处是长、那处是短，简直不甚了解，不及自觉。"五四"以后，自己经过了种种困难，于组织上、协同上、应付上，以自己的学问和能力向新旧社会做了一番试验，顿然觉悟到自己学问不够，能力有限。于是一改从前滞钝昏沉的习惯，变为随时留心、遇事注意的习惯了，家庭啦，社会啦，国家啦，世界啦，都变为充实自己学问、发展自己能力的材料。这种新觉悟，也是"五四"以后才有的。

四　有计划的运动

从前的学生，大半是没有主义的，也没有什么运动。"五四"以后，又经过各种失败，乃知集合多数人做事，是很不容易的，如何才可以不至失败，如何才可以得到各方面的同情，如何组织，如何计划，均非事先筹度不行。又知群众运动在某种时候虽属必要，但决不可轻动，不合时机，不经组织，没有计划的运动，必然做不成功。这种觉悟，也是到"五四"以后才有的。于此分五端的进行。

（一）自动的求学　在学校不能单靠教科书和教习，讲堂功课固然要紧，自动自习，随时注意自己发见求学的门径和学问的兴趣，更为要紧。

（二）自己管理自己的行为　学生对于社会，已经处于指导的地位。故自己的行为，必应好生管理。有些学生不喜教职员管理，自己却一意放纵，做出种种坏行。我意不要人家管理，能够自治，是好的。不要管理，自便放纵，是不好的。管理规则、教室规则等，可以不要，但要能够自守秩序。总要办到不要规则而其收效仍如有规则时或且过之才好，平民主义不是不守秩序，罗素是主张自由最力的人，也说自由与秩序并不相妨。我意最好由学生自定规则，自己遵守。

（三）平等及劳动观念　朋友某君和我说："学生倡言要与教职员平等，但其使令工役，横眼厉色，又俨然以主人自居，以奴隶待人。"我友之言，系指从前的学生，我意学生先要与工役及其他知识低于自己的人讲求平等，然后遇教职员之以不平等待己者，可以不答应他。近人盛倡勤工俭学，主张一边读书，一边做工。我意校中工作，可以学生自为。终日读书，于卫生上也有妨碍。凡吃饭不做事专门暴殄天物的人，是吾们所最反对的。脱尔斯太①主张泛劳动主义。他自制衣履，自做农工，反对太严格的分工，吾愿学生于此加以注意。

（四）注意美的享乐　近来学生多有为麻雀②、扑克或阅恶劣小说等不正当之消遣，此固原因于其人之不悦学，尤以社会及学校无正当之消遣，为主要原因。甚有生趣索然，意兴无聊，因而自杀者。所以吾人急应提倡美育，使人生美化，使人的性灵寄托于美，而将忧患忘却。于学校中可实现者，如音乐、图画、旅行、游戏、演剧等，均可去做，以之代替不好的消遣。但切不要拘泥，只随人意兴所到，适情便可。如音乐一项，笛子、胡琴都可。大家看看文学书，唱唱诗歌，也可以悦性怡情。单独没有兴会，总要有几个人以上共同享乐，学校中要常有此种娱乐的组织。有此种组织，感情可以调和，同学间不好的意见和争执，也要少些了。人是感情的动物，感情要好好涵养之，使活泼而得生趣。

（五）社会服务　社会一般的知识程度不进，各种事业的设施，均感痛苦。"五四"以来，学生多组织平民学校，教失学的人以普通知识及职业，是一件极好的事。吾见北京每一校有二三百人者，有千人者，甚可乐观。国家办教育，人才与财力均难，平民学校不费特别的人才与财力，而可大收教育之效，故是一件很好的事。又有平民讲演，用讲演的形式与平民以知识，也是一件好事。又调查社会情形，甚为要紧。吾国没有统计，以致诸事无从根据计划，要讲平民主义，

---

①　脱尔斯太：即列夫·托尔斯泰。

②　麻雀：麻雀牌，俗称麻将牌。

要有真正的群众运动，宜从各种细小的调查做起。此次北方旱灾，受饥之民，至三千多万。赈灾筹款，须求引起各方的同情，北京学生联合会乃思得一法，即调查各地灾状，用文字或照片描绘各种灾情，发表出来，借以引起同情。吾出京时，正值学生分组出发，十人一组。即此一宗，可见调查之关系重要。

我以上所讲，是普通的。最后对于湖南学生诸君，尚有二事，须特别说一说。

（一）学生参与教务会议问题　吾在京时，即听见人说湖南学生希望甚高，要求亦甚大，有欲参与学校教务会议之事。吾于学生自治，甚表赞同，惟参与教务会议，以为未可，其故因学校教职员对于校务是负专责的，是时时接洽的。若参入不接洽又不负责任的学生，必不免纷扰。北大学生也曾要求加入评议会，后告以难于办到的理由，他们亦遂中止了。

（二）废止考试问题　湖南学生有反对试验之事。吾亦觉得试验有好多坏处。吾友汤尔和[①]先生曾有文详论此事，主张废考，北大高师学生运动废考甚力。吾对北大办法，则以要不要证书为准，不要证书者废止试验，要证书者仍须试验。

吾意学生对于教职员，不宜求全责备，只要教职员系诚心为学生好，学生总宜原谅他们。现在是青黄不接时代，很难得品学兼备的人才呵。吾只希望学生能有各方面的了解和觉悟，事事为有意识地有计划地进行，就好极了。

（据《北京大学日刊》，1921 年 2 月 25 日刊发）

---

　　①　汤尔和（1878—1940）：原名蕭，字调鼎，又字尔和，浙江杭州人。早年留学日本。回国后任浙江高等学堂校医。1912 年，筹办国立北京医学专门学校，后任校长。1926 年后任顾维钧内阁内务部总长、财政部总长等。1937 年以后任伪国民政府委员、教育总长、华北政务委员会常务委员等。

在爱丁堡中国学生会及学术研究会欢迎会演说词

今日与诸君聚会，甚为欢乐，更感激诸君厚意。此次出来的时候，本想在英国多住几天，因为英国教育与别国不同，苏格兰与英格兰又不同。爱丁堡风景著名，大学校更著名，地方清静，气候温和，旅费比较的节省，所以中国留学生在此处很多。从前吾在德国时，就知道此地有学生会，似名苏学会，曾见过两次的会报，是用胶版印的。大约在清季，或民国初年间。今日来此，仍有学生会，更有学术研究会。风景既佳，学校又好，大家联合起来，安心求学，比较在伦敦、柏林、巴黎更佳。所以吾在仓促间，必要到此一游。但是今日又须到丹麦，不能久住。且喜得与诸君聚会，又看过大学校、美术专门、博物馆、古堡、旧皇宫等地，更蒙诸君郑重的招待，何等欣幸！兹奉临别数语，望大家注意。

今日会中有学术研究会，学与术可分为两个名词，学为学理，术为应用。各国大学中所有科目，如工商，如法律，如医学，非但研求学理，并且讲求适用，都是术。纯粹的科学与哲学，就是学。学必借术以应用，术必以学为基本，两者并进始可。中国羡慕外人的，第一次是见其枪炮，就知道他的枪炮比吾们的好。以后又见其器物，知道他的工艺也好。又看外国医生能治病，知道他的医术也好。有人说：外国技术虽好，但是政治上只有霸道，不及中国仁政。后来才知道外国的宪法、行政法等，都比中国进步。于是要学他们的法学、政治学，但是疑他们道学很差。以后详细考察，又知道他们的哲学，亦很有研究的价值。他们的好处都知道了，于是出洋留学生，日多一日，各种学术都有人研究了。然而留学生中，专为回国后占地位谋金钱的也很多。所以学工业，预备做技师。学法律，

预备做法官，或当律师。学医学，预备行医。只从狭义做去，不问深的理由。中国固然要有好的技师、医生、法官、律师等，但要在中国养成许多好的技师、医生等，必须有熟练技能而又深通学理的人，回去经营，不是依样画葫芦的留学生做得到的。譬如吃饭的时候，问小儿饭从哪里来的？最浅的答语是说出在饭桶里，进一步，说是出在锅子里，再进一步，说是出在谷仓里，必要知道探原到农田上，才是能造饭的，不是专吃现成饭的人了。求学亦然，要是但知练习技术，不去研究学术；或一国中，练习技术的人虽多，研究科学的人很少，那技术也是无源之水，不能会通改进，发展终属有限。所以希望留学诸君，不可忽视学理。

外人能进步如此的，在科学以外，更赖美术。人不能单纯工作，以致脑筋枯燥，与机器一样。运动、吃烟、饮酒、赌博，皆是活泼脑筋的方法，但不可偏重运动一途。烟酒、赌博，又系有害的消遣，吾们应当求高尚的消遣。西洋科学愈发达，美术也愈进步。有房屋更求美观，有雕刻更求精细。一块美石不制桌面，而刻石像，一块坚木不作用器，而制玩物，究竟有何用意？有大学高等专门学校，更设美术学校、音乐学校等，既有文法书，更要文学。所建设的美术馆、博物馆，费多少金钱，收买物品，雇人管理，外人岂愚？实则别有用心。过劳则思游息，无高尚消遣则思烟酒、赌博，此系情之自然。所以提倡美术，既然人得以消遣，又可免去不正当的娱乐。

美术所以为高尚的消遣，就是能提起创造精神。从前功利论，以为人必先知有相当权利，而后肯尽义务。近来学者，多不以为然。罗素佩服老子"为而不有"一语。他的学说，重在减少占有的冲动，扩展创造的冲动，就是与功利论相反的。但这种减少与扩展的主义，可用科学证明。这种习惯，只有美术能养成他。因为美术一方面有超脱利害的性质，一方面有发展个性的自由。所以沉浸其中，能把占有的冲动逐渐减少，创造的冲动逐渐扩展。美术的效用，岂不很大么？中国美术早已卓著，不过好久没人注意，不能尽量发展。现在博物馆还未设立，岂不可惜。所以在外国的时候，既然有很好的机会，就当随处注意。不但课余可时往博物馆赏览，就是路旁校侧，处处都有美术的表现。不仅对于自己精神有利益，就是回国以后，对于提倡美术，也多有补助。若是此时失去机会，以后就懊悔也晚了。

我知道在爱丁堡的同学对于国内的政治是很注意的。中国现在的政治，可云坏极了，一切大权皆在督军掌握，督军并无何等智慧，不过相互为敌，借养兵之名，去攫金钱就是了。譬如说有一万兵的，其实不过数千，将这空饷运入私囊。仅为金钱之计，实无军队可言，更无威武可怕。惟真正民意，为力最大。凡所喜的，都可实现，凡所恶的，都可铲除。前清因失民意而亡，袁氏①因失民意而殁。安福②兵力很强，又有外人帮助，但因民意反对，终归溃败。现在人心又恨怨督军，都提倡"废督"。大概督军不久也必消灭。但是最重要问题：督军消灭后，又将何以处之？从前执政都想中央集权，实则中国之大，断没有少数人能集权而治的。现在极要的，是从"地方自治"入手。在各地方设高等教育机关，使人民多受教育，自然各方面事务都有适当的人来担任。希望诸君专心求学，学成可以效力于地方，这是救国最好的方法。目前国内政治问题，暂可不必分心。

我想诸君必又很注意于国内学生的情形。曾记得革命以前，在上海、天津以至日本留学界，都有学生作革命的运动。民国成立以后，学生却没有什么重要的表示。前年"山东问题"发生，学生关心国家，代表社会，又活动起来。国人对于学生举动很注重，对于学生议论也很信仰，所以有好机会，为社会做事。不过"五四"以后，学生屡屡吃亏。中间经过痛苦太多。功课耽误，精神挫伤，几乎完全失败。因此学生发生两种觉悟出来：第一，受此番经验，自知学问究竟不足，于是运动出首的学生，或到外国求学，未出国的，也格外专心用功了。第二，经此番风潮，社会对于学生，都加一番重视。学生自身，也知人格可贵，就大家不肯做贬损人格的事情。所以对于中国学生将来，实有莫大的希望。

再者，诸君在国外有数十同国的学生，时相晤聚，甚为难得。无论所学科目不同，所居地位不同，或所操言语不同，要之大家须彼此爱护。有从国外来，不能说国语的，国内来的同学，可以帮助他们。互相亲爱，互相原谅。这也是很祷祝的一件事。

（于世秀记，据《北京大学日刊》，1921 年 8 月 10 日刊发）

---

① 袁氏：指袁世凯。

② 安福：指安福系。依附北洋皖系军阀的政客集团。1916 年袁世凯死后，皖系军阀段祺瑞任国务总理，极力推行"武力统一"政策。1912 年，唆使亲信徐树铮、王揖唐等在北京安福胡同成立俱乐部，收买政客，包办选举，在同年 8 月的"新国会"中有议员 330 多名，后称该集团为"安福系"。

关于宗教问题的谈话①

  将来的人类，当然没有拘牵仪式、倚赖鬼神的宗教。替代他的，当为哲学上各种主义的信仰。这种哲学主义的信仰。乃完全自由，因人不同，随时进化，必定是多数的对立，不像过去和现在的只为数大宗教所垄断，所以宗教只是人类进程中间一时的产物，并没有永存的本性。

  中国自来在历史上便与宗教没有甚么深切的关系，也未尝感非有宗教不可的必要。将来的中国，当然是向新的和完美的方面进行，各人有一种哲学主义的信仰。在这个时候，与宗教的关系，当然更是薄弱，或竟至无宗教的存在。所以将来的中国，也是同将来的人类一样，是没有宗教存在的余地的。

  少年中国学会②是一种创造新中国的学术团体。在这个过渡时期，对于宗教，似乎不能不有此一种规定，亦如十余年前法国的 Misson naique 一样的要经过一番无宗教的运动才有今日。

  我个人对于宗教的意见，曾于十年前出版的《哲学要领》中详细说过，至今我的见解，还是未尝变更，始终认为宗教上的信仰，必为哲学主义所替代。

  有人以为宗教具有与美术、文学相同的慰情作用，对于困苦的人生，不无存在的价值。其实这种说法，反足以证实文学、美术之可以替代宗教，及宗教之不能不日就衰亡。因为美术、文学乃人为的慰藉，随时代思潮而进化，并且种类杂多，可任人自由选择。其亲切活泼，实在远过于宗教之执著而强制。至有因美

---

  ① 这是《少年中国》杂志社周太玄访问蔡元培所作的记录。他在这篇谈话前面写有："我因为宗教问题，特访蔡先生谈话。现在将谈话的结果记在下面。周太玄记。"
  ② 少年中国学会："五四"时期的学术性政治团体。

术、文学多采用宗教上的材料，因而疑宗教是不可废的，不知这是历史上一时的现象。因为当在宗教极盛的时候，无往而非宗教，美术、文学，自然也不免取材于此。不特是美术、文学，就是后来与宗教为敌的科学，在西洋中古时代，又何尝不隶属于基督教？彼此的关系，又何尝不深？自文艺中兴时代，用时代的人物及风俗写宗教的事迹，宗教的兴味，已渐渐薄弱。后来采取历史风俗的材料渐多，大多数文学、美术与宗教毫无关系，而且反对宗教之作品，亦日出不穷，其慰藉吾人之作用，仍然存在。因此知道文学、美术与宗教的关系，也将如科学一样，与宗教无关，或竟代去宗教。我曾主张"美育代宗教"便是此意。

（周太玄记，据《少年中国》第 3 卷第 1 期，1921 年 8 月 1 日出版）

知识问题

——在檀香山中国学生会的演说词

人之求知识，与生理上之求营养相等。营养者，凭旧有之机体，吸收新养料而消化之，以增加体力，可以做工。非如瓶碟之类，任意装入食物也。人体不同，营养料不能完全相同。个人特性不同，教育者所授予之知识，亦决不能完全相同。现在美国最通行之"知慧测量"法，若能用之极精，即可以决定选择知识之方法。最要者，不可凭一时政党之政策，或一种宗教家之主义为标准而选定之。如德国主张军国主义。旧日教育，在与普通人以一种零星之知识，造成国民为政府应用之器具；不与以综合之观念，是政治家利用之弊。

中国古代对于"知识"的观念，与"记忆"相似。所以用一个"知"字，与认识朋友之意相同。又用一个"识"字，与记得的识字相同。后来有人说：人心同明镜，如不受尘染，一遇外物，自然知其是非真伪。此是两种极端之说：一是偏重经验；一是偏重本能。现在采用折中说，就是认知识是凭看本有的能力，以同化作用，吸收新材料，组成统一的知识。

（据蔡元培手稿）

教授制大纲（草案）

一　每学系，依照本学系的需要，设讲座教授若干人，以学科之名称名之，例如中国文学史教授、中国文字学教授……

二　讲座教授之外，每学系得设"教授"若干人，其位置略同于美国之助教授；但因本校的习惯，暂沿用"教授"之名，但不加学科之名称。

三　讲座教授，如一时不得其人，宁存缺额，不求充数。

四　讲座教授之聘任，由校长提出，聘任委员会及评议会议决之。

五　讲座教授之薪俸不等，由校长与教务会议依学科之性质，酌量拟定后，交评议会议决。

六　教授之薪俸，另行规定之。

七　讲座教授与教授，皆用聘约。第一次，定一年，续聘约，二年一换。

（据北京大学评议会抄件）

教育独立议

教育是帮助被教育的人，给他能发展自己的能力，完成他的人格，于人类文化上能尽一分子的责任；不是把被教育的人，造成一种特别器具，给抱有他种目的的人去应用的。所以，教育事业当完全交与教育家，保有独立的资格，毫不受各派政党或各派教会的影响。

教育是要个性与群性平均发达的。政党是要制造一种特别的群性，抹杀个性。例如，鼓励人民亲善某国，仇视某国；或用甲民族的文化，去同化乙民族。今日的政党，往往有此等政策，若参入教育，便是大害。教育是求远效的；政党的政策是求近功的。中国古书说："一年之计树谷；十年之计树木；百年之计树人。"可见教育的成效，不是一时能达到的。政党不能掌握政权，往往不出数年，便要更迭。若把教育权也交与政党，两党更迭的时候，教育方针也要跟着改变，教育就没有成效了。所以，教育事业不可不超然于各派政党以外。

教育是进步的：凡有学术，总是后胜于前，因为后人凭着前人的成绩，更加一番工夫，自然更进一步。教会是保守的：无论什么样尊重科学，一到《圣经》的成语，便绝对不许批评，便是加了一个限制。教育是公同的：英国的学生，可以读阿拉伯人所作的文学，印度的学生，可以用德国人所造的仪器，都没有什么界限。教会是差别的：基督教与回教不同；回教又与佛教不同。不但这样，基督教里面，天主教与耶稣教又不同。不但这样，耶稣教里面，又有长老会①、浸礼

---

① 长老会：基督教新教主要宗派之一。属加尔文宗。该派依据加尔文的教会组织原则，由教徒推选长老与牧师共同治理教会。16世纪产生于苏格兰，主要分布于英、美等国。

会①、美以美会②等等派别的不同。彼此谁真谁伪，永远没有定论，只好让成年的人自由选择。所以各国宪法中，都有"信仰自由"一条。若是把教育权交与教会，便恐不能绝对自由。所以，教育事业不可不超然于各派教会以外。

但是，什么样可以实行超然的教育呢？鄙人拟一个办法如下。

分全国为若干大学区，每区立一大学；凡中等以上各种专门学术，都可以设在大学里面，一区以内的中小学校教育，与学校以外的社会教育，如通信教授、演讲团、体育会、图书馆、博物院、音乐、演剧、影戏……与其他成年教育、盲哑教育，等等，都由大学办理。

大学的事务，都由大学教授所组织的教育委员会主持。大学校长，也由委员会举出。

由各大学校长，组织高等教育会议，办理各大学区互相关系的事务。

教育部，专办理高等教育会议所议决事务之有关系于中央政府者，及其他全国教育统计与报告等事，不得干涉各大学区事务。教育总长必经高等教育会议承认，不受政党内阁更迭的影响。

大学中不必设神学科，但于哲学科中设宗教史、比较宗教学等。

各学校中，均不得有宣传教义的课程，不得举行祈祷式。

以传教为业的人，不必参与教育事业。

各区教育经费，都从本区中抽税充用。较为贫乏的区，经高等教育会议议决后，得由中央政府拨国家税补助。

注：分大学区与大学兼办中小学校的事，用法国制。

大学可包括各种专门学术，不必如法、德等国别设高等专门学校，用美国制。

大学兼任社会教育，用美国制。

大学校长，由教授公举，用德国制。

大学不设神学科，学校不得宣传教义与教士不得参与教育，均用法国制。瑞士亦已提议。

抽教育税，用美国制。

（据《新教育》第 4 卷第 3 期，1922 年 3 月出版）

---

① 浸礼会：基督教新教浸礼宗教会之一。该宗教传入美国后，在美国南北战争期间分裂为二。北方宗教会于 1877 年传入中国，译称"浸礼会"。

② 美以美会：美国北方基督教新教卫斯理宗的教会。鸦片战争后传入中国，借用该会机构英文名称 Methodist Episcopal Mission 之缩写 M. E. M. 的音译"美以美"，作为该会的汉译称谓。

美育实施的方法①

我国初办新式教育的时候，只提出体育、智育、德育三条件，称为三育。十年来，渐渐地提到美育，现在教育界已经公认了。李石岑②先生要求我说说"美育实施的方法"，我把我个人的意见写在下面。

照现在教育状况，可分为三个范围：一、家庭教育；二、学校教育；三、社会教育。我们所说的美育，当然也有这三方面。

我们要作彻底的教育，就要着眼最早的一步。虽不能溢出范围，推到优生学，但至少也要从胎教起点。我从不信家庭有完美教育的可能性，照我的理想，要从公立的胎教院与育婴院着手。

公立胎教院是给孕妇住的，要设在风景佳胜的地方，不为都市中混浊的空气、纷扰的习惯所沾染。建筑的形式要匀称，要玲珑，用本地旧派，略参希腊或文艺中兴时代的气味。凡埃及的高压式③，峨特的偏激派④，都要避去。四面都是庭园，有广场，可以散步，可以作轻便的运动，可以赏月观星。园中杂莳花木，使四时均有雅丽之花叶，可以悦目。选毛羽秀丽、鸣声谐雅的动物，散布花木中间；须避去用索系猴、用笼装鸟的习惯。引水成泉，勿作激流。汇水成池，蓄美观活泼的鱼。室内糊壁的纸、铺地的毡，都要选恬静的颜色、疏秀的花纹。应用

---

① 本文是蔡元培应李石岑之请所撰，刊于《教育杂志》第 14 卷第 6 号。

② 李石岑（1892—1934）：原名邦番，字石岑，湖南醴陵人。早年赴日留学。回国后，在上海商务印书馆任编辑，与周予同主编《教育杂志》。1928 年赴德、法研究哲学。回国后，任中国公学、暨南大学、大夏大学等校教授。

③ 埃及的高压式：埃及的建筑，最有特色的是巨型陵墓——金字塔，和带有密集排列的体积巨大的圆柱的庙宇。这种巨型的建筑，显示气势非凡，象征着威严和不可动摇。

④ 峨特的偏激派：峨特，也作哥特，欧洲的主要建筑形式的一种。

与陈列的器具，要轻便雅致，不取笨重或过于琐巧的。一室中要自成系统，不可混乱。陈列雕刻、图画，都取优美一派；应有健全体格的裸体像与裸体画。凡有粗犷、猥亵、悲惨、怪诞等品，即使描写个性，大有价值，这里都不好加入。过度激刺的色彩，也要避去。备阅览的文字，要乐观的、和平的；凡是描写社会黑暗方面、个人神经异常的，要避去。每日可有音乐，选取的标准，与图画一样，激刺太甚的、卑靡的，都不取。总之，各种要孕妇完全在平和活泼的空气里面，才没有不好的影响传到胎儿。这是胎儿的美育。

孕妇产儿以后，就迁到公共育婴院，第一年是母亲自己抚养的；第二、第三年，如母亲要去担任她的专业，就可把婴儿交给保姆。育婴院的建筑，与胎教院大略相同，或可联合一处。其中陈列的雕刻图画，可多选裸体的康健儿童，备种种动静的姿势；隔几日，可更换一套。音乐，选简单静细的。院内成人的言语与动作，都要有适当的音调态度，可以作儿童的模范。就是衣饰，也要有一种优美的表示。

在这些公立机关未成立以前，若能在家庭里面，按照上列的条件小心布置，也可承认为家庭美育。

儿童满了三岁，要进幼稚园了。幼稚园是家庭教育与学校教育的过渡机关，那时候儿童的美感，不但被动的领受，并且自动的表示了。舞蹈、唱歌、手工，都是美育的专课。就是教他计算、说话，也要从排列上、音调上迎合他们的美感，不可用枯燥的算法与语法。

儿童满了六岁，就进小学校，此后十一二年，都是普通教育时期，专属美育的课程，是音乐、图画、运动、文学等。到中学时代，他们自主力渐强，表现个性的冲动渐渐发展，选取的文字、美术，可以复杂一点。悲壮、滑稽的著作，都可应用了。

但是美育的范围，并不限于这几个科目，凡是学校所有的课程，都没有与美育无关的。例如数学，仿佛是枯燥不过的了；但是美术上的比例、节奏，全是数的关系，截金术是最显的例子。数学的游戏，可以引起滑稽的美感。几何的形式，是图案术所应用的。理化学似乎机械性了；但是声学与音乐，光学与色彩，

密切的很。雄强的美，全是力的表示。美学中有"感情移入"论①，把美术品形式都用力来说明他。文学、音乐、图画，都有冷热的异感，可以从热学上引起联想。磁电的吸拒，就是人的爱憎。有许多美术工艺，是用电力制成的。化学实验，常见美丽的光焰；原子、电子的排列法，可以助图案的变化。图画所用的颜料，有许多是化学品。星月的光辉，在天文学上不过映照距离的关系，在文学、图画上便有绝大的魔力。矿物的结晶、闪光与显色，在科学上不过自然的结果，在装饰品便作重要的材料。植物的花叶，在科学上不过生殖与呼吸机关，或供分类的便利；动物的毛羽与声音，在科学上作为保护生命的作用，或雌雄淘汰的结果；在美术、文学上都为美观的材料。地理学上云霞风雪的变态、山岳河海的名胜、文学家美学家的遗迹，历史上文学美术的进化、文学家美术家的轶事，也都是美育的资料。

由普通教育转到专门教育，从此关乎美育的学科，都成为单纯的进行了。爱音乐的进音乐学校，爱建筑、雕刻、图画的进美术学校，爱演剧的进戏剧学校，爱文学的进大学文科，爱别种科学的人就进了别的专科了。但是每一个学校的建筑式、陈列品，都要合乎美育的条件。可以时时举行辩论会、音乐会、成绩展览会、各种纪念会等，都可以利用他来行普及的美育。

学生不是常在学校的，又有许多已离学校的人，不能不给他们一种美育的机会；所以又要有社会的美育。

社会美育，从专设的机关起：

（一）美术馆，搜罗各种美术品，分类陈列。于一类中，又可依时代为次。以原本为主，但别处所藏的图画，最著名的，也用名手的摹本。别处所藏的雕刻，也可用摹造品。须有精印的目录，插入最重要品的摄影。每日定时开馆。能不收入门券费最善，必不得已，每星期日或节日必须免费。

（二）美术展览会，须有一定的建筑，每年举行几次，如春季展览、秋季展览等。专征集现代美术家作品，或限于本国，或兼征他国的。所征不胜陈列，组织审查委员选定。陈列品可开明价值，在会中出售。余时亦可开特别展览会，或专

---

① "感情移入"论：也称"移情美学说"。一种认为审美活动的实质，就是主体将感情移入对象，从而使对象产生美感的理论。

陈一家作品，或专陈一派作品。也有借他国美术馆或私人所藏展览的。

（三）音乐会，可设一定的会场，定期演奏。在夏季也可在公园、广场中演奏。

（四）剧院，可将歌舞剧、科白剧①分设两院，亦可于一院中更番演剧。剧本必须出文学家手笔，演员必须受过专门教育。剧院营业，如不敷开支，应用公款补助。

（五）影戏馆，演片须经审查，凡无聊的滑稽剧、凶险的侦探案、卑猥的恋爱剧都去掉。单演风景片与文学家作品。

（六）历史博物馆，所收藏大半是美术品，可以看出美术进化的痕迹。

（七）古物学陈列所，所收藏的大半是古代的美术品，可以考见美术的起源。

（八）人类学博物馆，所收藏的不全是美术品，或者有很丑恶的，但可以比较各民族的美术，或是性质不同，或是程度不同。无论如何幼稚的民族，总有几种惊人的美术品。又往往不相交通的民族，有同性质的作品。很可以促进美术的进步。

（九）博物学陈列所与植物园、动物园，这固然不专为美育而设，但矿物的标本与动植物的化石，或色彩绚烂，或结构精致，或形状奇伟，很可以引起美感。若种种生活的动植物，值得赏鉴，更不待言了。

在这种特别设备以外，又要有一种普遍的设备，就是地方的美化。若只有特别的设备，平常接触耳目的，还是些卑丑的形状，美育就不完全；所以不可不谋地方的美化。

地方的美化：第一是道路。欧洲都市最广的道路，两旁为人行道，其次公车来往道，又间以种树，艺花，及游人列坐的地方二三列，这自然不能常有的。但每条道路，都要宽平。一地方内各条道路，要有一点匀称的分配。道路交叉的点，必须留一空场，置喷泉、花畦、雕刻品等。

第二是建筑。三间东倒西歪屋，固然起脆薄、贫乏的感想；三四层匣子重叠式的洋房，也可起板滞、粗俗的感想。若把这两者并合在一处，真异常难受了。

---

① 科白剧：话剧的旧称。

欧美海滨或山坳的别墅团体，大半是一层楼，适敷小家庭居住，二层的已经很少，再高是没有的。四面都是花园，疏疏落落，分开看各有各的意境，合起来看，合成一个系统。现在各国都有"花园城"的运动，他们的建筑也大概如此。我们的城市改革很难，组织新村的人，不可不注意呵！

第三是公园。公园有两种：一种是有围墙、有门，如北京中央公园，上海黄浦滩外国公园的样子。里面人工的设备多一点，进去有一点制限。还有一种，是并无严格的范围，以自然美为主，最要的是一大片林木，中开无数通路可以散步。有几大片草地可以运动。有一道河流，或汇成小湖，可以行小舟。建筑品不很多，游人可自由出入。在巴黎、柏林等，地价非常昂贵，但是这一类大公园，都有好几所永远留着。

第四是名胜的布置。瑞士有世界花园的称号，固然是风景很好，也是他们的保护点缀很适宜，交通很便利，所以能吸引游人。美国有好几所国家公园，地面很大，完全由国家保护，不能由私人随意占领，所以能保留他的优点，不受损坏。我们国内，名胜很多，但如黄山等，交通不便，颇难游赏。交通较便的如西湖等，又漫无限制，听无知的人造了许多拙劣的洋房，把自然美缀了许多污点，真是可惜。

第五是古迹的保存。新近的建筑，破坏了很不美观。若是破坏的古迹，转可以引起许多历史上的联想，于不完全中认出美的分子来。所以保存古迹，以不改动他为原则。但有些非加修理不可的，也要不显痕迹，且按着原状的派式。并且留得原状的摄影，记述修理情形同时日，备后人鉴别。

第六是公坟。我们中国人的做坟，可算是混乱极了。贫的是随地权厝[1]，或随地做一个土堆子。富的是为了一个死人，占许多土地。石工墓木，也是千篇一律，一点没有美意。照理智方面观察，人既死了，应交医生解剖，若是于后来生理上病理上可备参考的，不妨保存起来。否则血肉可作肥料，骨骼可供雕刻品，也算得是废物利用了。但是人类行为，还有感情方面的吸力，生人对于死人，决不肯把他哀感所托的尸体，简单地处置了。若是照我们南方各省，满山是坟，不

---

① 权厝：随地放置。厝，停柩。

但太不经济，也是破坏自然美的一端。现在不如先仿西洋的办法，他们的公坟有两种：一是土葬的，如上海三马路，北京崇文门，都有西洋的公坟。他是画一块地，用墙围着，布置一点林木。要葬的可以指区购定。墓旁有花草，墓上的石碑有花纹、有铭词，各具意境，也可窥见一时美术的风尚。还有一种是火葬，他们用很庄严的建筑，安置电力焚尸炉。既焚以后，把骨灰聚起来，装在古雅的瓶里，安置在精美石坊的方孔中。所占的地位，比土葬减少，坟园的布置，也很华美。这些办法都比我们的随地乱葬好，我们不妨先采用。

我说美育，一直从未生以前，说到既死以后，可以休了。中间有错误的、脱漏的，我再修补，尤希望读的人替我纠正。

（据《教育杂志》第 14 卷第 6 号，1922 年 6 月出版）

蔡元培 教育名篇

北京大学成立第二十五年纪念会开会词

本校自从京师大学堂开办以来，到了昨日，恰恰满足二十四年，今天是二十五年的第一日。本来打算满了二十五年再来开个纪念会，表示我们庆祝的意思。不过，回想从前二十周年的时候，也曾开过一个纪念会，当时抱了种种计划，要想在这五年内积极进行。不料中间经过许多困难，所抱的计划还有不能完全实现的顾虑。今天这个纪念会，是要想振起精神，在这一年内好好地预备一下，在明年开会时果然实现预定的计划，这是今天开纪念会的缘故。

我个人的感想：本校在这二十四年中可分三个时期来说。

第一，自开办至民元，十数年中经过好多波折。这个时期，学校的制度大概是模仿日本的。当开办的时候，北京环境多是为顽固派所包围，办学的人不敢过违社会上倾向，所以，当时学校的方针叫做"中学为体，西学为用"。故读者、学者大都偏重旧学一方面；西学方面不容易请到好的教习，学的人也不很热心，很有点看做装饰品的样子。但是，中学方面参用书院旧法，考取有根底的学生，在教习指导之下，专研一门，这倒是有点研究院的性质。

第二，自民元至民六。民元时，始将经科并入文科，当时署理校长的是严又陵①先生，自兼文科学长，其他学长也都是西洋留学生。当国体初更，百事务新，大有完全弃旧之概。教员、学生在自修室、休息室等地方，私人谈话也以口说西话为漂亮。那时候，中学退在装饰品的地位了。但当时的提倡西学，也还是贩卖的状况，没有注意到研究。

---

① 严又陵：严复，字又陵、幼陵。

第三，自民六至现在。这几年中，因为提倡研究学理风气，以工科归并于北洋，仅设文、理、法三科。又为沟通文理科及采用教授制起见，将学长制取消，设各系教授会，主持各系的事务。最近又由各系主任组织分组会议，凡此种种设施，都是谋以专门学者为本校主体，使不至因校长一人之更迭而摇动全校。课程一方面，也是谋贯通中西，如西洋发明的科学，固然用西洋方法来试验，中国的材料，就是中国固有的学问，也要用科学的方法来整理他。

我现在还有一种希望，就是明年今日：第一，无论如何困苦经营，必定要造成一个大会场，不要再像今天这样在席棚里边开会。还要造一所好的图书馆，能容多数人在里边看书。第二，到明年今日，至少也要有关于世界上最重要最有价值的三部丛书，照二十周年所预定的能印出来。第三，我们学校经过二十四年，还没有一个同学会，现在如戊戌同学已经成立了戊戌同学会，分科毕业同学会也已经成立，今天都有代表到会。希望一年内能组织一个普遍的同学会。

以上三种希望，不过是我们的最低限度，若能有比这更多的成绩，那就更好了。

今天承教育总长、毕业同学都派了代表来，汤尔和博士等也都到会，我们应该表示感谢，并请他们赐教。

（赵仲滨、郁士元记，据《北京大学日刊》，1922 年 12 月 23 日刊发）

在上虞县春晖中学的演说词①

　　兄弟在北京时，经校长时常和我谈起春晖中学的情形，原早想来看看。此次回到故乡，又承五中沈校长邀同来此，今日得和诸位相会。非常欢喜。到了这里，觉得一切都好，所可说的只有羡慕诸君的话。我所羡慕诸君的有三：一是羡慕诸君有中学校可入；二是羡慕诸君所入的中学校是个私人创立的学校；三是羡慕诸君所入的学校有这样的好环境。

　　中学时代，是人生中最重要的一段。一切身体上、精神上、知识上的基础，都在这时代中学成。就身体上说，我们在这时候，正在发育时期。要想将来有健全的身体去担当社会事业，就非在这时候受正当的体育不可。就知识上说，凡是学问都不是独立的，譬如我想研究化学，就非知道数学、生物学、物理学等不可，如不在这时候修得普通知识，受到普通教育，将来就不能研求正当的学问。这时期无论在何种方面来看，都是重要关头，如果不让他好好地正当地经过，就要终身受亏。回想我从前和诸君一样年纪的时候，要求入中学而不可得，因为那时候还没有这样的一种机关。虽然读书，也无非延师教读，在家念点经书，作点当时通行的八股文，而已，到了现在，身体不好，不能担当什么大事，虽想研究一种学问，可是根底没有，很觉得困难。譬如我想研究哲学，或是什么学科，但因没有数学、生物学、化学等的知识，就无从着手，要想一一重新学习呢，年龄已大，来不及了。这是我所常常自恨的。

　　中学一面继续着小学，一面又接着高等教育。诸君在小学时，大概都还不过

---

　　①　蔡元培1923年5月31日《日记》载："偕沈肃文、刘大白往上虞白马湖春晖中学校，晤经子渊、夏丏尊诸君（途中遇薛闻仙，同去）。晚，为诸生演说。"

是因了兴味而学习种种事情，对于各种，所得的不过是大约的概括的头绪，并未曾得着过分析的知识的。中学的功课比之小学，较为分析的，将来到了专门大学，那分析将更精细。诸君已入中学，较在小学已更进一境，小学虽不过因了兴味来学习种种，在中学校，却不能只凭兴味，比之在小学时，要用点苦功下去，要格外精细地研究了。至于毕业后，或就去任社会事务，或去升入专门，各有各的一条路，分析将又细密，用力自然将又加多。但只要这时打好了根底，那时也就没有什么困难了。最重要的就是现在。关于各科，要好好地用功；身体要好好地当心，不要把他错过。这时代留意一分，终身就享受一分的利益，自己弄坏一分，终身就难免一分的吃亏。我回想到自己当时不得受中等教育，至今吃了不少的亏，所以对于今日在座的诸位，觉得很是羡慕。诸君生当现在，有中学可入，真是幸福。

现在中学已多，有官立的、有私立的。诸君所入的中学，却是一个个人创立的学校，尤为难得。这春晖中学是已故陈春澜先生独立出资创设的。他何以要出了许多私财来创立这个春晖中学呢？他虽有钱，如果不拿出来办这个学校，试问谁能强迫他，说他不是？可知他的出钱办学，完全出于自己的本心。他因为有感于自己幼时，未曾得到求学的机会，有了钱就出钱办学，使大家可以来此求学，这一层已很足使我们感动了。我们要怎样地用功，才不致辜负他这片苦心？春澜先生出钱办学时，想来总希望得着许多善良的学生，决不愿有坏学生的，我们要怎样地努力做好学生，才不至违反他的希望。我们人类，在生物中，无角无爪，很是柔弱，而能发达生存者，全在彼此互助；只顾一人，是断不能生存的。自己要人家帮助，同时也须帮助人家。譬如有能做工的，就应去帮助人家做工；有能医病的，就应去帮助人家医病。这样大家彼此互助，世界上的事情才弄得好。春澜先生出了这许多钱来办这个学校，于他自己是丝毫没有利益的，虽用了"春晖"二字做校名，他老先生死了，还自己晓得什么。他的出钱办学，无非要为帮助我们求学，他这样帮助了我们，我们将怎样地学他去帮助别人呢？这校的历史，种种都可以鼓舞我们，勉励我们。诸君得在此求学，比在别校更容易引起好的感想，更多自振的机会，这也是可羡慕的一件事。

春澜先生出钱办学，不办在都会，而办在这风景很好的清静的白马湖，这

尤足令人快意。凡人行事，虽出于自己，但环境也是支配人的行为。人受环境影响，实是很大。孟母三迁，就是为此。譬如我们，如果置身于争权夺利的人群中，不久看惯了，也就会争权夺利起来，不以为耻了。此地白马湖四周没有坏的事情来诱惑我们，于修养最宜。风景的好，又是城市中人所难得目睹的，空气清爽，不比都会的烟尘熏蒸。这里所有的东西，在都市里都是难得办到的，或不能办到的。在都市的学校，要觅一个运动场不可得，而此地却有很宽大的运动场，并且要扩充也容易。都市中人要化（花）许多旅费才能领略的山水，而诸君却可朝夕赏玩，游钓任意。诸君要研究生物，标本随时随处可得；要研究地理，随处都是材料；天上的星辰，空中的飞鸟，无一不是供给诸君实际上的知识。此地的环境，可以使得诸君于品格上、身体上、知识上得着无限的利益，我很羡慕。

又，人生在世，所要的不但是知识，还要求情的满足。知识的能力，足以征服自然，现在的电灯，较古时的油灯进步；现在的飞机、轮船、火车，较古时的舟车进步。古人虽有很好的心思，但因为被偏见所迷，以为异国人或异种人是可以杀的，或是可以食的，遂有种种残忍不道的危险。现在知识进步，已逐渐把这种偏见除去了许多了。知识上的进步，可以使人得着安全的生活，现在一切穿的、吃的、用的，都好于从前，一切都比从前危险少而利益多。某事怎么去做才便利，怎么去想法子才安全，这都是从知识上计较打算来的。知识的进步，正无限量，将来还不知道有怎样安全快乐便利的生活可得哩！可是人类于知识以外，还有情的要求。世间尽有许多人们，物质的生活虽已安全舒服，心里还觉得有许多不满意的。一个人虽不能全没有计较打算，但有的却情愿做和计较打算无关系的事，不如此，就觉得不快，这就是爱美的情。人有爱美的情，原是自然而然的。野蛮人拾了海边的贝壳，编串为各种的式样，挂在身上，或于食了动物以后，更在其骨上雕刻种种花样，视以为乐。乡间农人每逢新年，欢喜买几张花纸贴在壁上，有的或将香烟里的小画片粘贴起来。这在我们看去，或以为不好看，但在他们，却以为是很美的。又如有人听唱戏，学了歌，便喜欢仰天唱唱，或是弄弄什么乐器，这都是人类爱美的心情的流露，也可以说是人与动物不同的地方。其实动物中有许多已有爱美的表现，如鸟类已有美音和美羽。美的东西，虽饥不可以为食，寒不可以为衣，可是却省不来。人如终日在计较打算之中，那便无味。求美也和求知识一样，同是要事。古来伦理学者中有许多人将人生的目的，完全放在"快乐"二字上面，以为人生的目的，无非在快乐。这虽一偏之见，但快乐很是要事，物质的快乐，有时还不能使人满意，最要紧的就是情的满足。人如果只为生存，只计较打算利益，其实世间没有不可做的事。可是在有一种人，自己所不愿的事，无论怎样有利于己，总不肯做；自己所愿做的事，无论如何于物质的生活上有害，还是要做，甚至于牺牲生命，也所不惜。这就是所谓高尚。高尚也是一种美。我们人类不愿做丑事，愿做美事，就是天性爱美的缘故。若只为生存，还有什么事不可做呢？人不能绝对地不顾自己，但也不能绝对地只求利己，有时还要离了浅薄的自利主义，为别人牺牲自己的一部分或是全体，才能自己满足。譬如陈春澜先生出资办学，就是牺牲行为之一，他并不知后来在校求学的是哪一个，于自己有何利益，却肯出资办学，这就是高尚的美行，我们应该学他的。那么我们怎样才会能牺牲自己呢？我们做人，最要紧的是于一日之中，有一种时候不把计较打算放在心里，久而久之，自然有时会发出美的行为来，不觉而能牺牲了。用了计较打算的态度去看一切，一切都无美可得。譬如田间的麦，有人以为粉可充饥，秆可编物、燃火，有人离了这种见解，只赏玩他的叫做"麦浪"的一种随风的波动。又如有人见了山上的植物，以为果可做食品，根可做什么药的，有人却只爱它花的色样或枝叶的风趣。又如有人在白马湖居住了，钓鱼来吃，斫柴来烧，有人却从远远的城市，花了许多钱跑来看看风景，除此外无所求。这两者看法不同，前者是计较打算的，后者是美的。人能日常除去计较打算，才会渐渐地美起来。

美有自然美、人造美两种，山水风景属于自然美，绘画音乐等属于人造美。人造美随处可作，不限地方，如绘画、音乐在城市也可赏鉴的。至于自然，却限于一定的地方才可领略，人在稠密的城市中，难得有自然美，所以住在城市的人，家家都喜欢挂山水画，他们四面找不出好风景，所以只好在画中看看罢了。诸君现在处在这样好的风景之中，真是难得的好机会，我很羡慕。诸位将来出去到社会上任事的时候，我想必定要回想到白马湖的风景，因为那时必无这样的好山好水给诸君领略了。在这几年中，务必好好地领略，才不辜负了这样的好地方。

  以上是我对于诸君所羡慕的三桩事。如前所说，中学时代是终身中关系最重的一段，诸君既入了中学，身体、知识都要趁现在注意留心。这校的历史，足以使诸君发生至好的感想，宜格外自励，不可错过机会。此地有这样的好风景，是别处所不易得的，趁现在有机会要请诸君好好地领略。最要紧的就是现在了。

  （原载春晖中学校刊《春晖》第 14 期，现据《绍兴文史资料》1988 年第 4 辑）

⫸ 中国教育的发展①

　　要研究中国教育的发展，首先，有必要对早期的历史作些回顾。早在远古时代，中国的圣哲贤君就非常关心教育问题。他们在治理国家、造福人群的过程中，由于碰到了种种困难，才逐步认识到要使国家达到大治，必须把注意力移向有利于国家前途的教育问题上。

　　教育问题是舜迫切关心的一个问题。据史家记载，他是有史以来第一个任命一位"司徒"②，在最基本的人与人之间的关系方面进行教育的圣人。在教会人们耕作收获、教会他们种植五谷以后，舜命令契③教导人们"父子有亲，君臣有义，夫妇有别，长幼有序，朋友有信"。这是孟子在舜死后两千年记录下来的。虽然这句话的根据无可稽考，但是这一史料，仍具有重要的价值，因为它是古典文献中关于我国远古时代教育的最早论述。我们从《书经》④中还可以获知另一个史实，它可以使我们进一步了解古代教育的发展。据《尧典》⑤记载，舜说："夔⑥，命汝典乐教胄子⑦，直而温，宽而栗，刚而无虐，简而无傲。"显而易见，他认为"乐"在调谐年青人的感情方面是颇有益处的，它是一种陶冶性情的训练。这看来是一种必然的发展。其时间远在公元前二十三世纪。当时，教育的主要课题，一方面是强调道德义务；另一方面是培养人们种种善良正直的习性。这就是：为

---

①　这是 1924 年 4 月 10 日蔡元培在伦敦的中国学会（China Society）宣读的论文。
②　司徒：古代主管教化的官，为六卿之一。《国语·周语》上："司徒协旅。"
③　契：传说中商的始祖帝喾之子，曾助禹治水有功，被舜委任司徒，掌管教化。
④　《书经》：亦称《书》或《尚书》，儒家经典之一。
⑤　《尧典》：《尚书》首篇，记载尧、舜禅让的事迹。
⑥　夔：尧舜时乐官。
⑦　胄子：泛称国子学生为胄子。《晋书·潘尼传·释奠颂》："莘莘胄子，祁祁学生。"

做一个良好的人而进行道德教育，为做一个有德性的人而进行社会教育。这两种思想互相融汇，目的在于建立一种和谐的社会关系。我国古代教育家为此而孜孜努力，实际上也实现了这一目标。

往后（公元前十二世纪），产生了更多的学科。一系列学说开始付诸实施，它包括为贵族阶级规定三德①、三行②、六艺③、六经④和尊卑次序；为平民规定六德⑤、六行⑥及六艺。我国古代教育家的教育方法，在某些方面同中国现代从西方各国引进的那些方法极为相似。具体地说，古时人们所谓的道德教育实际上就是现代学校课程中的伦理学，而六艺（即礼、乐、射、御、书、数）中的射、御，相当于我们现在的体育。与道德教育和体育有密切联系的是算术。这就形成了我们今天所称的抽象思维的训练和智力的训练。礼仪的教学于今被认为是一种介乎道德教育与智力训练范围之间的科目。以我们现代的观点来衡量，或从这种教育本身对人的身心和谐予以全力关注这一点来衡量，这个时期（从公元前二十三世纪到孟子的时代），可以认为是一个在教育上取得显著成就的时期。其中，更重大的发展，乃是陈旧的教育机构的衰亡，代之而兴起的，是更大规模的叫做"成均"⑦的大型学院机构。我们对此应该给予充分的评价，它的意义在于创立了现代由国家资助的高等教育机构的雏型。

大约在公元前六世纪左右，我国一些相当于古希腊学院的私学，成为教育界突出的、有影响的组成部分。在这个时期的诸子百家中，开始出现两大显学⑧，这两派的形成是具有重大意义的事情，他们对于各种问题各自作出不同的解释。

---

① 三德：三种品德。《书·洪范》："三德：一曰正直，二曰刚克，三曰柔克。"《周礼·地官·师氏》篇，以至德、敏德、孝德为三德。

② 三行：三种德行。《周礼·地官·师氏》："教三行：一曰孝行，以亲父母；二曰友行，以尊贤良；三曰顺行，以事师长。"

③ 六艺：此处当指古时学校教育内容，《周礼·地官·大司徒》："三曰六艺，即礼、乐、射、御（驭）、书、数。"

④ 六经：亦称六艺。《史记·滑稽列传》："孔子曰：'六艺于治一也，《礼》以节人，《乐》以发和，《书》以道事，《诗》以达意，《易》以神化，《春秋》以道义。'"

⑤ 六德：古时六项道德标准，《周礼·地官·大司徒》："六德，即知、仁、圣、义、忠、和。"

⑥ 六行：古时六项行为标准，《周礼·地官·大司徒》："六行，即孝、友、睦、姻、任、恤。"

⑦ 成均：西周的大学。或谓西周前已有。

⑧ 显学：指著名的学派、学说。韩非子《显学》："世之显学，儒墨也。儒之所至，孔丘也；墨之所至，墨翟也。"

一方面是孔子以四科，即德行、言语、政事、文学，教导中国；而另一方面则是墨子在策略方面教导中国，他传授一种具有逻辑性的、形象化的辩证的工作方法。虽然如此，墨子对于政治与道德教育的强调仍不亚于孔子。最奇怪的是，在墨子的学说中，还涉及光学和力学，而这些同现代科学竟息息相关。在墨子的著作中，确实提到过物理学与化学，可惜这个天才遭受的是孤军奋战的命运。如果墨子对于科学的伟大思想，不是由于缺乏他同时代的人的支持而停滞不前的话，那么，中国的面貌可能是迥然不同了。

上面所提到的障碍，无疑是由于被混杂着巫术的儒学占了优势地位。巫术者在与墨子学说的斗争中，代表了儒家的传统教义。他们认为万物有灵，对一切社会现象和自然现象，采取神秘的解释，把它们归结为阴、阳两种形式的变化，认为一切事物由五行（即水、木、金、火、土）组成。他们由于受到所掌握的材料的局限，因而在认识上受到严重的限制。而且，更不幸的是，神学化了的儒学，当时无论在官学或在私学中，都占了上风。

公元一世纪时，由于印度哲学开始传入我国，因而在教育方面出现了显著的、极为重要的哲学变化。印度哲学发现自身与老、庄学说相吻合，因此，出现了这三者合流的发展趋势。甚至儒家的学者们，也把他们的道德行为观念和政治观念退到次要的地位，从而兴起了玄学。在公元五世纪，建立了宣传玄学的机构。到公元八世纪，儒学又一次在教育界占支配地位，特别是"四科"再次成为教学原则的具体内容。于是，由印度哲学引起的、历时几百年的扩大知识领域的状况渐渐衰落。从那时起直到十九世纪，学校只采用儒家经典作为教科书，附加一些论述玄学的著作。整整四千年的中国教育，除了有过科学的萌芽以及玄学曾成功地站住过脚以外，可以说，在实际上丝毫没有受到任何外来的影响，它仅仅发生了由简单到复杂的变化。

以上主要是谈了一些古代中国教育的发展，仅限于东方思想范围。我们还必须把我国的教育发展同英国的教育发展作一比较。它们都有令人称道的合理地安排体育与智育的共同思想，都有使学习系统化的共同意向。在礼仪教育方面，我们发现两国的教育，对所谓"礼貌"，都同样采取鼓励的态度。在我国的射、御与英国的竞技精神之间，我们也能发现某些共同点。无论是中国的教育，还是英国的教育，目的都在于塑造人的个性及品质。在这方面，双方对于什么是教育的认

识是非常接近的。性格与学业，就孔子的解释而言，应达到和谐一致，而这一点与英国教育所主张的并无差异。

儒家提出"君子"作为教育的理想，要求每一个受教育者都要达到这个目标。这与英国的"绅士"教育完全相同。我们阅读儒家经典，经常见到"君子"这个词。对于这个词，如同英语中"绅士"一词一样，我们发现同样难于领会这个词所体现的丰富而深刻的涵义。为了对"君子"一词的涵义有所了解，现在就让我们随意听听儒家的一些代表人物及孔子本人的言论。孔子的门徒之一、哲学家曾参曾对孟敬子说："君子所贵乎道者三：动容貌，斯远暴慢矣；正颜色，斯近信矣；出辞气，斯远鄙倍矣。"① 其他一些人认为君子应该"正其衣冠，尊其瞻视"。随后，他就能矜而不骄，严而不暴。这是中国关于君子仪态的言论，同样也是英国教育家强调宣传的观点。至于说到君子的性情气质，我们发现欣赏正直是一个基本的特点。君子"礼以行之，仁以出之，信以成之"②。因此，"君子尊贤而容众，嘉善而矜不能"③。至于君子本身，我们发现有这些特点，"知者不惑，仁者不忧，勇者不惧"④。怎样才能成为君子呢？"文质彬彬，然后君子"⑤。至于说到道德力量，中国教育家鼓励那些人，"可以托六尺之孤，可以寄百里之命，临大节而不可夺也"⑥，成为君子。"君子和而不同"⑦，"人之生也直"⑧。这是君子的力量与信心。上述这些是实现君子行为的正面例子。反之，对于"乡愿"⑨或"贵肯"则予以强烈的警告与斥责，就如西方国家对伪君子的尖锐抨击一样。这种培养君子的教育，无疑同英国教育相同，在中国教育的发展史上具有同等重要的意义。

---

① 曾参（前505—前436）：即曾子，字子舆。孔子学生。孟敬子：姓仲孙，名捷，鲁国大夫。书中所引语出《论语·泰伯篇》，全句为："曾子有疾，孟敬子问之。曾子言曰：'鸟之将死，其鸣也哀；人之将死，其言也善。君子所贵乎道者三：动容貌，斯远暴慢矣；正颜色，斯近信矣；出辞气，斯远鄙倍矣。笾豆之事，则有司存。'"
② 语见《论语·卫灵公篇》。引文有误，原句为："礼以行之，孙以出之，信以成之。"
③ 语见《论语·子张篇》。
④ 语见《论语·宪问篇》。原句为：子曰："君子道者三，我无能焉：仁者不忧，知者不惑，勇者不惧。"
⑤ 语见《论语·雍也篇》。
⑥ 语见《论语·泰伯篇》。
⑦ 语见《论语·子路篇》。
⑧ 语见《论语·雍也篇》。
⑨ 乡愿：指乡里中言行不符、欺世盗名的人。《论语·阳货》："乡原德之贼也。"原，通"愿"。

以上是英国与中国教育观念的相同之处。下面我们再看看它们的不同点，我们发现有两点不同之处。产生不同点的最显著原因在于下面的事实：一个英国人，当他还在襁褓之中，以及在他后来的成长过程中，就受到某种宗教观念的哺育，逐步形成了他的信仰，而这种信仰是他日后生活的指南。而在中国，除了在极其例外的情况下，父母一般不干涉他们子女接受某种宗教，因此他们的子女有权维护自己的信仰自由。但是社会舆论还是表达了对宗教的赞助。第二，我们看到了英国科学教学设备的优异，也看到了我国这方面的短缺。前一点在现时关系不大。关于后一点，我们应当表示这种愿望：我们的教育应该前进，应该使科学教育得到更大的发展。在英国，不仅大学的实验室有很好的设备，而且在科研团体中，也都有良好的设备。英国有四个直属于教育部的国立博物馆，这些博物馆收藏有各种珍品及独特的标本。因而，在英国有这样一种科学气氛，虽则科学家们必须担负开拓科学领域的重任，但他们的工作受到公众的赞赏与分担，因为公众已认识到科学的重要性及其深远的意义。哲学家、思想家及作家们也同样承认他们对科学应尽的职责，因而不必去冒险凭空建立他们的学说。而中国在这方面却没有什么可与相比。在你们南肯辛顿的科学博物馆及自然历史博物馆中，既有理想设计的蓝图，也有具体成就的实例。人们可以看到这一切一直在对教育施加着很大的影响。但是，在中国，我们的教育至少两千年来没有面向更高的科学教育，而却是用完美的品质去塑造人，赋于他一种文学素养而已。

尽管从公元十三世纪以来，我们在与西方接触的过程中，学到了一些自然科学知识（不包括它的消极因素），但是，在好几个世纪以后，才随着基督教的传入而带来了亚里士多德的逻辑知识，欧氏①几何学以及其他应用科学知识。直到近半个世纪，中国才从事教育改革，而且还只限于自然科学的教育改革。中国现在认识到，只有新兴的一代能受到新型的教育，古老的文明才能获得新生。中国教育改革的第一步要达到的，是建立大学与专科学校，这一点已经实现了。一八六五年在上海建立了以科学技术为基础的江南制造局，这个局发展到今天，已占地广阔，规模宏大。接着是一八六七年仿照欧洲学院的形式建立了最早的机械学

---

① 欧氏：欧几里得（约前330—前275），古希腊数学家。著《几何原本》13卷，是世界上最早公理化的数学著作。

校。此后，在我们发展教育的早期努力中，技术科学的学校和学院，始终处于领先地位，其他性质的学校也随之纷纷建立。一八六七年建立了马尾船政学堂；一八七六年建立了电报学堂；一八八〇年建立了水师学堂；北洋大学（一八八九年）、南洋公学（一八九七年）以及京师大学堂（一八九八年）等学校也相继建立。另一方面，我们派遣一批青年学生到英国、法国及德国留学，学习造船、工程及其它学科。作为西学东渐的传播者，他们的学习是卓有成效的。但是只有为数有限的、并经过遴选的学生，才能享受出国留学的权利，即使对他们来说，我们还是没有能够提供足够的学校，使他们在出国前做好充分的准备。上述这些学校，尽管它们本身很有价值，但还是无法解决这个问题。我们的困难就在于目前学校不足。比派遣留学生和建立学校更为重要的是，必须纠正某些不足之处。由于学校设施的缺乏，许多学生便进入教会学校。在那里，他们可以学到一门外语，并能学到应用科学和理论科学的基础知识。为此，我们对这些学校深致敬佩。然而，政府在打算以其他同等的或更高水平的学校来取代教会学校方面，并不甘心落后。教育工作者们在一些会议上，建议向国立学校提供设备，政府在采纳这些建议的基础上，于一九〇二年颁布了一项规章，自那时以来，教会学校的学生数额便逐渐下降。到一九一〇年，据统计，在十四所英、美教会学校中的学生只有一千多名，而仅在国立北京大学一所学校中，就有学生二千三百多名。当然，这主要由于新创建的中国国立学校向他们敞开了大门，但教会学校本身也存在着某些明显的缺点，例如，轻视中国的历史、文学和其他一些学科，等等。众所周知，每当建立一所教会学校，就要宣传某种宗教教义，它造成了新的影响，产生了新的作用，从而与中国的教育传统相抵触。关于这方面，要说的话是很多的。总之，现在有迹象表明，沿着我们自己的教育发展方向的某种趋势正在逐步加强。

以上我概括地叙述了中国在自然科学研究方面的兴趣的发展，以及对理论科学教育和应用科学教育加以扩展的迫切需要，这是颇有意义的。近二三十年来，在我们全国的科学研究中，萌发了一种新的精神。现在，几乎每一所学校都拥有一些同欧洲从事科研工作的学校所拥有的相同的仪器设备，并且还拥有实验室。在每一所实验室，我们都可以看见师生们一起研究科学，诸如物理、化学、生物，等等。特别是我们的大学，它们为科学教育的发展，为科学应用的发展尽了最大的力量，贡献出了最大的能力，并且在此过程中，表示出希望中国在不久的将来，通过科学的发现与工业的发展，对当代世界文化作出新的贡献。但是它们的努力迄今尚未成功。虽然我们无疑地认识到科学探索的价值，认识到它对中国的物质、文化进步来说，是最重要的因素之一，可是，科学精神对我们的影响究竟有多深，科学精神在现实中究竟有多少体现，这还是有问题的。坦率地说，这纯粹是由于我们没有对从事科研的人在设备的维修、应用和经费方面提供种种方便；是由于那些在国外受到科学技术教育的人回国后，很少有机会来继续他们的研究。因此，我国教育家计划仿照南肯辛顿的科学博物馆和自然历史博物馆的方式，创办一所大规模的研究院。该院将由两个部门组成：一个部门收藏科学仪器、设备、各种图表、模型和机械，用以展示物理、化学及其他自然科学的不同的发展阶段和阐述工艺的发展演变过程。另一部门将展出动物及所有其他自然历史的标本，说明它们之间的原始关系，展出微生物及各类动植物标本，逐渐导致到人类学。创办这样一所研究院所必需的经费，据估计为一千万英镑，地点设在南京或北京。但是，目前我们的教育工作者所面临的是，全国普遍感到财政资金短缺，在这种情况下，要中国实现这个计划，看来是有困难的。然而，我们深信其他大国将会采取同中国在科学事业上合作的方式，在某种程度上给予帮助。英国方面，将要退还庚子赔款，我们认为这是一种慷慨、善意的举动。早在一九二二年，英国政府就在口头上通知中国政府。自从那时以来，各国政府也对此日益关心。现在看来，为了纪念中英之间的友谊，应当把退还的庚子赔款用于一种永恒的形式，这是中国教育家经过深思熟虑的意见。它应该被用于创办这所大型的研究院。我们现在完全可以预期，这个研究院将不仅担负进行高等教育、鼓励科学发展的任务，而且还将成为资料与研究的中心。这是全体中国人民特别是教育工作者们在退还庚款问题上的普遍愿望。

在中国的教育发展中，可能还存在着其他的倾向，但是，最重要、最切望的乃是需要建立一所新的科学研究中心，这是需要特别加以强调的。上面概括的，只是我国教育改革的总的发展情况，而不是它的详细情况，尽管每个细节可能是令人感兴趣的，但这里不再详述了。

（据蔡元培《中国教育的发展》）

蔡元培 教育名篇

中国现代大学观念及教育趋向[①]

在古代中国，文明之根一直没有停止过它的生长，尽管关于这方面的历史记载极少。进行高等教育的机构早在两千年前就出现了，那时称之为"太学"[②]。随后，又从这一初步形式，逐步演变为一种称之为"国子监"的教育制度。它包括伦理教育、政治与文学教育。现在看来，这是必然的发展，并且随着这一发展而增设了包括写与算等更多的学科。但增设的这些科目，在钦定的学校课程中，是无足轻重的。数百年来，教育的目的只有一项，即对人们进行实践能力的训练，使他们能承担政府所急需的工作。总之，古代中国只有一种教育形式，因此，其质与量不能估计过高。

晚清时期，东方出现了急剧的变化。为了维护其社会生存，不得不对教育进行变革。当时摆在我们面前的问题，是要仿效欧洲的形式，建立自己的大学。当这些大学建立了起来并有了良好的管理以后，就成为一支具有我们自己传统教学方法的蓬蓬勃勃的令人称誉的力量。初时的大学，也曾设置了与西方大学的神学科相应的独立的经科[③]。这些大学推行的总方针，还是为了要产生一个于政府有用、能尽忠职守的群体。

随着一九一一（二）年民国的成立，它把政府的控制权移到了民众手中——在大学内部也体现了这种新的精神。最早奏效的改革，是废除经科，从而使大学具备了成立文、理、医、农、工、法、商等科的可能性。作为上述这项方针的结

---

① 此篇系蔡元培在欧洲时应世界学生基督教联合会之请而作，由陈剑惕译为英文。

② 太学：西周已有太学之名。东汉时有较大发展。自魏晋至明清，或设太学，或设国子学（国子监），或两者同时设立，同为传授儒家经典的最高学府。

③ 经科：训解或阐释儒家经典的科目。

果，一批大学建立了起来，几乎所有这些大学都完全或基本上贯彻了政府关于教育方面的指示。迄今为止，在北京（首都）有国立北京大学，在天津有北洋大学，在太原有山西大学，在南京有国立东南大学，在湖北有武昌大学，以及在首都还有其他一些大学，所有这些大学，皆直属中央政府，经费由中央政府拨给。最近，几所省立大学也相继宣告成立，其他一些则正在筹建之中。直隶的河北大学、沈阳的东北大学、陕西的西北大学、河南的郑州大学、广州的广东大学以及云南的东陆大学，都有了良好的开端。其他各省也都在积极筹建它们本省的大学。一些以办学有方而著称的私立大学，如天津的南开大学和厦门的厦门大学，也是值得一提的。至于那些已获得政府承认的学院，更是不计其数。尽管这些大学所设系、科各不相同，但都有同样的组织形式。它们的目标，不仅在于培养人们的实际工作能力，还在于培养人们在各种知识领域中作进一步深入研究的能力。

下面请允许我以一所具体的大学，即我非常熟悉的国立北京大学的一些情况来对我所谈的加以印证。

众所周知，这所大学由于她的起源及独特的历史而具备较完善的组织系统。根据目前的发展趋势方向，我们很自然地能预见到未来的进展。但是，这种发展趋势和方向的主要特点究竟是什么呢？对此我想说明如下：也许说明整个问题的最简捷的方法，是回顾一下近几年的改革过程，这些改革对北大的发展是有重大意义的。在一九一二年，曾制定了一项扩充北大所有学科的系科计划，但后来鉴于某些系科，例如医科和农科等，宜于归并到其他一些对此已具有良好设备条件的大学中去，因而放弃了这一计划。在考虑了这些情况以后，北大确认对它最必要的，是设置文、理、工、法等科。就这样，北大以这四科发展到一九一六年，成为教育界有影响的组成部分。接着，为了有利于北洋大学和北京工业专门学校，北大又把工科划了出去，以便与上述两校取得协作。随后，不但在国立北京大学，而且在全国范围都发生了一个巨大的变化，那就是：有着众多系科的旧式"大学"（名符其实的"大"学）体制逐渐衰亡，单科（或少数几科）的大学在更具体的规模上兴起。这个变化的最终结果，现在尚无法预测，但就目前而言，其效果是创立了易受中央和地方政府资助的特殊的大学教育形式。由于这个变化，

高等教育机构则可能由几个或仅仅一个系（这里所说的"系"与美国大学的"学院"一词同义）组成。

一九二〇年，北大按旧体制建立的文、理、法科被重新改组为以下五个部：

第一部数学系，物理系，天文系。

第二部化学系，地质系，生物系。

第三部心理系，哲学系，教育系。

第四部中国语言文学系，英国语言文学系，法国语言文学系，德国语言文学系以及行将设置的其他国家的语言文学系。

第五部经济系，政治系，法律系，史地系。

其他正在考虑开设的系，将按其性质分别归入以上五个部。

当时之所以有这样的改变，其着眼点乃是现行大学制度急需重新厘订，以便适应国家新的需要。此外，还有如下几点原因。

1. 从理论上讲，某些学科很难按文、理的名称加以明确的划分。要精确地限定任何一门学科的范围，不是一件轻而易举的事。例如，地理就与许多学科有关，可以属于几个系：当它涉及地质矿物学时，可归入理科；当它涉及政治地理学时，又可归入法科。再如生物学，当它涉及化石、动植物的形态结构以及人类的心理状态时，可归入理科；而当我们从神学家的观点来探讨进化论时，则又可把它归入文科。至于对那些研究活动中的事物的科学进行知识范围的划分尤为困难。例如，心理学向来被认为是哲学的一个分支，但是，自从科学家通过实验研究，用自然科学的语言表达了人类心理状况以后，他们又认为心理学应属于理科。摆在我们面前的，还有自然哲学（即物理学）这个专门名词，它可以归入理科；而又由于它的玄学理论，可以归入文科。根据这些情况，我们决定不用"科"这个名称，尽管它在中国曾得到广泛的承认，但我们却对这个名称不满意。

2. 就学生方面来说，如果进入一所各科只开设与其他学科完全分开的、只有本科专业课程的大学，那对他的教育将是不利的。因为这样一来，理科学生势必放弃对哲学与文学的爱好，使他们失去了在这方面的造诣机会。结果他的教育将受到机械论的支配。他最终会产生一种错误的认识，认为客观上的社会存在形式是一回事，而主观上的社会存在形式完全是另一回事，两者截然无关。这将导至（致）自私自利的社会或机械社会的发展。而在另一方面，文科学生因为想回避复杂的事物，就变得讨厌学习物理、化学、生物等科学。这样，他们还没有掌握住哲学的一般概念，就失去了基础，抓不住周围事物的本质，只剩下玄而又玄的观念。因此，我们决心打破存在于从事不同知识领域学习的学生之间的障碍。

3. 现在，我们再看看北大的行政组织。当时的组织系统尽管没有什么人对之有异议，但却存在着很大的问题。内部的不协调，主要在于三个科，每一科有一名学长，唯有他有权管理本科教务，并且只对校长负责。这种组织形式形同专制政府；随着民主精神的高涨，它必然要被改革掉。这一改革，首先是组织了一个由各个教授、讲师联合会组成的更大规模的教授会，由它负责管理各系。同时，从各科中各自选出本系的主任；再从这些主任中选出一名负责所有各系工作的教务长。再由教务长召集各系主任一同合作进行教学管理。至于北大的行政事务，校长有权指定某些教师组成诸如图书委员会、仪器委员会、财政委员会和总务委员会等。每个委员会选出一人任主席，同时，跟教授、讲师组成教授会的方法相同，这些主席组成他们的行政会。该会的执行主席则由校长遴选。他们就这样组成了一个双重的行政管理体制，一方面是教授会，另一方面是行政会。但是，这种组织形式还是不够完善，因为缺少立法机构。因此又召集所有从事教学的人员选出代表，组成评议会。这就是为许多人称道的北京大学"教授治校"制。

如上所说，北大的进步尽管缓慢，但是从晚清至今，这种进步已经是不可逆转的了。这些穷年累月才完成的早期改革，同大学教育的目的与观念有极大的关系。大学教育的目的与观念是明确的，就是要使索然寡味的学习趣味化，激起人们的求知欲望。我们决不把北大仅仅看成是这样一个场所——对学生进行有效的训练，训练他们日后成为工作称职的人。无疑，北大每年是有不少毕业生要从事各项工作的，但是，也还有一些研究生在极其认真地从事高深的研究工作，而且，他们的研究总是及时地受到前辈的鼓励与认可。这里，请允许我说明，北大最近设置了研究生奖学金和其他设施。我们中国自古以来就以宣扬和实践"朴素

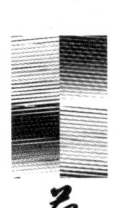
的生活，高尚的思想"而著称。因此，按照当代学者的看法，这所大学还负有培育及维护一种高标准的个人品德的责任，而这种品德对于做一个好学生以及今后做一个好国民来说，是不可缺少的。

为了对上面所提到的高深研究工作加以鼓励，北大还采取了以下一些措施。

（甲）强调教授及讲师不仅仅是授课，还要不放过一切有利于自己研究的机会，使自己的知识不断更新，保持活力。

（乙）在每一个系，开始了由师生合作进行科学方面及其他方面的研究。

（丙）研究者进行学术讨论有绝对自由，丝毫不受政治、宗教、历史纠纷或传统观念的干扰。即使产生了对立的观点，也应作出正确的判断和合理的说明，避免混战。

为了培养性格、品德，还采取了如下一些措施。

（甲）制定体育教育计划：（1）每年进行各种运动技能比赛。与外界举行比赛和其他的室外比赛，吸引了所有的北大师生，其水准可与西方相比。足球、网球、赛马、游泳、划船等活动同样令人喜爱。（2）可志愿参加某些军训项目，特别是童子军运动正在兴起。

（乙）为培养学生对美术与自然美的鉴赏能力，成立了雕塑研究会和音乐研究会。

（丙）学生们利用课余时间在（为）学校附近的文盲及劳工社会服务，深受公众的赞赏。其中最突出的是在乡村地区开展平民讲习运动和对普通市民开办平民夜校。学生们通过这些活动，极大地促进了自己的身心发展。

当中国的青年一代在思想上接受了新的因素之后，他们对政府与社会问题的态度就变得纷繁复杂了。他们热情奔放地参加一切政治活动，这已在全国各地不同程度地表现出来。这种学生运动虽然是当代所特有的（如巴黎与哈瓦那所报道的那样），但在中国的汉代及明代历史上已早有先例。它只是在近几年中采取了更为激烈的反抗形式而已。学校当局的看法是，如果学生的行为不超出公民身份的范围，如果学生的行为怀有良好的爱国主义信念，那么，学生是无可指责的。学校当局对此应正确判断，不应干预学生运动，也不应把干预学生运动看成是自己对学生的责任。现代的教育已确实把我们的学生从统治者的束缚中解放了出来。总的来说，这场活跃的运动已经在我们年青一代的思想中灌注了思想、兴趣和为社会服务的真诚愿望，从而赋予他们以创造力和组织力，增强了领导能力，促进了友谊。但是，这也可能使学生本身受害，危及他们已取得的进步。学校当局正是基于这点才以极大的同情与慈爱而保护他们。

上述的概括，可能已足以说明中国大学教育的总的趋向，这是从我在北大任职期间的个人经历中总结出来的。至于中国教育的发展，特别是目前教育的发展，可能还存在其他倾向；即使在北大，这些带有倾向性的改革，不论其是否起了作用，我们认为它还是很不完善的。更确切地说，我们的改革与实验，使我们确信我们的大学目标与观念仍然是很不成熟的。

（据蔡元培论著英文打字副本译出，赵念渝译，许凤岐校）

某些学科很难按文、理的名称加以明确的划分。

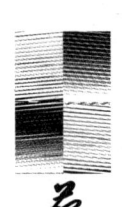

蔡元培
教育名篇

中国教育的历史与现状①

——在世界教育会联合会第二次大会上的演说词

今天下午，我荣幸地承大会邀请，要我就我和我的同事所代表的国家的教育问题作一次演讲。我国是这个世界联合会的创始和热情支持的国家之一。这是一次来自全球各地教育界著名代表的会议，会议将讨论大家共同关心的问题。在前几次会议中，经过紧张频繁的小组讨论之后，我并没有想到各位要向我了解些什么。虽然我是东方教育界负较高责任的人，但我以为各位最好还是听取专家们讲一些大家共同关心的问题。我今天要讲的，说不上是什么专门演讲，而只不过是以报告的形式向各位谈谈我对中国教育的过去与现状的一点看法而已。

早期的个别教学制

直到不久以前，中国只重视一种个别教学形式②，即与现代教育家们称之为单一个别教学相类似的一种教学形式。其不同之处，只在于这些学校在京城由国家主办，在其他地区则由各省和乡村主办而已。

进行这种个别教学的高等学校，早在两千年前就出现了，当时称之为"太学"。以后在此基础上又演变为"国子监"的一种教育体制。在"国子监"讲授的是伦理、政治和文学。在这种学院中，如同其他学校一样，班级由教师管理，而学生则接受单独的授课。这种教育形式，看来正是孔子、墨子时代那种单纯由私人讲学的形式的必然发展。孔墨时代的这种与古希腊学院相当的私人讲学形式，

---

① 这是蔡元培准备在世界教育会联合会第二次大会上发表的英文演说词，由陈剑惕在7月25日的全体会议上代为宣读。

② 个别教学形式：即教师分别对单个学生进行讲授。

在当时教育界中是颇为突出的、有影响的组成部分。即使在最近的二百年中，这类学校仍可以说是具有一种深远的教育意义。我们在源于早期学院而来的王阳明书院（大学）中，在源于古代教育发展而来的清朝的颜元①（习斋）书院中，可以发现其显著的影响。尽管这些制度已经过时，但是我认为它们的历史对当前许多尚未解决的问题仍有所启示。

古代教育的优点

这些古代教育制度的优点，可以简单概括如下。

（1）注意道德伦理的教育和个人修养。

（2）提供在任何环境与条件下，可以由个人自由钻研学问。

（3）可以因材施教，教学不致因班级中有落后学生而受到影响。

缺 点 方 面

除有上述优点外，还存在着一些缺点，以下几点特别需要提一提。

（1）我国古代学校的课程，过分重视人文学科，特别是文学、考据学等。我国早期的教育制度实际上只重视个人修养的尽善尽美，重视培养个人的文学才能，而不注重于科学方面的教育。

（2）我国古代的教育目标，主要是使少数人毕生攻读，使他们能顺利通过朝廷举办的各种考试，而考试则是读书人入仕的唯一途径。至于就平民文化而言，它并没有普及教育的明确目标。

最近的变化

清朝末年，即距今约二十五年间，东方发生了迅速的变化，教育为维持其社会生存也不得不做出相应的改革。当时我们面临的问题是：仿照欧洲的方法创办学校，从最基本的幼儿园到大学。

先谈国立学校。我国的国立学校起初都是书院式的，后来逐步转变，先采用

---

① 颜元（1636—1704）：清初思想家、教育家。字易直，号习斋。博野（今属河北）人。著有《四书正误》、《习斋记余》等。

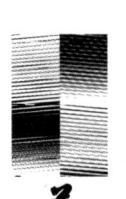
日本的教育体制，继而采用德国和法国的，现在则采用英美制。国立学校经过适当的整顿以后，已成为知识界中一种既保持了传统的教育方法而又具有生命力与吸引力的力量。各种学校都开有各种课程，并颁布了以鼓励学生学习为目的的新的升留级和毕业考试制度。

一九一二年，在我负责教育部期间，经过多次教育会议，推行了义务教育。与儿童入学人数增长的同时，我们还设法使那些超龄学生以及从未上过学的人获得学习机会，尽管起初的速度是缓慢的。在各种学校推行的总方针，不单单是培养人们的实践能力，而且还培养人们对知识技能进行高深研究的能力。这样，人们便有一种希望，而且会不断进步。

革新急需的教育

自本联合会在美国旧金山开会以来，我国进行了一系列的教育改革。

我国已清楚地意识到只有按新的教育制度对年轻的一代进行教育，我国古代文明的发扬光大才可能成为现实。

下面我要谈一下近两年来我国在这方面的活动和取得的进展，这是值得各位注意的。

科学教育的发展

（1）首先，我想指出的是重视科学教育。这是近年中国教育的一个显著特点。一九二二年，美国的孟禄①博士来华访问，他的考察结果和我们许多人对我国科学教育中存在缺点的看法是一致的。

经孟禄博士的推荐，应中华教育改进社的邀请，美国辛辛那提大学的推士博士②来到中国，协助改进我国数学、物理、化学等科的教学方法。第一期培训理科教师的暑期进修班于一九二四年在北京清华大学开办，目前在南京东南大学举办的是第二期。在西方理工科教学中发挥了巨大作用的各种科学仪器、设备与模

---

① 孟禄（1868—1947）：美国教育家。曾任哥伦比亚大学教授、师范学院院长。1921年来中国进行教育调查，曾任中华教育文化基金董事会副董事长。

② 推士博士：美国教育家。此处之谓辛辛那提大学，即俄亥俄大学。

型，现在也已由上海商务印书馆进行了大量的改进并使之标准化。

教会学校的发展

（2）我要讲的第二点，是对我们有影响的教会教育。据最近统计，在浸礼会所办学校中入学的学生总数，目前已接近三十万人。受到天主教教会学校培养的学生人数，约有二十万五千余人。现在有迹象表明，在这类学校中的学生人数有明显增长的趋势。

可是我们看到，一有教会学校开办，就要宣扬某种宗教教义，就产生新的效果，造成新的影响，从而与我国传统教育相抵触。中国的教会忽视了中国的历史、文学及其他重要的学科，正自行建立另一套与中国国家教育制度相并行的教育制度。不过总有一天会证明，这种教育制度是为中国的国家教育制度所不能相容的。

宗教教育的危害性

此外，虽无明文规定，但中国的教育家们几乎一致反对对青少年进行宗教教育。孩子们天性十分单纯，很容易受到成年人的影响和塑造。同时我们的孩子们的生活环境和传统习惯是非宗教性的，如果我们尊重他们的权利，我们就应该采用这样一种方法来教育他们，即给他们以养成独立思考能力所必需的知识与智力。

民众教育运动

（3）我要讲的第三点，是我国的民众教育运动。一九二三年，中华教育改进社的年会在清华大学召开，会议计划成立一个开展扫盲运动的全国性组织。运动立即得到了全国各地的支持与合作。这个运动的宗旨之一，就是要在其教与学中采用白话。如今不仅主要的杂志、报纸和小说，而且连主要的艺术、哲学和社会科学的著作都是用白话文出版的。

两百万学生

因而仅两年间，在普及班上课的学生人数已达约二百万人。不需很久，我们就能在中国看到一个一方面是实行义务教育、另一方面是对文盲课以税款的完善

蔡元培 教育名篇

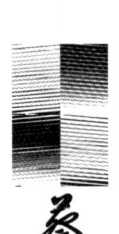

的教育制度。但是，运动的倡导者们也并不因此存在这样的幻想——企图在我们这一代人中就消灭整整两亿文盲。

图书馆在发展

（4）现在让我们来看看中国图书馆事业发展的情况。在我国周朝时就有图书馆了，不过学校里的图书馆只是近来才有的。到今年，拥有较好的现代化设备的大学图书馆已达十二个。在我国代表前来欧洲参加这次大会时，我国正在成立一个全国性的图书馆协会。这个协会的宗旨是为了建立更多的图书馆，为了探求管理图书馆的更好方法并吸引更多的一般读者和高级读者来利用图书馆。我国的图书馆正不失时机地积极工作，以期获得更大的成就。还有一些图书馆正争取获得美国的援助，希望能从对美庚子赔款中得到拨款，来建立更多的公共图书馆。

学 生 问 题

现在请大家允许我谈一下中国的学潮问题，不过我并不是想在这里引起争论。中国的学潮是与中华民族争取自由的运动紧密相连的，而自由问题则是当前的一个具有广泛性迫切性的世界问题。

我们都在这里讨论如何通过学校教育促进国际和平，可是在会外有谁响应我们呢？根据中国的现状，我认为我们应该开始制订计划以促进国际友好，在国与国之间加强相互了解和谋求公平的待遇。

深刻的变化在发展

在中国，至少也有四至五亿人民，由于受现代教育的影响，由于受到正义、人道主义崇高信念的鼓舞，在他们中间不断激起思想变革。女士们，先生们！虽然在二十世纪中还不能看到这个运动的全部结果，但它的发展，必将深刻地改变欧洲和美洲一般对中国所持有的政治见解。

谈到学生，我的声明也曾谈到现代教育的确把我们的学生从权威的束缚下解放出来。由于这个新运动对中国青年一代产生的影响，现在他们对一切政治问题的看法已变得复杂多样了。

中国古代就有学生运动

虽然目前的学生运动有其当前的时代特征，（如同来自巴黎、哈瓦那和别的地方的报告所表明的那样）但中国远在汉朝、明朝就有学生运动了。从教育家的观点来看，如果学生以一个公民的身份，抱着真诚的信念与对爱国主义的正确理解进行活动的话，就不能说他们全都是错误的。

培养了理想

除了这些以外，由于这个生气勃勃的运动把为社会服务的理想、兴趣和希望灌输到青年们的心中，从而培养了他们的组织和管理才能，锻炼出领导能力并树立了集体观念，这场运动使学生获得了无可估计的效果。

灵活公正地管理学生

但是，运动的发展，也同样有可能使学生本身及他们已获得的进步受到损害，这是一个既复杂又冒险的问题。为此我们的教育工作者应满腔热忱地去关心、爱护学生。公正地对待每个学生的同时，努力探索一些灵活的管理方法，旨在使他们能冷静地思考问题，从而获得更大的进步。

我深信各位在座的教育家，一定会以一种不偏不倚的态度来认识到促进世界和平事业的生命力与价值，并以一种宽宏与公正的精神，为这项国际性事业找到更好的措施。的确，通过学校教育工作来促进世界和平，是教育的一个十分重要的问题，再没有任何问题会有这样艰巨、这样重要了。

〔据蔡元培 Chinese Education，its Present and its Historical Condition（《中国教育的历史与现状》），北京先驱出版社 1925 年所印英文专刊译出，徐正文译，陈光鼎校〕

蔡元培 教育名篇

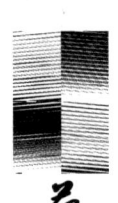

附：同题异文

中国教育，其历史与现状

今天我以中国代表的资格，而且在这个世界联合会中中国代表等，又是发起人的资格，在这个会中来说话，真是很荣幸的事。本会的会员，都是从世界各处来的。本会所已经讨论的问题，也都是关于世界各处共通的问题。我虽然身任中国教育界重要的职员，但是我个人对于本会，此次却并没有特别的意见发表。而且我的话也不像教育专家对于世界共通问题的讨论那样重要，所以我并未特别提出讨论的问题。不过据我个人对于中国教育的历史和现况等情形，有点观察，请向诸君一述。

中国教育，几乎自古至今处于一种状况之下，此种状况，若以现代的名称来说，即与"个人训育"相同，不过训育的地方为国都的国立教育机关，和各省各乡的官立教育机关。这种教育制度，包括高等教育在内，在两千年以前，即已经存在，是为太学，这就是"国子监"的制度的胚胎。"国子监"的教育，重在道德的涵养，也兼重政治和文学。在这种教育机关以内的学生，都是分班授课。各班全由教习主持，学生与教习的关系犹如在私塾中一样。到了孟子时代，这种私家教授的制度，愈见发达，其性质颇与希腊时代的学院相类。这种类似学院的制度，在最近两世纪以内，尤为重要。再就历史上考察起来，王阳明最有名，而影响最久最大。他这种学院制的教学，与后来清朝颜元（习斋）的书院，都是由古代的学院制度蜕化出来的。这种学制，在现在虽已成了历史上的事实，但是它对于现代教育上待解决的许多大问题，颇有影响。

这种学制的好处，总括起来讲，可分为下列数项：（一）注重道德的训练为人格的养成；（二）激发个性，并使之遍观博览，纯任自由；（三）就个人的资质，而施一种特殊的得当的教诲，不致如分班教授，使天资愚钝的人感受困难。这种制度的自身，也还有几种特点，也值得一述，就是：（一）在我们古代学校中的课程，对于知识的启发方面大有考究，尤其对于文学和古典学等科，不过其侧重之点，在人格的修业与文学知识的养成，而不注重于科学方面教授。（二）我们这种古代教育的目的，在使学者终身讲习，预备去通过各种的官家考试，因为这种考试，便是学者将来服务于政治方面唯一的途径。这种教育与普通公民教育注重一般的知识的不同。

在满清末年时代，即为最近的二十五年以内，东方的教育，可算是经遇一个大改变。教育的方面，在此改变之后，才注重于生活的各方面。现在我们的重要问题，便是仿照欧洲的教育制度，发展学校教育，建设各种学校，自幼稚园以至专门大学。在最初，官立学校，仍然是一种书院制的变形，其后渐渐变为日本革新后之形式，而变为德法式，至今又变为英美式，并且有一种启发知识的驱迫力。但是仍然不与我们古代的知识教育相妨。学术的课程繁多，试验的新制度，不过是升级降级及毕业而已。

至一九二一（二）年，经过几次教育讨论会以后，政府始下强迫教育的通令。那时正是我任教育总长的时代，在小学教育的发展的经过中，我们看见许多失学或过学龄的儿童，渐渐有受教育的机会了。这种学校教育的宗旨，不过是使学者有适应生活的能力，同时又可以使他们自进于高深学术的研究。因此便有一种希望，而且不断地进步。

自从本会在美洲旧金山开会以来，中国的教育又经过几许的发展。现在已认识清楚的事情，就是非用新式的教育，不能复兴我们古代的文明。最近两年来教育界的活力与进步，有几件事值得考虑。

（1）第一件重要的事，就是注重科学教育，这要算是中国新教育最可注意的地方。在一九二二年的时候，美国教育家孟禄博士到中国，曾指出中国教育的缺点，就是科学教育不发达。因为孟禄博士的议论，中华教育改进社为提倡及改进教育起见，特聘美国俄亥俄大学的推士博士，请其指陈应如何发展科学教育，如数学及理化等，于是北京清华学校，特于一九二四年特为教授科学的教习们，开办一暑期学校。现在现（又）在南京的国立东南大学举行第二次的暑期学校，上海商务（印）书馆又特别出售各种最新的科学用具，使各校易于置备。

（2）第二件可注意的，便是我国的教会学校。据最近的调查，知道全国新教的教会学校的学生约三十万人，在罗马教会学校的学生约二十万零五千人，就大

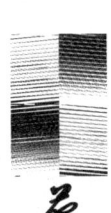

概的情形看来，在教会学校学生的人数，还有逐渐增加的趋势。但是凡有教会学校的地方，总有一种宣传宗教的势力，颇与教育的宗旨相背驰。并且他们忽视中国历史、文学等科，而另用一种教育的方式，颇与中国政府所定的教育制度相违背，因此他们便成了中国教育发展的妨碍者。

并且中国教育家所崇信的，多半与教会教育立于反对方面。幼年学子，如素丝白纸，近朱者赤，近墨者黑，全视教育的人为转移。中国的儿童，本生于一种无宗教的环境中，如果我们果真尊重他们的自由发展，我们不应该使他束缚。

（3）第三件为公民教育运动。一九二三年，中华教育改进社，在北京清华学校开常年会，决议组织公共机关，发展社会教育，使不识字和无知识的人有受教育的机会，于是全国皆一致赞成。第一件要紧事，就是白话文的普遍方法及其教与学的方法。不论杂志、报章、小说等，皆用白话，即一切优美的文学作品，及哲学、社会科学等，亦用白话文作成。

因此在最近两年，中国新入这种公共学校的学生，竟增加了两百万之多。由此可知强迫教育，在中国不久即当普遍，而且不识字的人的罚款，也可以连带做到。我们可以相信，这种公民教育运动，可以在短的时间内，可以使二百万不识字的人识字，实在不是欺人之谈。

（4）第四件要算图书馆的运动了。中国自周朝以来，就有图书馆的存在。但是学校图书馆的存在，却是现在才有。据现在的调查，可以知道有十二个专门学校的图书馆已成立，在我们离开中国时，国内又新有一个全国图书馆协会的发生。其目的在促进新图书馆的成立。并且研究用较好的方法，去引起许多人利用图书馆，使看书的人日渐加多，并且也很注意美国庚子赔款退还的一部分内，即规定有建设新式图书馆的支配法。

现在我要想说几句关于中国最近学生运动，这可以说是中国人争回自由的运动。并且这个问题成了世界一个很重大的问题。我们在这会中，声言由学校可以促进世界国际的和平。但是除了这个会以外，究竟谁能负这个责任呢？我的意思以为最要紧应该想出国际间亲善及互相了解的法子，以现在的中国近事而论，也要有国际间公平的待遇。

现在中国曾经受了新教育的熏陶和正义人道的福音的人，至少有四五百万。

诸公知道这二十世纪的短时间内，是看不出他的结果的。但是这种运动，是很可以使欧美各国的政治思想受很深的改变的。至于说到学生方面，现在的新教育，确已经把他们从奴隶束缚的威权中解放出来，这些怀抱得有新思想愿舍身于新运动的青年，对于各种政治问题的态度，是有改变的力量的。

况且这种学生运动，虽说是属于现代的特产物，其实，在中国历史里，汉、明两朝都有先例，就教育家的观察点而论，如果学生运动，纯是一种真诚的爱国心的表现，以行使他们公民的本分，那就是毫无错处的。

并且另一方面，这种运动，可以使他们得着许多最可宝贵的经验与成效，使一种社会服务的兴趣与志愿，深入于他们心中，又可培养引导成一种合作的才能。

但是这种运动，又每每使他们的自身和已有的新进步，陷于危险状况之内。这个事情，真是很复杂很冒险的。因此之故，我们国内教育家都用一种同情心及慈善心，爱护他们，并且寻出一种妥善的引导方法，指示他们以正大的鹄的，使他们由此可以得到众心而不任性的研究。其结果可以得到较伟大较自然的成绩。

因此我们不能不属望于在座的各大教育家，平心静气地去认识那有促进世界和平的价值的运动，并且开诚布公地寻出国际相与的正道。故知由学校方面着手，以促进世界和平，真正要算是教育上的根本问题，并且再没有其他的问题有这样同等的重要而且艰难了。

（据蔡元培演说词中文记录稿）

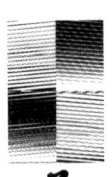

十五年来我国大学教育之进步

　　每年国庆日，必有许多悲观的论说，说是民国成立以来，军阀这样专横，政客这样腐败，因而使人民这样困苦，毫无真正民国的气象，国庆日不是可庆而是可吊的。我也何尝没有这种感想。然而，国民的责任，一方面固然要握有政治实权，整理全国；一方面又要从社会上尽力，使文化逐渐增高。现在我国的人民自卫自治的能力尚未充实，不能立刻夺回政权于军阀政客之手，而自行处理，固然有愧于民国国民的资格；然而社会事业，这十五年中却有显著的进步。我不用说别的，只要把大学教育进步的状况说一说，就可以证明了。

　　就数量上说，元年惟北京、山西各有国立大学一所，各省公立的只有高等学堂，没有大学；私立大学，除教会所设者外，没有预科。到了现在，在北京，国立的增了师范、女师范、医科、农科、工科、法政、女子等大学，虽其间有仅足当大学之一科的，而终不能不认为独立的大学，又素有美国大学预备科〈之称〉的清华学校，已扩为大学，在江苏与广东，增了东南与广州两大学，天津的北洋，上海的南洋与同济，均扩为大学了，在上海又增了一个政治大学。省立大学，在云南、陕西、四川、湖北、湖南、河南、山东、直隶、奉天等处，都已成立，浙江、安徽，也有成议。私立的，在北京有中法、朝阳、中国、民国、华北、平民等三十所，在上海有复旦、大同、中国公学大学部、大夏、光华等等三十所，在福建有厦门大学。总算起来，有八十几所。虽其中程度不及大学而冒用大学之名的很不少，然而名副其实的，只要有四分之一，也就十倍于民国元年了。

　　就内容上说，仅即名副其实的大学说一说。有几种是认为进步的优点：（一）从前大学，科目甚不完备，求曾在大学毕业之人来任大学教员，已苦于不易得，不得已仍以旧时代所谓学者充之。现今在国内外大学毕业的，岁有增加，除了一部分对于学问有十分兴趣，愿委身于教育者外，就是热心办事的学者，也因没有相当的事业可以担任，而愿尽力于教育界。所以各大学延聘教员，饶有选择余地，而教员也很自重，不肯敷衍了事。（二）从前大学，以教员印发讲义，而在讲堂上照讲义演述一遍，便算尽责，并且这种讲义，年年如此，永不修增。学生领了讲义，就算得了学问，不要笔述，也不要看参考书，不要做实验的工夫。现在的大学，注重于图书、仪器的设备，教员对于所教的学科，不断地继续研究，因而每次必有增加的新材料，且督率学生，尽自行试验、自行参考的义务。所以较善的大学，必有较完备的实验室与图书馆，不光是空空洞洞的几个讲堂了。（三）从前大学，还是科举的变相，所望于学生的，是毕业后可以供政府的任用。学生也抱了一种升官发财的目的而来，只要熬到毕业年限，骗到一张毕业证书，就可以别图发展，平日本来无需特别的用功。至于讲堂上课以外，更没有什么需要了。现在知道大学对于学生，不但传授学术，更有养成人格的义务。所以于指导学生切实用功以外，还有各种体育、美育之设备，辩论演说的练习，游历调查的组织，以引起学生自尊人格、服务社会的精神。就这几点看来，不能不说今日的大学，比十五年前已经进步得多了。

还有一事值得特别标举的，是现在大学渐共趋于设立研究所之一途。原大学的责任，本不但在养成一种人才，能以现在已有的学术，来处理现在已有的事业，而在乎时时有新的发见与发明，指导事业界，促其进步。所以大学不但是教育传授学术于学生的机关，而实在是教员与学生共同研究的机关。民国元年，教育部所定的大学规程，本有研究所一项，而各大学没有举行的。国立北京大学于七年间曾拟设各门研究所，因建设费无从筹出，不能成立。十年议决，归并为自然科学、社会科学、国学、外国文学四门。而国学门即于十一年成立。五年以来，其中编辑室、考古学研究室、明清史料整理会、风俗调查会、歌谣研究室、方言调查会等，已著有不少的成绩，所著录研究生三十二人，也已有十二人贡献心得的著作。其他若地质学系、物理学系等，虽未立研究所名义，而教员研究所得，已为社会所推许。最近两年来，清华大学已设立研究院，而厦门大学也有国学研究所的组织，这尤是大学教育进步的明证。

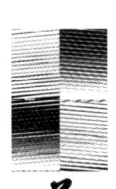

古人说："国于天地，必有与立。"立国之本，在实业与教育，而教育负有养成实业人才的任务。所以教育进步，确为国民进步的符验。没有好的小学，就没有好的中学生，没有好的中学，就没有好的大学生。所以有人说，小学没有办好，就不必读中学，中学没有办好，就不必读大学，这固然有一方面的理由，然而大学教育不好，就没有办中等教育的人才，中等教育不好，就没有办初等教育的人才，不也有是理由的吗？我是最接近于大学教育的人，所以由大学教育的进步，而推想教育界全体的进步，又由教育进步而推想实业的进步。只要从此进步不已，那政治、军事上的纠纷，是没有不可以解决的。我想过了几年，我们的国庆日，一定可以达到不可吊而可庆的程度。

（据《申报》，1926 年 10 月 10 日"国庆纪念增刊"刊发）

■ 在晓庄师范学校演说词 [①]

今天承陶校长[②]及诸同学欢迎，感激得很。前次诸位要我到此地来演讲，后来因为事务繁忙，致未果行，非常抱歉。我对于现在，真是挂着一个空的董事长的牌子，因为第一件，此地校里很重要的原则，教法、学法、做法合一，我就没有做到。不过我极相信此法是有至理，而且是很自然的。比如雏燕的能够飞，一方面老燕子要教雏燕飞，雏燕看见老燕的怎样飞法，于是就效着做同样的飞法，终于雏燕亦能飞了。在这一件很小的事内，就可以看出教、学、做是应当合一的。又如小猫要学大猫捕鼠，大猫一定要做捕鼠的姿势给小猫看，这也是寓有教、学、做应当合一的原理在里边。我们小的时候，说话、跑路和其他做的事情，父母并不是认真地要来教我们做，把说话和跑路当做一种功课，不过因为有父母在旁边说话、跑路，我们就在自然而然的中间受父母的暗示、同化而学会了。这也可以知道教、学、做是应当合一的。

中国学校开创得最早，在舜的时候已经有学校了。不过从前的私塾学校里所教的是些四书、五经和家庭的生活，实在是格格不相入的。这种便是以前私塾的坏处。诸位现在在此所读的书，都是以每日的生活为根据的，这种制度实是现代教育方法中最好的一种。当我出洋到德国的时候，杜威先生恰在芝加哥开办一个

---

① 此篇为记录稿，原题为《蔡莫事长训词》。据程本海在演说词前的按语称："本校董事长蔡子民先生十月二日与高鲁、沈定一两位先生来校参观。此即蔡先生于本校欢迎会上之演讲词。字里行间，可见蔡先生对本校之热忱与厚望一斑。"

② 陶校长：即陶行知（1891—1946），一名知行，安徽歙县人。早年留学美国，曾入哥伦比亚大学研究教育。1927年3月，受中华教育改进社之委托，与赵叔愚在南京晓庄创立南京市试验乡村师范学校，任校长。

蔡元培 教育名篇

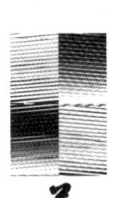

学校，这个学校一切功课，也是根据于实际生活的，从实际生活上讲到世界一切的学问。我的小儿进了法国的一个农业学校。平常的农业学校，都是空口讲而不实习的；但该校却和普通的不同，该校学生都能穿木头的鞋子，能够锄地挑粪。小儿在该校毕业出来时，身体比从前好得多了，头脑里关于从前给习惯所熏染成的一切不平等思想也都除掉了。于此可见教、学、做合一是很有功效的，不过我在当时是很觉得，而没有将他结合成教、学、做合一的思想。

中国目下最重要的问题，便是经济了。我们睁眼一看，便看见许多不做工、不劳力的，所享的权利反多；终年劳动者，所事反少。所以现在的理想，对于农人，便须耕者有其田，那便可减少许多关于田主与佃户间的纠纷与不平等。对于工厂、商店，现在都是厂主与店主得利多，而厂工与店伙得利少，这也是一种不平等的事。我们以后须使工人自己做工厂的股东，把工人与厂主打成一片，分不出一点不平等的痕迹来。商店也是如此。

中国农人占全国国民总数的最多数，所以我们现在要想改良一切制度，都应当在农人的头上做起。现在诸位到此，都抱有大志改良乡村教育，这是我所非常赞同的。不过我不能和诸位共同生活，我是很抱歉的。但我在旁边总当极力帮助诸位成功，敬祝诸位努力。

（据程本海《在晓庄》，中华书局 1930 年出版）

中国新教育的趋势

——在暨南大学演说词

今天是总理诞辰，我们都来开会纪念他，那么，对于他的主义一定是十分信仰，对于他的计划一定是要力行的。但是总理的计划很大，如军事、教育、政治、经济等皆是，我们不能够完全担任，只能分工做去，以谋完成他的计划。我们分任教育，所以只能讲教育。前天贵校教务长说，同学们要我来讲中国新教育的趋势，现在请先说大学区的组织，然后再说新教育的意义。

大学区①是地方教育行政上的一种制度。在七八年前，我曾发表过意见说：最好是以大学来管理全省的学务，但是，未曾实现。迨国民革命军达到浙江之后，蒋君梦麟②就要把浙江先行试验一下，因为现在是二十世纪，无一桩事体不与从前相差很远的，我们应该顺应时代的潮流，不能牢守旧制，不谋改革。而且一省的教育范围很大，大学、中学、小学都包括其中，断非一个教育厅所能办得好的，我们拿工业上制造品来说，是以美为要件的，譬如一只花瓶，一定要经过科学方法的发明，富有美术的意味，买花瓶的人，必定选一个合意的，就是以它为美丽。何以要有所选择呢？就是因为好的被选择，不好的被淘汰，美术才有发展进步的机会呵！教育是培养人才的，是不可以不注意科学与艺术的。办学校的教职员，有的是师范生，有的不是师范生，他们好不好，教育厅是应当去考察

---

① 大学区：地方教育行政的一种制度。由大学校长兼管所在地区的中小学及其他特殊教育。区内设立研究所，负责研究、制订计划。教育行政归大学教授组织管理。

② 蒋君梦麟：蒋梦麟（1886—1964），原名梦熊，字兆贤，号孟邻，浙江余姚人。留学美国，1917年获哥伦比亚大学研究院哲学博士学位。1919年7月，代理北京大学校务；9月任北大教育学教授兼总务长，再次委托代理校长。1923年1月，蔡元培辞职，代理北大校长职务。1928年10月，继蔡元培任国民政府大学院院长，大学院旋改为教育部，任部长。1930年12月，任北京大学校长。

蔡元培 教育名篇

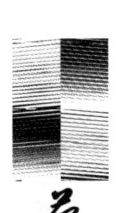

的，假如仍由从前官僚化的教育厅来管理地方教育行政，那是永无改进的希望的。因为教育厅厅长及科长、科员等，他们的学识，固然未必全在学校教职员之上，而且他们离开学校很久，不甚明白社会的潮流，所以他们尽敷衍表面，而无实际的心得。现在大学区的办法，是由大学校长兼管本区的中小学及其他特殊教育，教育行政都归大学教授组织，并且有研究院担任种种计划。这种制度，法国久已实行了，法国分全国为十七个大学区。我本想分全国为十个大学区，恐怕难于成功，所以规划在江苏、浙江两省试办，不过初具规模罢了。现在的教育行政部，是一部分教授和专门研究过教育的学者来组织的，我想比从前的教育厅总许要好些，办得长久，定会发达的。至于中央的大学院，除掉一小部分属于行政事情以外，其余皆是研究的机关，如美术院、音乐院、中央研究院等皆是。

现在我再来讲新教育之意义，可分三点。

（1）养成科学的头脑　从前有许多不是科学的，如心理学从前是附属于哲学，现在应用物理的方法、生理的方法来研究它，便成为科学了。又如经济、政治也是应用科学方法来研究的。还有许多用统计的方法的，均不离科学，而且与科学相连贯。现在有许多人最易受刺激，听人怎样说，便怎样信，这实在是因为他们没有科学头脑，不能求其因果。凡事要考求其所以然，要穷究其因果关系，那么他的头脑才算经过一番科学的训练。譬如开车，我要由上海到真如，定要再等一个钟点，并且要亲至站里头看看开行的时刻表，不是人家怎么说，我便怎样信的。因为科学家所发明的，都是有因果、有系统的，物质同办事的两方面，固然是要如此，对于精神的——教育——也是要养成科学的头脑的。希望科学家全体起来，研究怎样可以叫人养成科学的头脑，不妨多办几所研究院。

（2）养成劳动的能力　劳动是人生一桩最要紧的事体。在总理的三民主义中的民生问题，简单说起来，就是人人要能生产，人人能生活。犹如古人所说："一夫不耕，天下受其饥，一妇不织，天下受其寒"①　的意思。若要人人能生产，那是非打破"劳力"和"劳心"的成见不可，因为有这种的分别，易使一般劳心者永远劳心，劳力者永远劳力，渐渐形成两种阶级。这两种阶级的发生，实由于教

① 语出《汉书·食货志上》。原文为："一夫不耕，或受之饥；一女不织，或受之寒。"

育的不平等。所以要想救此弊端，非普及教育不可，使劳动者得有知识，劳心者也去劳力，这实在是一件要紧的事。李石曾先生说过：各个人至少要当三年兵，一年做工，使得劳心者可以养成劳动的习惯，真是一件最好的事！现在大学院创办劳动大学，分为劳工学院、劳农学院，收中学、小学的毕业生，入劳动大学读书，养成他们做工的习惯；又有工人学校，使劳工得些知识，如这样的学校，以后还望逐渐地添办起来。

（3）提倡艺术的兴趣　我们无论做什么事，因为艺术的关系，能够增进我们的精神，便增加了一种兴趣。这就叫做艺术的兴趣。譬如一个文学家，他终身埋在文学里面，旁人看他所工作的，似乎很苦恼，然而他终是不停地工作，这便是得到一种艺术的兴趣，甚至于全忘他的生死。诸君从南洋回到本国来，言语不通，真是非常痛苦的一件事，很可借艺术来调剂，最好多开些音乐会、展览会。在国家方面，多开设几所美术馆、音乐院来提倡艺术的兴趣。不过现在中国，还没有完全的音乐院。这是只有希望做教员的能够学术化，担任的钟点不要多，留着余暇来自修；同学们要认真求学，不可计算几时毕业，只想多收几份讲义便算了事。

从前国内政治不好，教员都不能安心做事，学生不能一心求学。现在军阀的势力已经去掉，到了训政时期，大家可以抱定宗旨，将精神收敛在学校以内，来做国家建设的人才。在此时期，对于科学、劳动、艺术三方面，均须努力。外面虽来了刺激，不像从前那样兴奋。此是我希望诸位同学的。

（据王维驷编《近代名人言论集》，1932 年 1 月出版）

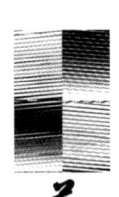

■ 学校是为研究学术而设^①

——在西湖国立艺术院开学式演说词

今天是艺术院补行开学式。大学院为什么在这个时候、这个地方设立艺术院？平常，西湖有很多的人来，远些来的人，可分两种：一是游览，一是为烧香。游览的人，是因为西湖风景很美丽，天气很温和，所以相率来游，以满足其私人的爱美欲望。一种是烧香的人。烧香的人为什么一定要来西湖拜佛呢？西湖的寺庙最多，所以他们都来了。但是为什么这些寺庙都建筑在风景美好的湖山之中呢？宗教是靠人心信仰而存在的，但是宗教是空空渺渺的，不能使人都信，永久维持着他的势力，故必须借着优美的山林，才能无形之中引诱一般人来信他的。一般人之所以拜佛，而又必定相率来西湖的，虽其信心觉得是为佛而来，实际上他们的潜在主因，仍就是为西湖的风景好才来的，也就是因为借此能满足他们的爱美欲望才来的。自然美不能完全满足人的爱美欲望，所以必定要于自然美外有人造美。艺术是创造美的、实现美的，西湖既有自然美，必定要再加上人造美，所以大学院在此地设立艺术院。宗教是靠着自然美，而维持着他们的势力存在。现在要以纯粹的美来唤醒人的心，就是以艺术来代宗教。因为西湖的寺庙最多，来烧香的人也最多，所以大学院在西湖设立艺术院，创造美，使以后的人都移其迷信的心为爱美的心，借以真正地完成人们的生活。

现在最重要的是北伐，有人以为在这紧张的时候，不必马上设立艺术院。但事实上，大家革命的主要目的，不纯在消极地打倒军阀，抵御外人的侵略，而在三民主义的积极建设起来。三民主义，无非为民生而设，总理四十年的革命，可

---

① 这是蔡元培在西湖国立艺术院开学典礼的演说词。

说最后的目的是在民生问题。但文化与物质生活之改革同时重要。原始的人类，于艰难苦斗的生活中，仍有纹身、雕刻、装饰器物的精神生活之需要，可见文化与物质生活同时发生，同样重要。生活问题既有物质与精神的两种，那么我们为民生问题而有的国民革命，必须于打倒阻碍民生进行的北伐工作之外，同时兼到精神上的建设，将来方能有完满的成功。再就目前事实上说，我们的北伐军也必须有美的、纯然无私的、勇敢的艺术精神，然后才能真的胜利。如法国人的在欧洲大战，因他们以前有艺术的陶养，故有那样从容不迫的精神。

大学院看艺术与科学一样重要。艺术能养成人有一种美的精神，纯洁的人格。艺术美，照日本人译来的西洋语有两种：一是优美，一是壮美。优美能使人和蔼，安静，对于一切能持静，遇事不乱，应付裕如。壮美使人有如受压迫，如瞻望高山，观览广洋狂涛，使人感到压迫，因而有反抗，勇往直前，一种大无畏的精神，奋发的情感。法国在优美之中养育，故不怕一切，虽强兵临于巴黎近郊，而仍能从容不迫，应付敌人。德人则壮美，他们做事，一往直前，气盖一世。我们北伐军必须有这两种精神，才能一切胜利。现在北伐军中有艺术科，也就是想以艺术精神来陶养军人，使他们有美的、纯然无私的勇敢精神，使北伐胜利。

人类有两种欲望：一是占有欲，一是创造欲。占有欲属于物质生活，为科学之事。创造欲为纯然无私的，归之于艺术。人人充满占有欲，社会必战争不已，紊乱不堪，故必有创作欲，艺术以为调剂，才能和平。艺术纯以创作为主，无现实上的一切因占有欲而起的束缚，艺术家不要名誉、财产，不迎合社会，因此中外的艺术家，每每一生很苦。中国古话说：文人贫而后工。并不是贫而后工，是去掉了一切个人的、现实的私欲，而能纯以创造为主才工。大学院设立艺术院，纯粹为提倡此种无私的、美的创造精神。所以艺术院不在学生多少，而在能创造。能创作，就是一个学生也可以。不能创作，一百、一千个学生也没用。艺术院的林先生①及教职员，他们都是有创作能力的人，希望他们自己去创作，不要顾到别的。

---

① 林先生：林风眠（1900—1991），广东梅县人。毕业于法国巴黎美术专门学校。曾任国立北京美术专门学校教授，国立杭州艺术院校长。中华人民共和国成立后，任浙江美术学院院长、教授，中央美术学院教授，上海中国画院画师等。

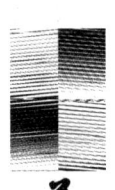

大家要认明白，艺术院不但是教学生，仍是为教职员创作而设的。学生愿意跟他们创作的就可以进来，不然不必来这里。这次的风潮，不是真的学生，是有别的政治作用，已竟（经）为浙江省政府除去。你们可以安心上课，教职员努力创作。不愿跟着教职员创作的学生，想做别的政治活动的学生，可以离开这里，到别处去，到社会上去做政客，不要妨碍他们创作。总之，艺术院是纯为艺术的，有天才能创作的学生，一万个不为多，一个不为少。

来宾、新闻记者也请注意：学校为纯粹的学术机关、神圣之地，一个学生没有也不要紧；教职员能创作，一样可以办下去。不要以为学生少了，就不成学校，这一点大家不要误会了。艺术院的教职员诸先生，要大家一致地努力创作，不要看见发生了一点小事，就怕起来。嗣后再有什么不正当的活动，有浙江省政府来防御、制止。学生要安心上课，教职员诸先生一致创作，供之于社会，这是大学院所最希望的。

（刘开渠笔记，据《中央日报》"艺术运动"副刊第 9 号，1928 年 4 月 16 日出版）

教育事业的综合[①]

——在西湖博览会"浙江省教育宣传日"演说词

西湖博览会为中国希有之举，开幕了几个月，我没有来过。今天因为是教育的宣传，特地到杭州来，可以见鄙人对于教育方面的诚意。

浙江的教育，从革命军到杭州来了以后，办教育的，以前是大学校长蒋梦麟先生，现在是教育厅长陈布雷[②]先生，都是向来钦佩的，可以放心的。浙江的教育，因为历来地方安定的缘故，所以比别省好得多，而且办理的人，是我所佩服的，所以没有不满的点。我所要贡献的，是教育事业的综合，有三点。

第一是不要忘了中、小学教育与大学要打成一片。浙江试行大学区制的计划，本意是要中、小教育和大学合在一起。大学区制，试行的只有浙江、江苏、河北三省。河北没有开办，江苏已经办而没有成绩；浙江是有成绩的，但是因为他方面的关系，也连带的取消，我想，大学区制度虽然取消，而浙江大学依然存在，精神上仍可联络。我们晓得，法国有十四个大学，德国有二十个大学，照比例上言，中国每省可以办四个大学。北平、上海，私立大学很多，常常感觉到经济和人才不足。所以我绝不主张多办大学。民国元年的时候，因为各省高等学堂的程度不齐，成绩不好，取消高等学堂，改办大学预科。虽然成绩比较好一点，但是一省没有一个最高的教育机开（关），可以吸收学者，关于本省的建设，没有倚傍，于是每省办大学的动机起。我曾提议，此等省会大学，可先开办研究科，一面授研究生以高深的学问，一面叫他们应用学术于本省的工作，但是没有

---

①　1929年10月7日，蔡元培应西湖博览会之邀到杭州为"浙江省教育宣传日"作特约讲演。

②　陈布雷（1890—1948）：原名训恩，字彦及，笔名布雷，浙江慈溪人。曾任上海商务印书馆编辑、股长。1927年加入国民党，任国民党中央党部书记长，《时事新报》主笔，后为蒋介石拟撰文稿，并曾任国民党中央宣传部长、浙江省教育厅厅长、国民党中央政治委员会秘书长等。

蔡元培　教育名篇

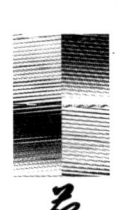

实行的。现在浙江大学，已有文、理、农、工等学院，其中学者对于中、小学校，可以助力的必不少。我很希望主持中、小教育的人，能与大学职教员协力，以发展全省的教育。

第二点是教员的任用与训练，不可不通盘计划。现在浙江应办的学校，不知有多少，有志愿受教育的，亦不知有多少。但是学校很少，受教育的只占百分之二十，一般要受教育的，无学校可以收容，所以教育不普及。一方面，热心教育的人，同等资格、同等学力、同等志愿，而因为人浮于事，不能人人皆有服务于教育的机会。我意，可以依照征兵制中现役兵与后备兵分别〈值〉班的办法：其初，甲部分出去服务，而乙部分则留省研究；一两年后，研究者出去服务，而服务者回省研究。如此，则正在办事者不至于无进步；而尚无职务者，亦可为他日办事之准备，不至有猜忌倾轧的行为。

第三点是以学校为中心点，而把一切特殊教育事业都归纳进去。建设伊始，百废待举。今日要办甲事，设一机关，明日要办乙事，又设一机关，不特人才、经费都不经济，而且权责既分，于彼此相关的事项，往往互相牵掣或互相冲突。就教育上言，如党义教育、社会教育，以及检查私塾、改良风俗等事，虽非学校教育所包含，而未尝不可利用学校为出发点。学校的建筑、设备、人才，都可利用。美国人往往于假期中，利用学校，办理特殊教育，可以仿行。若能集中一切教育事业，都以学校为根据，仿佛从前乡村有集会娱乐，均以社庙为根据的样子，则一切教育事业，互相贯通，且经费与人才集中于学校，学校亦不至现在的枯窘了。

以上三点，都从综合方面着想，谨以贡献于吾浙江之教育家。

（据《西湖博览会总报告》第 6 册）

■ 以美育代宗教

　　我向来主张以美育代宗教，而引者或改美育为美术，误也。我所以不用美术而用美育者：一因范围不同，欧洲人所设之美术学校，往往只有建筑、雕刻、图画等科，并音乐、文学，亦未列入。而所谓美育，则自上列五种外，美术馆的设置，剧场与影戏院的管理，园林的点缀，公墓的经营，市乡的布置，个人的谈话与容止，社会的组织与演进，凡有美化的程度者，均在所包，而自然之美，尤供利用，都不是美术二字所能包举的。二因作用不同，凡年龄的长幼，习惯的差别，受教育程度的深浅，都令人审美观念互不相同。

　　我所以不主张保存宗教，而欲以美育来代它，理由如下。

　　宗教本旧时代教育，各种民族，都有一个时代完全把教育权委托于宗教家，所以宗教中兼含着智育、德育、体育、美育的元素。说明自然现象，记上帝创世次序，讲人类死后世界等等是智育。犹太教的十诫①，佛教的五戒②，与各教中劝人去恶行善的教训，是德育。各教中礼拜、静坐、巡游的仪式，是体育。宗教家择名胜的地方，建筑教堂，饰以雕刻、图画，并参用音乐、舞蹈，佐以雄辩与文学，使参与的人有超出尘世的感想，是美育。

　　从科学发达以后，不但自然历史、社会状况，都可用归纳法求出真相，就是潜识、幽灵一类，也要用科学的方法来研究它。而宗教上所有的解说，在现代多不能成立，所以智育与宗教无关。历史学、社会学、民族学等发达以后，知道人

---

　　① 犹太教的十诫：《圣经》里记载说，摩西到以色列后，向人们宣布了信仰上帝的"可以"和"不可以"十条戒律。

　　② 佛教的五戒：即不杀生、不偷盗、不邪淫、不妄语、不饮酒。

蔡元培 教育名篇

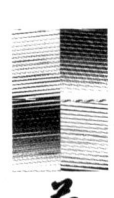

类行为是非善恶的标准，随地不同，随时不同，所以现代人的道德，须合于现代的社会，决非数百年或数千年以前之圣贤所能预为规定，而宗教上所悬的戒律，往往出自数千年以前，不特挂漏太多，而且与事实相冲突的，一定很多，所以德育方面，也与宗教无关。自卫生成为专学，运动场、疗养院的设备，因地因人，各有适当的布置，运动的方式，极为复杂。旅行的便利，也日进不已，决非宗教上所有的仪式所能比拟。所以体育方面，也不必倚赖宗教。于是宗教上所被认为尚有价值的，只有美育的元素了。庄严伟大的建筑，优美的雕刻与绘画，奥秘的音乐，雄深或婉挚的文学，无论其属于何教，而异教的或反对一切宗教的人，决不能抹杀其美的价值，是宗教上不朽的一点，只有美。

然则保留宗教，以当美育，可行么？我说不可。

一、美育是自由的，而宗教是强制的；

二、美育是进步的，而宗教是保守的；

三、美育是普及的，而宗教是有界的。

因为宗教中美育的元素虽不朽，而既认为宗教的一部分，则往往引起审美者的联想，使彼受其智育、德育诸部分的影响，而不能为纯粹的美感，故不能以宗教充美育，而只能以美育代宗教。

（据《现代学生》第 1 卷第 3 期，1930 年 12 月出版）

以美育代宗教

——在上海中华基督教青年会的演说

我记得十余年前，在丙辰学社①讲演，曾提出以美育代宗教的问题。今日承中华基督教青年会同仁的请属，再把这个问题提出来，向诸位请教，这在我个人是个很难得的机会。

我要预先说明的是，我们说的宗教，并不是指个人自由的信仰心，而仅是指一种拘泥形式，以有历史的组织干涉个人信仰的教派。

又我所说的美育，并不能易作美术。因从前引我说的，屡有改作以美术代宗教者，故不能不声明。盖欧洲人所谓美术，恒以建筑、雕刻、图画与其他工艺美术为限；而所谓美育，则不仅包括音乐、文学等，而且自然现象、名人言行、都市建设、社会文化，凡合于美学的条件而足以感人的，都包括在内，所以不能改为美术。

我所以主张以美育代宗教，有下列两种原因。

（一）宗教的初期，本兼有智育、德育、美育三事，而尤以美育为引人信仰之重要成分。及人智进步，物质科学与社会科学逐渐成立，宗教上智育、德育的教训，显见幼稚，不能不让诸科学家之研究，而宗教之所以尚能维持场面，使信徒尚恋恋不忍去者，实恃其所保留之关系美育的部分而已。（〈现〉象上的美与精神上的美）

（二）以代宗教上所保留的关系美育部分，在美育上实只为一部分，而并不足以揽其全。且以其关系宗教之故，而时时现出矛盾之迹，例如美育是超越的，

---

① 丙辰学社：即中华学艺社。1916 年（夏历丙辰年）成立于日本东京，后改名中华学艺社。

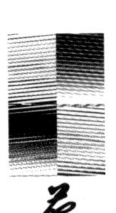

而宗教是计较的；美育是平等的，而宗教是差别的；美育是自由的，而宗教是限制的；美育为创造的，而宗教是保守的。所以到现时代，宗教并不足为美育之助而反为其累。

因是我等看出美育的初期，虽系赖宗教而发展，然及其养成独立资格以后，则反受宗教之累；而且我等已承认现代宗教，除美育成分以外，别无何等作用，则我等的结论就是以美育代宗教。在家庭间，子女当幼稚时期，不能不受父母之抚养及教训，及其长大，而父母业已衰老，则子女当出而自负责任，俾父母得以休息。其他各种事业上之先进与后进，亦复互相乘除，随时期而更迭。美育之代宗教，亦犹是耳。但是这个问题，甚为复杂。我所说有不明了、不合适之处，还请诸位指教。

（据蔡元培手稿）

■ 大学教育

　　大学教育者，学生于中学毕业以后，所受更进一级之教育也。其科目为文、理、神学、法、医、药、农、工、商、师范、音乐、美术、陆海军等。前五者自神学以外，为各国大学所公有。惟旧制合文、理为一科，而名为哲学，现今德语诸国，尚仍用之。农、工、商以下各科，多独立而为专门学校，如法国之国立美术专门学校（Ecole Nationale et Specialedes Beaux Arts）之类；亦或谓之高等学校，如德国之理工高等学校（Techniche Hochschnle）之类；或仅称学校，如法国百工学校（Ecole Polytechnique）之类；或单称学院，如法国巴士特学院（L'institut Pasteur）之类。用大学教育之广义，则可以包括之。我国旧仿日本制，于大学以下，有一种专门学校，如农业专门学校、医学专门学校之类。虽程度较低，年限较短，然既为中等学校以上之教育，不妨列诸大学教育之内。惟旧式之高等学校，后改为大学预科，而新制编入高级中学者，则当属于中学之范围，而于大学无关焉。

　　吾国历史上本有一种大学，通称太学，最早谓之上庠①，谓之辟雍②，最后谓之国子监。其用意与今之大学相类，有学生、有教官、有学科、有积分之法、有入学资格、有学位、其组织亦颇似今之大学。然最近时期，所谓国子监者，早已有名无实。故吾国今日之大学，乃直取欧洲大学之制而模仿之，并不自古之太学演化而成也。

---

　　① 上庠：西周的大学。《礼记·王制》："有虞氏养国老于上庠，养庶老于下庠。"郑玄云："上庠为大学，在王城西郊；下庠为小学，在城内王官之东。"
　　② 辟雍：西周时为贵族子弟设立的大学。亦作"璧雍"，取其四周有水，形环如璧而名之。《礼记·王制》："太学在郊，天子曰辟雍，诸侯曰泮宫。"

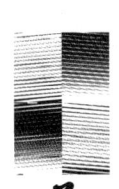

　　欧洲大学，在拉丁原名，本为教育与学者之总会（Universitat Magrotrorum et Scholarium），其后演而为知识之总汇（Universitat Litterarum），而此后各国大学即取其总义为名。欧洲最早之大学，为十二、十三世纪间在意大利、法兰西、西班牙诸国所设者；十四世纪以后，盛行于德语诸国，即专设神学、法学、医学、哲学四科者是也。其初注重应用，几以哲学为前三科之预科。及科学与文哲之学各别发展，具有独立资格，遂演化而为文、理两科。然德语诸国，为哲学一科如故也。拿破仑时代，曾以神学、法学、医学为养成教士、法吏、医生之所，因指文理科为养成中学以上教员之所。各国虽不必皆有此种明文，而事实上自然有此趋势。所以各国皆于中学校以外，设师范学校，以养成小学教员；而于大学外，特设高等师范学校，以养成中学教员者，不多见也。法国于革命时，曾解散大学为各种专门学校；但其后又集合之而组为大学，均不设神学科，而另设药科；惟新自德国争回史太师埠之大学，有天主教与耶稣教之神学科各一，为例外耳。法国分全国为十七大学区，大学总长兼该区教育厅长，不特为大学内部之行政长，而一区以内中、小学校及其他一切教育行政，皆受其统辖焉。其保留中古时代教者与学者总会之旧制者，为英国之牛津、剑桥两大学。牛津由二十精舍（College）① 组成，剑桥由十七精舍组成。每一精舍，均为教员与学生共同生活之所。每一教员为若干学生之导师，示以为学之次第而监督之。学生于求学以外，尤须努力于交际与运动，以为养成绅士资格之训练。

　　大学教员有教授、额外教授与讲师等，以一定时间，在教室讲授学理。其为实地练习者，有研究所、实验室、病院等。研究所（Seminal 或作 Tuotitut）大抵为文、法等科而设，备有图书及其他必要之参考品。本为高等学生练习课程之机关，故常有一种课程，由教员指定条目，举出参考书，令学生同时研究，而分期报告，以资讨论。亦或指定名著，分段研讨，与讲义相辅而行。而教员与毕业生之有志研究学术者，亦即在研究所用功。如古物学、历史学、美术史等研究所，间亦附有陈列所，与地质学、生物学等陈列所相等；不但供本校师生之考察，且亦定期公开，以便校外人参观。至于较大之建设，如植物院、动物院、天文台、

---

　　① 精舍：此处取书斋、学舍之意，即旧时集生徒讲学之所。

美术、历史、自然史、民族学等博物院，则恒由国立或市立，而大学师生有特别利用之权。实验室大抵为理科及农、工、医等科而设；然文科之心理学、教育学、美学、言语学等，亦渐渐有实验室之需要。病院为医科而设，一方面为病人施治疗，一方面即为学生实习之所也。此外，则图书馆亦为大学最要之设备。

欧洲各国大学，自牛津、剑桥而外，其中心点皆在智育。对于学生平日之行动，学校不复干涉，亦不为学生设寄宿舍。大学生自经严格的中学教育以后，多能自治，学校不妨放任也。惟中古时代学生组合之遗风，演存于德语诸国者，尚有一种学生会。每一学生会，各有其特别之服装与徽章，遇学校典礼，如开学式、纪念会等，各会之学生，盛装驱车，招摇过市，而集于大学之礼堂，参与仪式焉。平日低年级学生有服役于高级生之义务，时时高会豪饮，又相与练习击剑之术。有时甲会与乙会有睚眦①之怨，则相约而斗剑，非甃面②流血不止。此等私斗之举，为警章所禁；而政府以其有尚武爱国之寓意，则故放任之，与牛津、剑桥之注意运动者同意也。然大学人数较多者，一部分学生，或以家贫，不能供入会费用；或以思想自由，不愿作无意识举动，则不入中古式之学生会，而有自由学生之号。所组织者，率为研究学术与服务社会之团体。大学生注重体育，为各国通例；美国大学，且有一部分学生，特受军事教育者。不特卫生道德，受其影响，而且为他日捍卫国家之准备。吾国各大学，近年于各种体育设备以外，又有学生军之组织，亦此意也。

大学有给予学位之权。德语诸国，仅有博士一级（Doktor）。学生非研究有得，提出论文，经本科教员认可，而又经过主课一种、副课两种之口试，完全通过者，不能得博士学位，即不能毕业。英语诸国，则有三级：第一学士（Bache-lor of Arts）；第二硕士（Master of Arts）；第三博士。法国亦于博士以前有学士（La Licence）一级。大学又得以博士名义赠予世界著名学者，或国际上有特别关系之人物。

---

① 睚眦：也作"睚眥"。瞪眼睛，怒目而视。引申为小怨小忿。《史记·范雎蔡泽列传》："一饭之德必偿，睚眦之怨必报。"
② 面：古代北方一些少数民族的风俗，割面流血，表示忠诚哀痛。杜甫《哀王孙》诗："花门甃面请雪耻。"

大学初设，惟有男生。其后虽间收女生，而入学之资格，学位之授予，均有严格制限。偶有特设女子大学者，程度亦较低。近年男女平权之理论，逐渐推行，女子求入大学者，人数渐多；于是男女同入大学及同得学位之待遇，遂通行于各国。

大学行政自由之程度，各国不同。法国教育权，集中于政府；大学皆国立，校长由政府任命之。英、美各国，大学多私立，经济权操于董事会，校长由董事会延聘之。德国各大学，或国立，或市立，而其行政权集中于大学之评议会。评议会由校长、大学法官、各科学长与一部分教授组成之。校长及学长，由评议会选举，一年一任。凡愿任大学教员者，于毕业大学而得博士学位后，继续研究；提出论文，经专门教授认可后，复在教授会受各有关系学科诸教授之质问，皆通过；又为公开讲演一次，始得为讲师。其后以著作与名誉之增进，值一时机，进而为额外教授，又递进而为教授，纯属大学内部之条件也。

大学以思想自由为原则。在中古时代，大学教科受教会干涉，教员不得以违禁书籍授学生。近代思想自由之公例，既被公认，能完全实现之者，厥惟大学。大学教员所发表之思想，不但不受任何宗教或政党之拘束，亦不受任何著名学者之牵掣。苟其确有所见，而言之成理，则虽在一校中，两相反对之学说，不妨同时并行，而一任学生之比较而选择，此大学之所以为大也。大学自然为教授、学生而设，然演讲既深，已成为教员与学生共同研究之机关。所以一种讲义，听者或数百人以至千余人；而别有一种讲义，听者或仅数人。在学术上之价值，初不以是为轩轾①也。如讲座及研究所之设备，既已成立，则虽无一学生，而教员自行研究，以其所得，贡献于世界，不必以学生之有无为作辍也。

受大学教育者，亦不必以大学生为限。各国大学均有收旁听生之例，不问预备程度，听其选择自由。又有一种公开讲演，或许校外人与学生同听，或专为校外人而设，务与普通服务之时间不相冲突。此所以谋大学教育之普及也。

（据《教育大辞书》上册，商务印书馆 1930 年版）

---

① 轩轾：车子前高后低叫轩，前低后高叫轾。《诗·小雅·六月》："戎车既安，如轾如轩。"引申为高低、轻重的意思。

美育

　　美育者，应用美学之理论于教育，以陶养感情为目的者也。人生不外乎意志，人与人互相关系，莫大乎行为，故教育之目的，在使人人有适当之行为，即以德育为中心是也。顾欲求行为之适当，必有两方面之准备：一方面，计较利害，考察因果，以冷静之头脑判定之；凡保身卫国之德，属于此类，赖智育之助者也。又一方面，不顾祸福，不计生死，以热烈之感情奔赴之。凡与人同乐、舍己为群之德，属于此类，赖美育之助者也。所以美育者，与智育相辅而行，以图德育之完成者也。

　　吾国古代教育，用礼、乐、射、御、书、数之六艺。乐为纯粹美育；书以记述，亦尚美观；射、御在技术之熟练，而亦态度之娴雅；礼之本义在守规则，而其作用又在远鄙俗。盖自数以外，无不含有美育成分者。其后若汉魏之文苑[①]、晋之清谈[②]、南北朝以后之书画与雕刻、唐之诗、五代以后之词、元以后之小说与剧本，以及历代著名之建筑与各种美术工艺品，殆无不于非正式教育中行其美育之作用。

　　其在西洋，如希腊雅典之教育，以音乐与体操并重，而兼重文艺。音乐、文艺，纯粹美育。体操者，一方以健康为目的，一方实以使身体为美的形式之发展；希腊雕像，所以成空前绝后之美，即由于此。所以雅典之教育，虽谓不出乎

---

　　①　文苑：文士所聚集的地方，犹言文坛。《文心雕龙·才略》："后汉才林，可参西京；晋世文苑，足俪邺都。"

　　②　清谈：亦称"清言"或"玄言"。魏晋时期崇尚虚无空谈名理的一种风气。开始于魏何晏、夏侯玄、王弼等人，上承汉末清议，从品评人物转向以谈玄为主。他们多用老庄思想解释儒家经义，摒弃世务，专谈玄理，士人争相仿效。

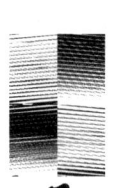

美育之范围，可也。罗马人虽以从军为政见长，而亦输入希腊之美术与文学，助其普及。中古时代，基督教徒，虽务以清静矫俗；而峨特式之建筑，与其他音乐、雕塑、绘画之利用，未始不迎合美感。自文艺复兴以后，文艺、美术盛行。及十八世纪，经包姆加敦①与康德②之研究，而美学成立。经席勒尔③详论美育之作用，而美育之标识，始彰明较著矣。（席勒尔所著，多诗歌及剧本；而其关于美学之著作，惟 Brisfe über die üsthetische Erziehung，吾国"美育"之术语，即由德文之 Ästhetische Erziehung 译出者也。）自是以后，欧洲之美育，为有意识之发展，可以资吾人之借鉴者甚多。

爰参酌彼我情形而述美育之设备如下：美育之设备，可分为学校、家庭、社会三方面。

学校自幼稚园以至大学校，皆是。幼稚园之课程，若编纸、若黏土、若唱歌、若舞蹈、若一切所观察之标本，有一定之形式与色泽者，全为美的对象。进而至小学校，课程中如游戏、音乐、图画、手工等，固为直接的美育；而其他语言与自然、历史之课程，亦多足以引起美感。进而及中学校，智育之课程益扩加；而美育之范围，亦随以俱广。例如，数学中数与数常有巧合之关系。几何学上各种形式，为图案之基础。物理、化学上能力之转移，光色之变化；地质学的矿物学上结晶之匀净，闪光之变幻；植物学上活色生香之花叶；动物学上逐渐进化之形体，极端改饰之毛羽，各别擅长之鸣声；天文学上诸星之轨道与光度；地文学上云霞之色彩与变动；地理学上各方之名胜；历史学上各时代伟大与都雅之人物与事迹；以及其他社会科学上各种大同小异之结构，与左右逢源之理论；无不于智育作用中，含有美育之元素；一经教师之提醒，则学者自感有无穷之兴趣。其他若文学、音乐等之本属于美育者，无待言矣。进而至大学，则美术、音乐、戏剧等皆有专校，而文学亦有专科。即非此类专科、专校之学生，亦常有公开之讲演

---

① 包姆加敦：通译鲍姆加登（Baumgarten，1714—1762），德国哲学家。他以首次提出"Aesthetik"即"美学"这一名词而著称。主要著作有《美学》、《形而上学》、《道德哲学》等。

② 康德（Kant，1724—1804）：德国哲学家、美学家。长期担任哥尼斯堡大学教授。主要著作有《判断力批判》、《纯粹理性批判》、《实践理性批判》、《论永久和平》、《道德的形而上学》等。

③ 席勒尔：通译席勒（Schiller，1759—1805），德国剧作家、诗人。在艺术理论方面受康德哲学的影响，写出了《论悲剧艺术》、《美育书简》等美学论文。

或演奏等，可以参加。而同学中亦多有关于此等美育之集会，其发展之度，自然较中学为高矣。且各级学校，于课程外，尚当有种种关于美育之设备。例如，学校所在之环境有山水可赏者，校之周围，设清旷之园林。而校舍之建筑，器具之形式，造像摄影之点缀，学生成绩品之陈列，不但此等物品之本身，美的程度不同，而陈列之位置与组织之系统，亦大有关系也。

其次家庭：居室不求高大，以上有一二层楼，而下有地窟者为适宜。必不可少者，环室之园，一部分杂莳花木，而一部分可容小规模之运动，如秋千、网球之类。其他若卧室之床几、膳厅之桌椅与食具、工作室之书案与架柜、会客室之陈列品，不问华贵或质素，总须与建筑之流派及各物品之本式，相互关系上，无格格不相入之状。其最必要而为人人所能行者，清洁与整齐。其他若鄙陋之辞句，如恶谑与谩骂之类，粗暴与猥亵之举动，无论老幼、男女、主仆，皆当摒绝。

其次社会：社会之改良，以市乡为立足点。凡建设市乡，以上水管、下水管为第一义；若居室无自由启闭之水管，而道路上见有秽水之流演、粪桶与粪船之经过，则一切美观之设备，皆为所破坏。次为街道之布置，宜按全市或全乡地面而规定大街若干、小街若干，街与街之交叉点，皆有广场。场中设花坞，随时移置时花；设喷泉，于空气干燥时放射之；如北方各省尘土飞扬之所，尤为必要。陈列美术品，如名人造像，或神话、故事之雕刻等。街之宽度，预为规定，分步行、车行各道，而旁悉植树。两旁建筑，私人有力自营者，必送其图于行政处，审为无碍于观瞻而后认可之；其无力自营而需要住所者，由行政处建筑公共之寄宿舍。或为一家者，或为一人者，以至廉之价赁出之。于小学校及幼稚园外，尚有寄儿所，以备孤儿或父母同时做工之子女可以寄托，不使抢攘于街头。对于商店之陈列货物，悬挂招牌，张贴告白，皆有限制，不使破坏大体之美观，或引起恶劣之心境。载客运货之车，能全用机力，最善。必不得已而利用畜力，或人力，则牛马必用强壮者，装载之量与运行之时，必与其力相称。人力间用以运轻便之物，或负担，或曳车、推车。若为人舁轿挽车，惟对于病人或妇女，为徜徉游览之助者，或可许之。无论何人，对于老牛、羸马之竭力以曳重载，或人力车夫之袒背浴汗而疾奔，不能不起一种不快之感也。设习艺所，以收录贫苦与残疾之人，使得于能力所及之范围，稍有所贡献，以偿其所享受，而不许有沿途乞食

蔡元培　教育名篇

179

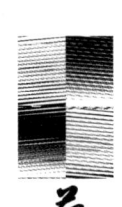

者。设公墓，可分为土葬、火葬两种，由死者遗命或其子孙之意而选定之。墓地上分区、植树、莳花、立碑之属，皆有规则。不许于公墓以外，买地造坟。分设公园若干于距离适当之所，有池沼亭榭、花木鱼鸟，以供人工作以后之休憩。设植物园，以观赏四时植物之代谢。设动物园，以观赏各地动物特殊之形状与生活。设自然历史标本陈列所，以观赏自然界种种悦目之物品。设美术院，以久经鉴定之美术品，如绘画、造像及各种美术工艺，刺绣、雕镂之品，陈列于其中，而有一定之开放时间，以便人观览。设历史博物院，以使人知一民族之美术随时代而不同。设民族学博物院，以使人知同时代中，各民族之美术各有其特色。设美术展览会，或以新出之美术品，供人批评；或以私人之所收藏，暂供众览；或由他处陈列所中，抽借一部，使观赏者常有新印象，不为美术院所限也。设音乐院，定期演奏高尚之音乐，并于公园中为临时之演奏。设出版物检查所，凡流行之诗歌、小说、剧本、画谱，以至市肆之挂屏、新年之花纸，尤其儿童所读阅之童话与画本等，凡粗犷、猥亵者禁止之，而择其高尚优美者助为推行。设公立剧院及影戏院，专演文学家所著名剧及有关学术，能引起高等情感之影片，以廉价之入场券引人入览。其他私人营业之剧院及影戏院，所演之剧与所照之片，必经公立检查所之鉴定，凡卑猥陋劣之作，与真正之美感相冲突者，禁之。婚丧仪式，凡陈陈相因之仪仗、繁琐无理之手续，皆废之；定一种简单而可以表示哀乐之公式。每年遇国庆日，或本市本乡之纪念日，则于正式祝典以外，并可有市民极端欢娱之表示；然亦有一种不能越过之制限；盖文明人无论何时，总不容有无意识之举动也。以上所举，似专为新立之市乡而言，其实不然。旧有之市乡，含有多数不合美育之分子者，可于旧市乡左近之空地，逐渐建设，以与之交换，或即于旧址上局部改革。

要之，美育之道，不达到市乡悉为美化，则虽学校、家庭尽力推行，而其所受环境之恶影响，终为阻力，故不可不以美化市乡为最重要之工作也。

（据《教育大辞书》上册）

国化教科书问题

——在大东书局新厦落成开幕礼演说词

"国化教科书"五个字的意义，就是想把我国各学校（偏重高中以上）所应用的各项教科书——社会科学或自然科学的——，除外国文而外，都应当使之中国化。再明白点讲，就是除开外国文学一项，其余各种科学，都应该采用中国文做的教本。在此处，为欲使一般教育者易于明了我的论点起见，"国化教科书"这个名词，可以英文 Nationalized text-book 两个字来做它说明。

现在我国学校，自高中以上，率多采用外国文本子，尤其是自然科学，如数、理、化、动、植、矿等科，多用原文教学。这固然是我们文化落伍的国家，想得到现代的知识所用的苦法子。但吾人终须认为这是不得已的过渡办法。倘若将这种不良状况长时间地展延下去，则吾国学子所受的损失，将不可言喻，实为一件至可恼痛的事。

按多用外国文教本的不利之点，大约有下列数项。

（一）糜费时间与脑力　吾人之所以要阅读外籍的目的，原欲通晓其文字所代表的知识，至文字本身，不过是一种工具而已。今欲具备此项工具，动辄耗费青年们五六年的光阴，最活泼时期的脑力，方得入于知识之门，其为最不经济的办法，是人人所知道的。

（二）与国情不适合　教科书中应该多举实例以证学理，外国人所著所用的教科书中举出的例子，当然是多取材于其本国的（尤其是社会科学的书）。用这种书教中国学生，学习时既不免有隔膜惝恍的弊病，将来出而应世，亦不能充分应用。况彼此学制年级，既属参差，教材的数量，亦自不能强同。

（三）足为普及教育的障碍　外国文的教科书，必须对于外国文有相当准备的

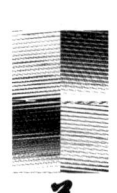

学生，始能了解。而这准备工具，须费偌大的力气，脑力、时间、经济三者，都非寒酸子弟所易办到。结果初中毕业而能够升学的学生，寥寥可数。实为吾国所最需要的普及教育以重大的打击。

上面所述，已将外国文教本不利便之处，加以概略地说明了。现在吾人对于这种畸形的现象，岂可不急速设法补救。两年前政府毅然取消小学校的英文课程，也是这个用意。

自然，在此时来谈国化教科书，有许多困难。或者还有人以为此时谈这个问题，稍嫌太早。但我以为此刻吾人亟应有此憬觉，而积极地准备起来，如各科专门名词之划一规定，外国书籍之多量的移译，以及各项必需的教科书之编辑，均是应当加速进行的。务使高中以上各学校，除外国文学课程外，无论那一种学科，都有中文本子，足供教员、学生们研究参考之用，不致动辄乞灵于外籍；更使学生得移其耗费在工具上的脑力、时间与经济，直接深入学术的宝库。

"国化教科书"的责任，当然不是少数人或少数文化机关所能够担负的。凡努力文化事业的，如教育家、著作家和出版家均应分担一些责任。大东书局素著声誉于国内，现在致力于教科书及高中以上学生的读物，其将大有贡献于教育界，当可预卜。兹值新屋落成，自必更有一番新计划。所以我特提出这个"国化教科书"的问题，来做他开幕的一个纪念。尚望国内教育家和出版界，一致向着这个目标进行，则中国青年幸甚，中国文化前途幸甚！

（据《申报》，1931 年 4 月 27 日刊发）

谈今后的教育方针

此次国民会议决议《确定教育设施之趋向案》，对于过去之教育方针，加以彻底之改革，使中国的教育设施进入于一新的阶段。如能逐渐推行，于国计民生，裨益实大。

从前国内中小学生毕业之后，生活方面，仍须仰给于其家庭，徒增其父兄之负担。所以一般农人、工人，往往为生计所迫，不愿送其子弟入小学。现在规定中小学校教育，以养成独立生活之技能与增加生产之能力为中心，则可以纠正过去之缺点，增进推广小学教育之助力。

社会教育本为灌输知识之一种良好方法，但过去并未十分注意于其设备之目的，致社会反受许多不良之影响。今后一切展览会的陈列，民众教育的布置，以及各种游艺场所的演唱，均须以贯注科学知识、指导生产技术为目标，以收增加生产之效果。

职业学校及有关国民生计之专科学校，各地亦间有设置者。然因创设不甚普遍，且多不适合当地的情形，时有学非所用之叹，故增设此种学校，并使其能适应当地的情形，为目前迫切之要求。产业之发达，实有赖于生产工具之发明及生产技术之改进。所以大学教育注重自然科学及实用科学，以期达此目的。

总之，今后之教育方针，自小学以至大学，均以养成职业化、增加国民生产为一贯的精神。此种重大之革新，甚合于中国目前的需要。

（据《中央日报》，1931 年 6 月 3 日刊发）

蔡元培 教育名篇

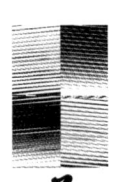
■ 美育与人生

人的一生，不外乎意志的活动，而意志是盲目的，其所恃以为较近之观照者，是知识；所以供远照、旁照之用者，是感情。

意志之表现为行为。行为之中，以一己的卫生而免死、趋利而避害者为最普通；此种行为，仅仅普通的知识，就可以指导了。进一步的，以众人的生及众人的利为目的，而一己的生与利即托于其中。此种行为，一方面由于知识上的计较，知道众人皆死而一己不能独生；众人皆害而一己不能独利。又一方面，则亦受感情的推动，不忍独生以坐视众人的死，不忍专利以坐视众人的害。更进一步，于必要时，愿舍一己的生以救众人的死；愿舍一己的利以去众人的害，把人我的分别，一己生死利害的关系，统统忘掉了。这种伟大而高尚的行为，是完全发动于感情的。

人人都有感情，而并非都有伟大而高尚的行为，这由于感情推动力的薄弱。要转弱而为强，转薄而为厚，有待于陶养。陶养的工具，为美的对象，陶养的作用，叫做美育。

美的对象，何以能陶养感情？因为他有两种特性：一是普遍；二是超脱。

一瓢之水，一人饮了，他人就没得分润；容足之地，一人占了，他人就没得并立；这种物质上不相入的成例，是助长人我的区别、自私自利的计较的。转而观美的对象，就大不相同。凡味觉、嗅觉、肤觉之含有质的关系者，均不以美论；而美感的发动，乃以摄影及音波辗转传达之视觉与听觉为限。所以纯然有"天下为公"之概；名山大川，人人得而游览；夕阳明月，人人得而赏玩；公园的造像，美术馆的图画，人人得而畅观。齐宣王称"独乐乐不若与人乐乐"，"与少乐乐不若与众乐乐"；陶渊明称"奇文共欣赏"。这都是美的普遍性的证明。

植物的花，不过为果实的准备；而梅、杏、桃、李之属，诗人所咏叹的，以花为多。专供赏玩之花，且有因人的作用，而不能结果的。动物的毛羽，所以御寒，人固有制裘、织呢的习惯；然白鹭之羽，孔雀之尾，乃专以供装饰。宫室可以避风雨就好了，何以要雕刻与彩画？器具可以应用就好了，何以要图案？语言可以达意就好了，何以要特制音调的诗歌？可以证明美的作用，是超越乎利用的范围的。

既有普遍性以打破人我的成见，又有超脱性以透出利害的关系。所以当着重要关头，有"富贵不能淫，贫贱不能移，威武不能屈"的气概；甚且有"杀身以成仁"而不"求生以害仁"的勇敢。这种是完全不由于知识的计较，而由于感情的陶养，就是不源于智育，而源于美育。

所以吾人固不可不有一种普通职业，以应利用厚生的需要；而于工作的余暇，又不可不读文学，听音乐，参观美术馆，以谋知识与感情的调和，这样，才算是认识人生的价值了。

（据蔡元培手稿）

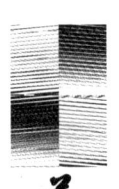

大学生之被助与自助①

——在武汉大学第一届毕业典礼演说要点

学生本在被助时期，然不注意自助，则辜负被助，而他年后悔无及。

被助方面：教职员，设备，环境。

德、法大学：放任，纯粹为提高学术，不求人人成功。

英、美大学：干涉，兼长品性，希望人人受益。

武汉大学兼容两方长处之资格，学生当非常满足，但自助方面尤不可忽。

有好教职员而不肯受其指导，或吹毛求疵，杂以他种受人利用之胡闹，则无益。避考试。法科大学之欢迎兼职及官吏（北大，中大）。

有完全之设备而不肯实验，不肯读书，则等于虚设。

有极好之环境而自造恶习，或伺隙而投身于恶环境，则仍不免堕落。

苟真能自助，则虽被助方面不能满足，而亦可补充，故自助实较被助为要。

将来武汉大学之荣誉，决不仅在教职员，而尤在学生。

（据蔡元培手稿）

附：同题异文

这次来武大参观，接汪院长来电，嘱代表参加新校舍落成典礼。中国自周代即设学宫，直至清末，始有新式大学，张之洞②在鄂，曾倡办两湖书院③，极有成

---

① 1932年5月24日，蔡元培到武汉大学，在该校珞珈山新校舍落成典礼及第一届毕业生典礼上，发表这一演说。演说要点手稿系用中央研究院道林纸便条一张，以钢笔书写。

② 张之洞（1837—1909）：字孝达，号香涛，晚号抱冰。直隶南皮（今属河北）人。同治进士。历任翰林院侍讲学士、内阁学士等职。曾任两广总督、湖广总督、两江总督和督办商务大臣。先后创设广东水师学堂、广雅书院、两湖书院。

③ 两湖书院：光绪十六年（1890）湖广总督张之洞创办于武昌。由湖南、湖北两帮茶商捐助书院经费，专收两湖士子入学，故名。

绩，后来渐次改进。民国六年，教育部在北平、南京、广州、汉口等五处分设国立大学，因为政治变迁，随时改变内容。最近中央命王校长来办武大——理想的大学。兄弟以为大学目的有二：一为研究学问；二为培养人格。欧洲大学多有偏重，例如大陆派大学，如德、法两国，大学概取放任，认定大学生应自知注重学问；而英、美则不然，尤其是英国，如剑桥、牛津两大学，则特别注重人格之陶冶，对于学生一举一动随时加以深刻注意，学生言语行动，须绅士化，出外一律须着制服，教职员常常出外监督学生行动，使学生绝对养成高尚之人格。此外，如英国之大学，均注重于体育，运动竞赛，竞渡，足球之比赛，全国注目，于运动中养成公德，虽因竞争而失败，亦所甘心。如果在运动时，有侥幸取胜，或者作弊取胜，大家觉得是最羞耻的一件事。中国办大学，过去多注重于学问方面，故多采取大陆派，及后渐渐觉悟，采学问与人格并重。盖学问方面，其重要点在设备之完善，如标本、仪器、图书之充足，教员之能指导学生，提起兴趣，而养成人格之伟大，习惯之尚足①，尤为重要。故吾人大学教育，应学问与人格并重。中国三十年来，有新式之大学后，总计全国大学约百数十所，多因过去历史关系，虽时时改革，总不如武大之与旧历史一刀截断重新创造之痛快。且武汉为水陆中心，地点在全国很重要，应该建一合科学的美化的大学，现在校中又注重卫生及新村之建设，将来一定有很好成绩。不过大学区——学村内，无论什么事，应该受校方支配，照英国牛津、剑桥两大学办法，无论建筑及一切设备，均须依照大学的设计而行，否则即不"和谐"。至武大现在建设，一半已经完成，将来建筑和设备经费，中央认为应该要用的，总可想法拨给。希望地方当局亦秉初旨，尽量协助云云。

（据《武汉日报》，1932 年 5 月 27 日刊发）

----

① 此句疑原载报纸排印有误。

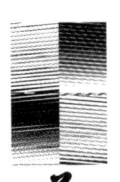

美育代宗教

　　有的人常把美育和美术混在一起，自然美育和美术是有关系的，但这两者范围不同，只有美育可以代宗教，美术不能代宗教，我们不要把这一点误会了。就视觉方面而言，美术包括建筑、雕刻、图画三种，就听觉方面而言，包括音乐。在现在学校里，像图画、音乐这几门功课都很注意，这是美术的范围。至于美育的范围要比美术大得多，包括一切音乐、文学、戏院、电影、公园、小小园林的布置、繁华的都市（例如上海）、幽静的乡村（例如龙华①），等等，此外，如个人的举动（例如六朝人的尚清谈②）、社会的组织、学术团体、山水的利用、以及其他种种的社会现状，都是美育。美育是广义的，而美术则意义太狭。美术是活动的，譬如中学生的美术就和小学生的不同，那一种程度的人，就有那一种的美术；民族文化到了什么程度，就产生什么程度的美术。美术有时也会引起不好的思想，所以国家裁制，便不用美术。

　　我为什么想到以美育代宗教呢？因为现在一般人多是抱着主观的态度来研究宗教，其结果，反对或者是拥护，纷纭聚讼，闹不清楚。我们应当从客观方面去研究宗教。不论宗教的派别怎样的不同，在最初的时候，宗教完全是教育，因为那时没有像现在那样为教育而设的特殊机关，譬如基督教青年会讲智、德、体三育，这就是教育。

　　初民时代没有科学，一切人类不易知道的事，全赖宗教去代为解释。初民对

----

　　① 龙华：地名，在上海市上海县北。
　　② 清谈：也称"清言"或"玄言"。魏晋时期崇尚虚无、空谈名理的一种风气，他们多用老庄思想解释儒家经义，摒弃事务，专谈学理，士人争相模仿。

于山、海、光，以及天雨、天晴等等的自然界现象，很是惊异，觉得这些现象的发生，总有一个缘故在里面。但是什么人去解释呢？又譬如星是什么，太阳是什么，月亮是什么，世界什么时候起始，为什么有这世界，为什么有人类，这许多问题。现在社会人事繁复，生活太复杂，人类一天到晚，忙忙碌碌，没有工夫去研究这些问题；但我们的祖宗生活却很简单，除了打猎外，便没有什么事，于是就有摩西亚①把这些问题作了一番有系统的解答，把生前是一种怎样情形，死后又是一种怎样情形，世界没有起始以前是怎样，世界将来的究竟又是怎样，统统都解释了出来。为什么会有日蚀、月蚀那种自然的现象呢？说是日或月给动物吞食了去。在创世纪里，说人类是上帝于一天之内造出来的，世界也是上帝造出来的，而且可吃的东西都有。经过这样一番解释之后，初民的求知欲就满足了。这是说到宗教和智育的关系。

从小学教科书里直到大学教科书里，有人讲给我们听，说人不可做怎样怎样不好的事，这是消极说法；从积极方面，说人应该做怎样怎样的人，这就是德育。譬如摩西的十戒②也说了许多人"可以"怎样和"不可以"怎样的话，无论那一种的宗教总是讲规矩，讲爱人爱友，爱敌如友，讲怎样做人的模范，现在的德育也是讲人和人如何往来，人如何对待人，这是说到宗教和德育的关系。

宗教有跪拜和其他种种繁重的仪式，有的宗教的信徒每日还要静坐多少时间，有许多基督教徒每年要往耶路撒冷去朝拜，佛教徒要朝山，要到大寺院里去进香。我把这些情形研究的结果，原来都和体育与卫生有关。周朝很注重礼节，一部《周易》无非要人强壮身体，一部《礼记》规定了很繁重的礼节，也无非要人勇敢强有力，所谓平常有礼，有事当兵。这是说到宗教和体育的关系。

所以，在宗教里面智、德、体三育都齐备了。

凡是一切教堂和寺观，大都建筑在风景最好的地方。欧洲文艺复兴之后，在建筑方面产生了许多格式。中国的道观，其建筑的格式最初大都由印度输入，后来便渐渐地变成了中国式。回教的建筑物，在世界美术上是很有名的。我们看了

① 摩西亚：通译为摩西，犹太教、基督教《圣经》故事中犹太人的古代领袖。
② 摩西的十戒：《圣经》中记载说，摩西到以色列后，向人们宣布了信仰上帝的"可以"和"不可以"十条戒律。

美术可以辅宗教之不足，只有长处没有短处。

蔡元培 教育名篇

189

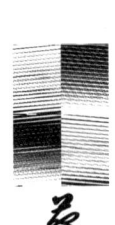

这些庄严灿烂的建筑物，就可以明了这些建筑物的意义，就是人在地上不够生活，要跳上天去，而这天堂就是要建立在地上的。再说到这些建筑物的内部也是很壮丽的，我们只要到教堂里面去观察，我们就可以看出里面的光线和那些神龛都显出神秘的样子；而且教堂里面一定有许多雕刻，这些雕刻都起源于基督教。现在有许多油画和图像，都取材自基督教；唐朝的图像也都是佛。此外，在音乐方面，宗教的音乐，例如宗教上的赞美歌和歌舞，其价值是永远存在的。现在会演说的人有许多是宗教家。宗教和文学也有很密切的关系，因为两者都是感情的产物。凡此种种，其目的无非在引起人们的美感，这是宗教的一种很重要的作用。因为宗教注意教人，要人对于一切不满意的事能找到安慰，使一切辛苦和不舒服能统统去掉。但是用什么方法呢？宗教不能用很严正的话或很具体的话去劝慰人，它只能利用音乐和其他一切的美术，使人们被引到别一方面去，到另外一个世界上去，而把具体世界忘掉。这样，一切困苦便可以暂时去掉，这是宗教最大的作用。所以宗教必有抽象的上帝，或是先知，或是阿弥陀佛。这是说到宗教和美育的关系。

以前都是以宗教代教育，除了宗教外，没有另外的教育，就是到了欧洲的中古时代，也还是这样。教育完全在教堂里面，从前日本的教育都由和尚担任了去，也只有宗教上的人有那热心和余暇去从事于教育的事业。但现在可不同了，现在有许多的事，我们都知道。譬如一张桌子，有脚，其原料是木头，灯有光，等等。这些事情只有科学和工艺书能告诉我们，动物学和植物学也告诉了我们许多关于自然的现象。此外如地球如何发生，太阳是怎么样，星宿是怎么样，也有地质学和天文学可以告诉我们，而且解释得很详细。比宗教更详细。甚而至于人死后身体怎样的变化，灵魂怎样，也有幽灵学可以告诉我们。还有精神上的动作，下意识的状态等，则有心理学可以告诉我们。所以单是科学已尽够解释一切事物的现象，用不着去请教宗教。这样，宗教和智育便没有什么关系。现在宗教对于智育，不但没有什么帮助，而且反有障碍，譬如像现在的美国，思想总算很能自由，但在大学里还不许教进化论，到现在宗教还保守着上帝七天造人之说，而不信科学。这样说来，宗教不是反有害吗？

讲到德育，道德不过是一种行为。行为也要用科学的方法去研究的，先要考察地方的情形和环境，然后才可以定一种道德的标准，否则便不适用。例如在某地方把某种行为视为天经地义，但换一个地方便成为大逆不道。所以从历史上看来，道德有的时候很是野蛮。宗教上的道德标准，至少是千余年以前的圣贤所定，对于现在的社会，当然是已经不甚适用。譬如圣经上说有人打你的右颊，你把左颊也让他打，有人剥你的外衣，你把里衣也脱了给他。这几句话意思固然很好，但能否做得到，是否可以这样做，也还是一个问题。但相信宗教的人，却要绝对服从这些教义。还有宗教常把男女当做两样东西看待，这也是不对的。所以道德标准不能以宗教为依归。这样说来，现在宗教对于德育，也是不但没有益处，而且反有害处的。

至于体育，宗教注重跪拜和静坐，无非教人不要懒惰，也不要太劳。有许多人进杭州天竺①烧香，并不一定是相信佛，不过是趁这机会看看山水罢了。现在各项运动，如赛跑、玩球、摇船等，都有科学的研究，务使身体上无论那一部分都能平均发达。遇着山水好的地方，便到那个地方去旅行。此外，又有疗养院的设施，使人有可以静养的处所。人疲劳了应该休息，换找新鲜空气，这已成为老生常谈。所以就体育而言，也用不着宗教。

这样，在宗教的仪式中，就丢掉了智、德、体三育，剩下来的只有美育，成为宗教的唯一元素。各种宗教的建筑物，如庵观寺院，都造得很好，就是反对宗教的人也不会说教堂不是美术品。宗教上的各种美术品，直到现在，其价值还是未动，还是能够站得住，无论信仰宗教或反对宗教的人，对于宗教上的美育都不反对，所以关于美育一部分宗教还能保留。但是因为有了美育，宗教可不可以代美育呢？我个人以为不可。因为宗教上的美育材料有限制，而美育无限制。美育应该绝对的自由，以调养人的感情。吴道子的画没有人说他坏，因为每一个人都有他自己所欣赏的美术。宗教常常不许人怎样怎样，一提起信仰，美育就有限制。美育要完全独立，才可以保有它的地位。在宗教专制之下，审美总不很自由。所以用宗教来代美育是不可的。还有，美育是整个的，一时代有一时代的美育。油画以前是没有的，现在才有。照相也是如此。唱戏也经过了许多时期。无

---

① 天竺：浙江杭州灵隐寺南山中的"上天竺、中天竺、下天竺"的统称。其地有建于五代、隋代、东晋时期的法喜寺、法净寺、法源寺等著名佛教寺院。旧时为人们朝拜进香的圣地。

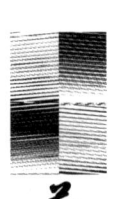

论音乐、工艺美术品，都是时时进步的。但宗教却绝对的保守，譬如一部圣经，那一个人敢修改？这和进化刚刚相反。美育是普及的，而宗教则都有界限。佛教和道教互相争斗，基督教和回教到现在还不能调和，印度教和回教也极不相容，甚至基督教中间也有新教、旧教、天主教、耶稣教之分，界限大，利害也就很清楚。美育不要有界限，要能独立，要很自由，所以宗教可以去掉。宗教说好人死后不吃亏，但现在科学发达，人家都不相信。宗教又说，人死后有灵魂，做好人可以受福，否则要在地狱里受灾难，但究竟如何，还没有人拿出实在证据来。总之，宗教可以没有，美术可以辅宗教之不足，并且只有长处而没有短处，这是我个人的见解。这问题很是重要。这个题目是陈先生定的，不是我自己定的，我到现在还在研究中，希望将来有具体的计划出来，我现在不过把已想到的大概情形向诸位说说。

（据王维骃编《近代名人言论集》，1932 年上海出版）

我在北京大学的经历

北京大学的名称，是从民国元年起的。民元以前，名为京师大学堂，包有师范馆、仕学馆等，而译学馆亦为其一部。我在民元前六年，曾任译学馆教员，讲授国文及西洋史，是为我在北大服务之第一次。

民国元年，我长教育部，对于大学有特别注意的几点：（一）大学设法、商等科的，必设文科；设医、农、工等科的，必设理科。（二）大学应设大学院（即今研究院），为教授、留校的毕业生与高级学生研究的机关。（三）暂定国立大学五所，于北京大学外，再筹办大学各一所于南京、汉口、四川、广州等处（尔时想不到后来各省均有办大学的能力）。（四）因各省的高等学堂，本仿日本制，为大学预备科，但程度不齐，于入大学时发生困难，乃废止高等学堂，于大学中设预科（此点后来为胡适之先生等所非难，因各省既不设高等学堂，就没有一个荟萃较高学者的机关，文化不免落后；但自各省竞设大学后，就不必顾虑了）。

是年，政府任严幼陵①君为北京大学校长。两年后，严君辞职，改任马相伯②君。不久，马君又辞，改任何锡侯③君，不久又辞，乃以工科学长胡次珊④君代理。民国五年冬，我在法国，接教育部电，促回国，任北大校长。我回来，初到

---

① 严幼陵：严复，字又陵，亦作幼陵。
② 马相伯（1840—1939）：原名建常，字相伯，晚号华封老人。江苏丹阳人。天主教徒。曾入李鸿章幕府供职，任驻日使馆参赞，创办震旦学院、复旦公学，任复旦校长。1931年一度代理北京大学校长。
③ 何锡侯：何炳时，字锡侯。浙江诸暨人。历任清学部主事、员外郎、浙江矿务局技正、工商矿务司司长、京师大学堂监督。1912年底至1913年冬，任北京大学校长。
④ 胡次珊：胡仁源（1883—1942），字次珊，浙江湖州人。清末举人。肄业于京师大学堂。留学日本。曾任京师大学堂文科学长。1913年任北京大学预科学长及工科学长。1914年1月，署北京大学校长，1918年去职。

蔡元培 教育名篇

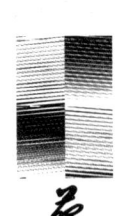

上海，友人中劝不必就职的颇多，说北大太腐败，进去了，若不能整顿，反于自己的声名有碍。这当然是出于爱我的意思。但也有少数的说，既然知道他腐败，更应进去整顿，就是失败，也算尽了心。这也是爱人以德的说法。我到底服从后说，进北京。

我到京后，先访医专校长汤尔和君，问北大情形。他说："文科预科的情形，可问沈尹默①君；理工科的情形，可问夏浮筠②君。"汤君又说："文科学长如未定，可请陈仲甫③君。陈君现改名独秀，主编《新青年》杂志，确可为青年的指导者。"因取《新青年》十余本示我。我对于陈君，本来有一种不忘的印象，就是我与刘申叔君同在《警钟日报》服务时，刘君语我："有一种在芜湖发行之白话报，发起的若干人，都因困苦及危险而散去了，陈仲甫一个人又支持了好几个月。"现在听汤君的话，又翻阅了《新青年》，决意聘他。从汤君处探知陈君寓在前门外一旅馆④，我即往访，与之订定。于是陈君来北大任文科学长，而夏君原任理科学长，沈君亦原任教授，一仍旧贯；乃相与商定整顿北大的办法，次第执行。

我们第一要改革的，是学生的观念。我在译学馆的时候，就知道北京学生的习惯。他们平日对于学问上并没有什么兴会，只要年限满后，可以得到一张毕业文凭。教员是自己不用功的，把第一次的讲义，照样印出来，按期分散给学生，在讲坛上读一遍，学生觉得没有趣味，或瞌睡，或看看杂书，下课时，把讲义带回去，堆在书架上。等到学期、学年或毕业的考试，教员认真的，学生就拼命的连夜阅读讲义，只要把考试对付过去，就永远不再去翻一翻了。要是教员通融一点，学生就先期要求教员告知他要出的题目，至少要求表示一个出题目的范围；教员为避免学生的怀恨与顾全自身的体面起见，往往把题目或范围告知他们了。于是他们不用功的习惯，得了一种保障了。尤其北京大学的学生，是从京师大学堂老爷式学生嬗继下来（初办时所收学生，都是京官，所以学生都被称为老爷，

---

① 沈尹默：原名实，号尹默，晚号秋明室主。浙江湖州人。
② 夏浮筠：夏元(1885—1945)，字浮筠。浙江杭县（今余杭县）人。留学德国，获柏林大学理学博士。历任北京大学理科学长，上海同济大学、交通大学教授，北京大学物理系主任兼教授。
③ 陈仲甫：陈独秀，字仲甫。
④ 蔡元培任北京大学校长后，曾访陈独秀于北京前门外的中西旅馆。

而监督及教员都被称为中堂或大人）。他们的目的，不但在毕业，而尤注重在毕业以后的出路。所以专门研究学术的教员，他们不见得欢迎。要是点名时认真一点，考试时严格一点，他们就借个话头反对他，虽罢课也所不惜。若是一位在政府有地位的人来兼课，虽时时请假，他们还是欢迎得很，因为毕业后可以有阔老师做靠山。这种科举时代遗留下来的劣根性，是于求学上很有妨碍的。所以我到校后第一次演说，就说明："大学学生，当以研究学术为天职，不当以大学为升官发财之阶梯。"然而要打破这些习惯，只有从聘请积学而热心的教员着手。

那时候因《新青年》上文学革命的鼓吹，而我们认识留美的胡适之[①]君，他回国后，即请到北大任教授。胡君真是"旧学邃密"而且"新知深沉"的一个人，所以一方面与沈尹默、兼士[②]兄弟，钱玄同[③]、马幼渔[④]、刘半农[⑤]诸君以新方法整理国故，一方面整理英文系。因胡君之介绍而请到的好教员，颇不少。

我素信学术上的派别是相对的，不是绝对的；所以每一种学科的教员，即使主张不同，若都是"言之成理、持之有故"的，就让他们并存，令学生有自由选择的余地。最明白的是胡适之君与钱玄同君等绝对的提倡白话文学，而刘申叔[⑥]、黄季刚[⑦]诸君仍极端维护文言的文学。那时候就让他们并存。我信为应用起见，白话文必要盛行，我也常常作白话文，也替白话文鼓吹。然而我也声明：作美术文，用白话也好，用文言也好。例如我们写字，为应用起见，自然要写行楷，若

---

① 胡适之（1891—1962）：胡适，字适之。中国现代学者。

② 兼士：沈兼士（1886—1947），浙江湖州人。早年留学日本，加入同盟会。回国后，先后任北京大学、清华大学等校国文教授，北京大学文学院院长，故宫博物院文献馆长，中央研究院历史语言研究所通讯员。沈士远、沈尹默、沈兼士三兄弟，同时在北大执教，有"北大三沈"之称。

③ 钱玄同（1887—1939）：原名夏，字中季，号德潜，后改名玄同。

④ 马幼渔：马裕藻（1878—1945），字幼渔，浙江鄞县人。早年留学日本。回国后，历任浙江教育司视学，北京大学教授兼研究所国学门导师，北京大学文学院、北京女子师范大学中国文学系主任、教授。

⑤ 刘半农（1891—1934）：原名寿彭，字半农，号曲庵。江苏江阴人。

⑥ 刘申叔：刘师培（1884—1919），字申叔，江苏仪征人。清末举人。同盟会员。曾在四川国学院教书，后任阎锡山高级顾问、袁世凯总统府咨议。袁世凯称帝后，被封为上大夫。1917年应蔡元培之聘任北京大学教授，教授经史。

⑦ 黄季刚：黄侃（1886—1935），字季刚。曾留学日本。1914年2月，任北京大学文科教授。后历任东北大学、金陵大学等校国文教授。

如江艮庭①君的用篆隶写药方，当然不可；若是为人写斗方②或屏联，做装饰品，即写篆隶章草，有何不可？

那时候各科都有几个外国教员，都是托中国驻外使馆或外国驻华使馆介绍的，学问未必都好，而来校既久，看了中国教员的阑珊，也跟了阑珊起来。我们斟酌了一番，辞退几人，都按着合同上的条件办的。有一法国教员要控告我，有一英国教习竟要求英国驻华公使朱尔典来同我谈判，我不答应。朱尔典出去后，说："蔡元培是不要再做校长的了。"我也一笑置之。

我从前在教育部时，为了各省高等学堂程度不齐，故改为各大学直接的预科。不意北大的预科，因历年校长的放任与预科学长的误会，竟演成独立的状态。那时候预科中受了教会学校的影响，完全偏重英语及体育两方面；其他科学比较的落后，毕业后若直升本科，发生困难。预科中竟自设了一个预科大学的名义，信笺上亦写此等字样。于是不能不加以改革，使预科直接受本科学长的管理，不再设预科学长。预科中主要的教课，均由本科教员兼任。

我没有本校与他校的界限，常为之通盘打算，求其合理化。是时北大设文、理、工、法、商五科，而北洋大学亦有工、法两科。北京又有一工业专门学校，都是国立的。我以为无此重复的必要，主张以北大的工科并入北洋，而北洋之法科，刻期停办。得北洋大学校长同意及教育部核准，把土木工与矿冶工并到北洋去了。把工科省下来的经费，用在理科上。我本来想把法科与法专并成一科，专授法律，但是没有成功。我觉得那时候的商科，毫无设备，仅有一种普通商业学教课，于是并入法科，使已有的学生毕业后停止。

我那时候有一个理想，以为文、理两科，是农、工、医、药、法、商等应用科学的基础，而这些应用科学的研究时期，仍然要归到文、理两科来。所以文、理两科，必须设各种的研究所；而此两科的教员与毕业生必有若干人是终身在研究所工作，兼任教员而不愿往别种机关去的。所以完全的大学，当然各科并设，有互相关联的便利。若无此能力，则不妨有一大学专办文、理两科，名为本科；而其他应用各科，可办专科的高等学校，如德、法等国的成例，以表示学与术的

---

① 江艮庭：即江声。
② 斗方：旧时在门屏上写着吉祥字的方纸。也称一、二尺见方的诗笺、画册为斗方。

区别。因为北大的校舍与经费，决没有兼办各种应用科学的可能，所以想把法律分出去，而编为本科大学，然没有达到目的。

那时候我又有一个理想，以为文、理是不能分科的。例如文科的哲学，必植基于自然科学；而理科学者最后的假定，亦往往牵涉哲学。从前心理学附入哲学，而现在用实验法，应列入理科；教育学与美学，也渐用实验法，有同一趋势。地理学的人文方面，应属文科，而地质地文等方面属理科。历史学自有史以来，属文科，而推原于地质学的冰期与宇宙生成论，则属于理科。所以把北大的三科界限撤去而列为十四系，废学长，设系主任。

我素来不赞成董仲舒罢黜百家、独尊孔氏的主张。清代教育宗旨有"尊孔"一款，已于民元在教育部宣布教育方针时说他不合用了。到北大后，凡是主张文学革命的人，没有不同时主张思想自由的，因而为外间守旧者所反对。适有赵体孟君以编印明遗老刘应秋先生遗集，贻我一函，属约梁任公、章太炎、林琴南诸君品题。我为分别发函后，林君复函，列举彼对于北大怀疑诸点；我复一函，与他辩。这两函颇可窥见那时候两种不同的见解，所以抄在下面。

这两函虽仅为文化一方面之攻击与辩护，然北大已成为众矢之的，是无可疑了。越四十余日，而有"五四运动"。我对于学生运动，素有一种成见，以为学生在学校里面，应以求学为最大目的，不应有何等政治的组织。其有年在二十岁以上对于政治有特殊兴趣者，可以个人资格参加政治团体，不必牵涉学校。所以民国七年夏间，北京各校学生，曾为外交问题，结队游行，向总统府请愿。当北大学生出发时，我曾力阻他们，他们一定要参与。我因此引咎辞职。经慰留而罢。到八年五月四日，学生又有不签字于巴黎和约与罢免亲日派曹、陆、章的主张，仍以结队游行为表示，我也就不去阻止他们了。他们因愤激的缘故，遂有焚曹汝霖住宅及攒殴章宗祥的事，学生被警厅逮捕者数十人，各校皆有，而北大学生居多数。我与各专门学校的校长向警厅力保，始释放。但被拘的虽已保释，而学生尚抱再接再厉的决心，政府亦且持不做不休的态度。都中喧传政府将明令免我职而以马其昶①君任北大校长，我恐若因此增加学生对于政府的纠纷，我个人且将

---

① 马其昶（1855—1930）：字通伯，安徽桐城人。少年习古文辞，学经。1913 年主安徽高校。1914 年赴北京，主法政学校教务。后应清史馆总纂之聘，从事撰述。

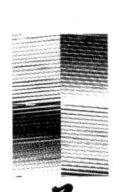

有运动学生保持地位的嫌疑，不可以不速去。乃一面呈政府，引咎辞职，一面秘密出京，时为五月九日。

那时候学生仍每日分队出去演讲，政府逐队逮捕，因人数太多，就把学生都监禁在北大第三院。北京学生受了这样大的压迫，于是引起全国学生的罢课，而且引起各大都会工商界的同情与公愤，将以罢工、罢市为同样之要求。政府知势不可侮，乃释放被逮诸生，决定不签和约，罢免曹、陆、章，于是"五四运动"之目的完全达到了。

"五四运动"之目的既达，北京各校的秩序均恢复，独北大因校长辞职问题，又起了多少纠纷。政府曾一度任命胡次珊君继任，而为学生所反对，不能到校；各方面都要我复职。我离校时本预定决不回去，不但为校务的困难，实因校务以外，常常有许多不相干的缠绕，度一种劳而无功的生活，所以启事上有"杀君马者道旁儿；民亦劳止，汔可小休；我欲小休矣"等语。但是隔了几个月，校中的纠纷，仍在非我回校不能解决的状态中，我不得已，乃允回校。回校以前，先发表一文，告北京大学学生及全国学生联合会，告以学生救国，重在专研学术，不可常为救国运动而牺牲。到校后，在全体学生欢迎会演说，说明德国大学学长、校长均每年一换，由教授会公举，校长且由神学、医学、法学、哲学四科之教授轮值，从未生过纠纷，完全是教授治校的成绩。北大此后亦当组成健全的教授会，使学校决不因校长一人的去留而起恐慌。

那时候蒋梦麐①君已允来北大共事，请他通盘计划，设立教务、总务两处；及聘任、财务等委员会，均以教授为委员。请蒋君任总务长，而顾孟余②君任教务长。

北大关于文学、哲学等学系，本来有若干基本教员，自从胡适之君到校后，声应气求③，又引进了多数的同志，所以兴会较高一点。预定的自然科学、社会科学、文学、国学四种研究所，只有国学研究所先办起来了。在自然科学与社会

---

① 蒋梦麐：即蒋梦麟，麐同麟。
② 顾孟余（1888—1972）：名兆熊，字孟余。浙江上虞人。留学德国。同盟会员。1911年回国参加武昌起义。1916年任北京大学文科教授。并先后兼任文科德文系主任、法科经济系主任、教务长。
③ 声应气求：《易·乾·文言》："同声相应，同气相求。"

科学方面，比较的困难一点。自民国九年起，自然科学诸系，请到了丁巽甫、颜任光、李润章诸君主持物理系，李仲揆君主持地质系。在化学系本有王抚五、陈聘丞、丁庶为诸君，而这时候又增聘程寰西①、石蘅青诸君。在生物学系本已有钟宪鬯君在东南西南各省搜罗动植物标本，有李石曾君讲授学理，而这时候又增聘谭仲逵君。于是整理各系的实验室与图书室，使学生在教员指导之下，切实用功；改造第二院礼堂与庭园，使合于讲演之用。在社会科学方面，请到王雪艇、周鲠生、皮皓白诸君；一面诚意指导提起学生好学的精神，一面广购图书杂志，给学生以自由考索的工具。丁巽甫君以物理学教授兼预科主任，提高预科程度。于是北大始达到各系平均发展的境界。

我是素来主张男女平等的。九年，有女学生要求进校，以考期已过，姑录为旁听生。及暑假招考，就正式招收女生。有人问我："兼收女生是新法，为什么不先请教育部核准？"我说："教育部的大学令，并没有专收男生的规定；从前女生不来要求，所以没有女生；现在女生来要求，而程度又够得上，大学就没有拒绝的理。"这是男女同校的开始，后来各大学都兼收女生了。

我是佩服章实斋先生的。那时候国史馆附设在北大，我定了一个计划，分征集、纂辑两股；纂辑股又分通史、民国史两类；均从长编入手。并编历史辞典。聘屠敬山、张蔚西、薛阆仙、童亦韩、徐贻孙诸君分任征集编纂等务。后来政府忽又有国史馆独立一案，别行组织。于是张君所编的民国史，薛、童、徐诸君所编的辞典，均因篇帙无多，视同废纸；只有屠君在馆中仍编他的蒙兀儿史，躬自保存，没有散失。

我本来很注意于美育的，北大有美学及美术史教课，除中国美术史由叶浩吾君讲授外，没有人肯讲美学。十年，我讲了十余次，因足疾进医院停止。至于美育的设备，曾设书法研究会，请沈尹默、马叔平诸君主持。设画法研究会，请贺履之、汤定之诸君教授国画；比国楷次君教授油画。设音乐研究会，请萧友梅君主持。均听学生自由选习。

我在爱国学社时，曾断发而习兵操，对于北大学生之愿受军事训练的，常特

① 程寰西：程瀛章，江苏吴江人。美国芝加哥大学博士。时任北京大学教授。后任国民政府工程部技正，大夏大学、光华大学、浙江大学教授、化学系主任，暨南大学教授、理学院长。

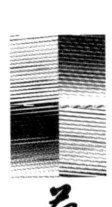

别助成；曾集这些学生，编成学生军，聘白雄远君任教练之责，亦请蒋百里、黄膺白诸君到场演讲。白君勤恳而有恒，历十年如一日，实为难得的军人。

我在九年的冬季，曾往欧美考察高等教育状况，历一年回来。这期间的校长任务，是由总务长蒋君代理的。回国以后，看北京政府的情形，日坏一日，我处在与政府常有接触的地位，日想脱离。十一年冬，财政总长罗钧任君忽以金佛郎问题被捕，释放后，又因教育总长彭允彝君提议，重复收禁。我对于彭君此举，在公议上，认为是蹂躏人权献媚军阀的勾当；在私情上，罗君是我在北大的同事，而且于考察教育时为最密切的同伴，他的操守，为我所深信，我不免大抱不平，与汤尔和、邵飘萍、蒋梦诸君会商，均认有表示的必要。我于是一面递辞呈，一面离京。隔了几个月，贿选总统的布置，渐渐的实现。而要求我回校的代表，还是不绝，我遂于十二年七月间重往欧洲，表示决心。至十五年，始回国。那时候，京津间适有战争，不能回校一看。十六年，国民政府成立，我在大学院，试行大学区制，以北大划入北平大学区范围，于是我的北京大学校长的名义，始得取消。

综计我居北京大学校长的名义，十年有半，而实际在校办事，不过五年有半，一经回忆，不胜惭悚。

（据《东方杂志》第 31 卷第 1 号，1934 年 1 月 1 日出版）

在胶济铁路中学演说词

诸位同学！

今天承崔校长见约，参观贵校，得与诸位一谈，甚为愉快。

诸位须知，有许多小学毕业生，想进中学而不能。诸位能进中学，已为难得。且诸位都是铁路员工子弟，在本路学校求学，一切都很方便，更为难得。诸位须知现在求学，是为将来服务社会的预备，若学得不完全，将来不能有贡献于社会，便是辜负了社会的培植，与欠债不还一样，所以我们就觉得求学很苦，也不能不刻苦用功。况求学是很乐的事，为什么不努力呢？

为什么我说求学很乐呢？我试把初中与高中的课程分作三类。

第一类是练习工具的课程，例如语言文字与数学。人类不会说话的时候，用手势表意，用面容表情，简单得很。后来造出动词、名词、静词和其他的助词，且规定排列的先后，就觉得有许多意思，都可以互相传达了。然而但有语言、没有文字的时候，无论何事，非当面谈判不可；对于远方的人，后代的人，都没有方法同他谈话。而且，有了文字，把已有的思想记录起来，就可以凭这个思想作基础，而作进一步的探求。所以识字的人的思想，总比不识字的人复杂一点，深远一点。诸位所以要练习国语、国文，就是这个缘故。

为什么还要学外国语呢？现在是世界各国互相为师的时代，而且欧洲的科学，的确比我们进步，我们不了解外国语，知识太有限了。外国的中学，都有好几种外国语。我们因为语言不同，难学一点，所以只限于一种，或用法文，或用德文，大多数用英文，贵校亦是用英文的，学了英文，英国以外的字理，也叫以由英文的翻译与介绍而间接得到了。这是学外国语的好处。

蔡元培 教育名篇

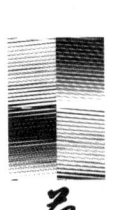

至于数学，是我们没有一刻可以离开的事件。最初，未开化的人，用指头计数，只知五数；后来合两手计算，凑成十数；也有把足趾添上，凑成二十数的。照我们现在的眼光看起来，是太笨了。进一步，有用石子计算的，就是珠算的起源。有用木枝计算的，就是筹［笔］算的起源。现在以笔算为主，用机算相助，并建设代数、几何、微积分等方法，自一石一板的尺寸，以至于数十层高数的全体；自地球自身的运动，以至于各行星、各恒星互相关系的；自一层星用账簿，以至于全世界各都市的经济状况，都可以了如指掌，岂不是快事吗？

第二类是增进知识的课程，就是自然科学与社会科学。人类未开化时代，惟知利用现成的材料，若猎兽、捕鱼，采植物的果实与球根，上居巢，下居窟。进一步，知道动物的性情了，始能牧畜；知道植物的性质了，始能树艺。知道各种矿物性质不同了，由石器时代，而铜器时代，而铁器时代。交通工具，他由独轮车而进于两轮或四轮的车，由独木船而进于帆船、楼船。这都可以表示人类驾驭自然的能力，是逐渐进步的。一方面，应用上，机器的发明，电力的利用，衣、食、住、行，都非常便利；一方面，学理上，小至电子、原子的消长，大至天文、地质的系统，都可以明了，不是很有趣的么？

社会的起源，只有家族，其初，对于异族的人，都视为仇敌，以多杀为由。后来，因征服而合并，团体渐大，对于被征服的人，不忍尽杀，贬成奴婢；就是同等的人，也有因犯罪而降等，或因贫苦而卖身，都是奴隶。这是因为人人以不平等为当然，对于主奴之分，毫不为怪。从美、法革命以后，人类平等，已被公认，美国有放黑奴的义举，主奴的界限，逐渐消灭，但是，经济上自由竞争的结果，又视贫富不平的状况为当然，于是有社会主义家希望铲除此不平等的劣点，又有种种主张，或主阶级斗争，或主劳资协调，在今日尚为试验时代。中学的社会科学课程，大抵为历史及法制、经济等，其中最主要的一点，就是时代演化而产生一种不平等的状态，则必以人力补救，使渐进于平等。诸位试随时印证看。

第三类是体育、美育的课程，就是运动与图画、音乐、文学等。学校的运动，并不以训练几个选手为目的，而以运动的普及为原则。古人称健全的精神，寓于健全的身体，所以健全身体，实为教育上重要任务。健全的方法，运动最要。每种运动，对于身体有其特殊的效力；而种种规则，又可以养成勇敢、正直、服善、爱群诸美德，青年正在跃跃欲试的时期，又何乐而不为。

凡事都是相对的，有刚必有柔，有紧张必有宽松。美术、文学的课程，就取其有宽松的作用，可以与刻苦用功相调剂。原人时代，就有唱歌、跳舞等，全恃本身的动作。后来配以逐渐发明的乐器，与适合情绪的文词，遂演成今日的乐队与戏剧。又如图画、雕刻，其初亦不过简单之动物人体图案等等，逐渐演进，始有今日的历史画、风俗画、山水画与夫俊伟的造像，复杂的图案。进行的程序，甚易明了。我们自初学以至成立，亦复如是。不是很〈有〉意味的么？

综上所述三类课程，不但有用，而且很有趣味。这不是中学生最大的幸福么？诸位既在学校享了种种幸福，就要切实用功，卓著成绩；将来毕业以后，再受专门教育，觉得预备的工夫，毫无欠缺，而专门学术，进行甚易。学成以后，无论地位大小，总有贡献于社会，那就不辜负社会所给予诸位的幸福了。

（王祖歧记录，据《青岛日报》，1934 年 10 月 2 日、3 日刊发）

我的读书经验

我自十余岁起，就开始读书，读到现在，将满六十年了，中间除大病或其他特别原因外，几乎没有一日不读点书的，然而我没有什么成就，这是读书不得法的缘故。我把不得法的概略写出来，可以作前车之鉴。

我的不得法，第一是不能专心。我初读书的时候，读的都是旧书，不外乎考据、词章两类。我的嗜好，在考据方面，是偏于诂训及哲理的，对于典章名物，是不大耐烦的；在词章上，是偏于散文的，对于骈文及诗词，是不大热心的。然而以一物不知为耻，种种都读；并且算学书也读，医学书也读，都没有读通。所以我曾经想编一部说文声系义证，又想编一本公羊春秋①大义，都没有成书。所为文辞，不但骈文诗词，没有一首可存的，就是散文也太平凡了。到了四十岁以后，我开始学德文，后来又学法文，我都没有好好儿做那记生字、练文法的苦工，而就是生吞活剥地看书，所以至今不能写一篇合格的文章，作一回短期的演说。在德国进大学听讲以后，哲学史、文学史、文明史、心理学、美学、美术史、民族学，统统去听，那时候，这几类的参考书，也就乱读起来了。后来虽勉自收缩，以美学与美术史为主，辅以民族学；然而这类的书终不能割爱，所以想译一本美学，想编一部比较的民族学，也都没有成书。

我的不得法，第二是不能勤笔。我的读书，本来抱一种利己主义，就是书里面的短处，我不大去搜寻它，我只注意于我所认为有用的或可爱的材料。这本来不算坏。但是我的坏处，就是我虽读的时候注意于这几点，但往往为速读起见，

---

① 公羊春秋：即《公羊传》，儒家经典之一。旧题战国时公羊高撰。起初是口说流传，汉初才成书。着重阐释《春秋》大义，史事记载不详，是今文经学的重要典籍。

无暇把这几点摘抄出来，或在书上做一点特别的记号。若是有时候想起来，除了德文书检目特详，尚易检寻外，其他的书，几乎不容易寻到了。我国现在有人编"索引"、"引得"，等等。又专门的辞典，也逐渐增加，寻检较易。但各人有各自的注意点，普通的检目，断不能如自己记别的方便。我尝见胡适之先生有一个时期，出门常常携一两本线装书，在舟车上或其他忙里偷闲时翻阅，见到有用的材料，就折角或以铅笔作记号。我想他回家后或者尚有摘抄的手续。我记得有一部笔记，说王渔洋①读书时，遇有新隽的典故或词句，就用纸条抄出，贴在书斋壁上，时时览读，熟了就揭去，换上新得的。所以他记得很多。这虽是文学上的把戏，但科学上何尝不可以仿作呢？我因为从来懒得动笔，所以没有成就。

我的读书的短处，我已经经验了许多的不方便，特地写出来，望读者鉴于我的短处，第一能专心，第二能勤笔。这一定有许多成效。

（据《文化建设》杂志第 1 卷第 7 期，1935 年 4 月 10 日出版）

---

① 王渔洋（1634—1711）：即王士祯，清代诗人。

■ 关于读经问题

　　读经问题，是现在有些人主张：自小学起，凡学生都应在十三经中选出一部或一部以上作为读本的问题。为大学国文系的学生讲一点《诗经》，为历史系的学生讲一点《书经》与《春秋》，为哲学系的学生讲一点《论语》、《孟子》、《易传》与《礼记》，是可以赞成的。为中学生选几篇经传的文章，编入文言文读本，也是可以赞成的。若要小学生也读一点经，我觉得不妥当，认为无益而有损。

　　在主张读经的人，一定为经中有很好的格言，可以终身应用，所以要读熟它。但是有用的格言，我们可以用别种方式发挥它，不一定要用原文，例如《论语》说恕字，是"己所不欲，勿施于人"。又说是："我不欲人之加诸我也，我亦欲无加诸人。"在《礼记·中庸》篇说是："施诸己而不愿，亦勿施诸人。"在《大学》篇说是："絜矩之道：所恶于上，毋以使下；所欲于下，毋以事上；所恶于前，毋以先后；所恶于后，毋以从前；所恶于右，毋以交于左；所恶于左，毋以交于右。"在《孟子》说："爱人者人恒爱之；敬人者人恒敬之。"又说："杀人之父，人亦杀其父；杀人之兄，人亦杀其兄。"这当然都是颠扑不破的格言，但太抽象了，儿童不容易领会。我们若用"并坐不横肱"[①] 等具体事件，或用"狐以盘饷鹤，鹤以瓶饷狐"[②] 等寓言证明这种理论，反能引起兴趣。又如《论语》说："志士仁人，有杀身以成仁，无求生以害仁。"《孟子》说："生，我所欲也；义，亦我所欲也，二者不可得兼，舍生而取义者也。"也说得斩钉截铁的样子，但是同儿童说明，甚难了解。我们要是借黄花岗七十二烈士，或其他先烈的传记来证

---

　　① 并坐不横肱：肱，胳膊。语出《礼记·曲记上》，意谓不妨碍他人，为他人着想。
　　② 狐以盘饷鹤，鹤以瓶饷狐：见《伊索寓言》。

明，就比较的有意思了。所以我认为呆读经文，没有多大益处。在司马迁《史记》里面，引《书经》的话，已经用翻译法，为什么我们这个时代还要小孩子读经书原文呢？

经书里面，有许多不合于现代事实的话，在古人们处他们的时代，不能怪他；若闻以教现代的儿童，就不相宜了。例如尊君卑臣、尊男卑女一类的话。又每一部中总有后代人不容易了解的话，《论语》是最平易近人的，然而"凤凰不至"、"子见南子"、"色斯举矣"等章①，古今成年人都解释不明白，要叫小孩子们硬读，不怕窒碍他们的脑力么？《易经》全部，都是吉凶悔吝等信仰卜筮的话，一展卷就说"潜龙"、"飞龙"②。《诗经》是"国风好色"③、"小雅怨诽"④，在成人或可体会那不淫不乱的界限，怎样同儿童讲明呢？一开卷就是"窈窕淑女，君子好逑"。《牡丹亭》曲本里的杜丽娘，就因此而引起伤春病，虽是寓言，却实有可以注意的地方。所以我认为小学生读经，是有害的，中学生读整部的经，也是有害的。

（据《教育杂志》第 25 卷第 5 号，1935 年 5 月出版）

---

① "凤凰不至"、"子见南子"、"色斯举矣"等章：《论语·子罕》："子曰：'凤鸟不至，河不出图，吾已矣夫。'"又《雍也》："子见南子，子路不说。夫子矢之曰：'予所否者，天厌之，天厌之。'"南子，春秋时卫灵公的夫人。子路，孔子的学生。说，通悦。《论语·乡党》："色斯举矣，翔而后集。"色，脸上的神色；翔，飞行；集，停留在一处。

② "潜龙"、"飞龙"：《周易·乾卦》："初九，潜龙，勿用。""九五，飞龙在天，利见大人。"

③ 国风好色：国风，《诗经》的一部分，多为民歌，描写男女之间的爱情。

④ 小雅怨诽：《诗经》中有"大雅"、"小雅"之分。《史记·屈原列传》："国风好色而不淫，小雅怨诽而不乱。"

教与学

通常将"教"与"学"分为两事：

（一）"教"指教师教授；

（二）"学"指学生学习。

照我们现在的观察，不能绝对地如此划分，可分三点来说明。

教而不学　有些教师常有保守的习气。这些教师，或缺乏进修方法，或苦无研究机会，对所任教科，或为被动的、非自动的，不感何种兴趣。于是上焉者就教材范围略事准备，下焉者临时敷衍塞责。这种习气，足以使青年学生墨守陈腐的见解，而不易获得广大的知识。我们知道科学的研究与发明，瞬息千里。十年前所发明的定律，现在或许要根本推翻，或许要重新估值。如果将陈腐的知识传授给现代的学生，这些学生，即以教师所传授的陈腐的知识，应付当前的问题或进求高深的学理，试问读者可乎不可？所以我们希望一般教师不只是教，不只是研究教学的方法，还得要继续不断地研究所教的学科，以及所教的有关的学科；组织最新的学理，应用最有效的方法，使学生对于各科获得具体的概念，从而作进一步的研习。这是我们第一点意思。

学而不教　包括两种人：

（一）肯研究学问而不谙教学方法的教师；

（二）肯努力的学生。

好些教师，于所任教科，很能有系统的组织，于相关的学科，亦能多方注意。这种教师，除致力于学科的研究之外，往往忽视教学的方法，虽则他教授的时候，尽可能充实学科的内容，补充较新的材料；因为不谙教学的方法，遂不易引起学生学习的兴趣。至于肯努力的学生，在全校或全级学生中，成绩较优，略窥门径。辅助同学以及指导民众的——如办理民众教育等——固不乏人；还有不少学生，只知个别努力，牺牲切磋的机会，因此教师所传授的学问，亦只囿于学校校门，或囿于肯努力的少数学生，形成教育的浪费，这都是"学而不教"的弊病。我们希望：（一）肯努力学问的教师，不但研究所教的学科，还要研究教学的方法。（二）肯努力的学生，不但自身努力学习，还得辅助同级的同校的学生共同努力；还得将所得的知识推广到一般民众身上去。

不教不学　上述的两种教师，一种是"教而不学"的，一种是"学而不教"的，还有一种是"不教不学"的，这种"不教不学"的教师，于所教的学科，既没有彻底的了解与持续的研究，又不请教学的方法；或则敷衍了事，或则背诵教本，或则摭拾陈言，自误误人，为害不浅。这是属于教师方面的。学生方面，除了上述的"学而不教"的学生之外，也有不教不学的学生。所谓不教不学的学生，第一是"不学"，不研究学问，不感到学业的乐趣。第二是没有学问足以教人，更没有觉到有教人的必要。青年们呀！我们中国平均一万个人才有一个大学生，一千个人才有一个中学生，你们是一千个人里面或者一万个人里面最幸运的。你们不但自己要努力求学，你还得将你所学的教给一千个人，一万个人。现在有一位陶行知先生竭力推行小先生制度，可以备诸位借鉴的。

最后，我希望教师们、学生们：

（一）从"教而不学"到"既教且学"；

（二）从"学而不教"到"既学且教"；

（三）从"不教不学"到"又教又学"。

更希望《教与学》月刊能适应这三方面的需要。

（高平叔代作，据《教与学》月刊第 1 卷第 1 期，1935 年 7 月出版）

蔡元培 教育名篇

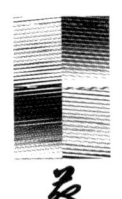

■ 我青年时代的读书生活

　　我五岁零一个月（旧法算是六岁）就进家塾读书，初读的是《百家姓》、《千字文》、《神童诗》等，后来就读《大学》、《中庸》、《论语》、《孟子》等四书，最后读《诗经》、《书经》、《周易》、《小戴礼记》、《春秋左氏传》。当我读《礼记》（《小戴礼记》的省称）与《左传》（《春秋左氏传》之省称）的时候，我十三岁，已经学作八股文了。那时我的业师，是一位老秀才王子庄先生。先生博览明清两朝的八股文，常常讲点八股文家的故事，尤佩服吕晚村①先生，把曾静案②也曾详细地讲过。先生也常看宋明儒的书，讲点朱陆③异同，最佩服的是刘蕺山④先生，所以自号仰蕺山房。先生好碑帖，曾看《金石萃编》⑤等书。有一日，先生对一位朋友，念了"你半推半就，我又惊又爱"两句话，有一位年纪大一点的同学，笑着说："先生念了《西厢》⑥的淫词了。"先生自己虽随便看书，而对于我们未成秀才的学生，除经书外，却不许乱看书。有一日，我借得一本《三国志演义》，看了几页，先生看见了，说："看不得，陈寿《三国志》，你们现在尚不可看，况且演义里边所叙的事，真伪参半，不看为妙。"有一日，我借到一本《战国策》，也说看不得。先生的意思，我们学作小题文时，用字都要出于经书；若把《战国

---

　　① 吕晚村（1629—1683）：即吕留良，晚村其号，明清之际思想家。
　　② 曾静案：指曾静被杀一案。曾静（1679—1736），清湖南永兴人。受吕留良著作影响，反对清朝统治。雍正时被捕下狱，供词涉及宫廷阴谋夺位之事。雍正为示自己清白，故意将他释放。高宗即位后，曾静再次被捕，遭杀害。
　　③ 朱陆：指朱熹、陆九渊。两人均为南宋哲学家。
　　④ 刘蕺山：即刘宗周（1578—1645），明末哲学家，浙江山阴（今绍兴）人。因讲学蕺山，号蕺山先生。南明政权亡，绝食而卒。
　　⑤ 《金石萃编》：书名。清王昶撰。160卷。著录历代石刻一千多种。
　　⑥ 《西厢》：指《西厢记》，元王实甫撰。

策》一类书中的词句用进去，一定不为考官所取。所以那时我们读书为考试起见，即如《礼记》里面关乎丧礼的各篇各节，都删去读，因为试官均有忌讳，决不出丧礼的题目；这样的读书，照现代眼光看来，真有点可怪了。我十六岁，考取了秀才，我从此不再到王先生处受业，而自由读书了。那时我还没有购书的财力，幸而我第六个叔父茗珊先生有点藏书，我可以随时借读，于是我除补读《仪礼》、《周礼》、《春秋公羊传》、《穀梁传》、《大戴礼记》等经外，凡关于考据或词章的书，随意检读，其中最得益的，为下列各书：

一、朱骏声①氏《说文通训定声》。清儒治《说文》最勤，如桂馥②氏《说文义证》，王筠③氏《说文句读及释例》，均为《说文》本书而作；段玉裁④氏《说文解字注》，已兼顾本书与解经两方面，只有朱氏，是专从解经方面尽力。朱氏以引申为转注，当然不合，但每一个字，都从本义、引申、假借三方面举出例证；又设为托名标帜，与各类连语等词类，不但可以纠正唐李阳冰⑤、宋王安石等只知会意不知谐声的错误，而且于许慎⑥氏所采的阴阳家言如对于天干、地支与数目的解说，悉加以合理的更正；而字的排列，以所从的声相联；字的分部以古韵为准；检阅最为方便。我所不很满意的，是他的某殴为某，大半以臆见定之；我尝欲搜集经传中声近相通的例证，替他补充，未能成书，但我所得于此书的益处，已不少了。

二、章学诚⑦氏《文史通义》。章先生这部书里面，对于搭空架子、抄旧话头

---

① 朱骏声（1788—1858）：清文字训诂学家，江苏吴县人。撰《说文通训定声》，对《说文》和训诂的研究颇有贡献。

② 桂馥：山东曲阜人。清乾隆进士，深研文字训诂学，著《说文义证》50卷。

③ 王筠（1784—1854）：清文字学家，山东安丘人。道光举人。对《说文》有研究，著有《说文句读》、《说文释例》及《文字蒙求》等。

④ 段玉裁（1735—1815）：清文字训诂学家、经学家。江苏金坛人。乾隆举人，师事戴震。所著《说文解字注》，是研究文字训诂的重要参考书。

⑤ 李阳冰：唐文字学家、书法家。赵都（今河北赵县）人。曾刊定《说文》为30卷，自为臆说，遭五代学者驳斥，未传世。

⑥ 许慎（约58—约147）：东汉经学家、文字学家，汝南召陵（今河南郾城）人。著有《说文解字》14卷并叙目为15卷，集古文经学训诂之大成，是后代研究文字及编辑字书最重要的依据。

⑦ 章学诚（1738—1801）：清史学家、思想家。会稽（今浙江绍兴）人。著《文史通义》，与刘知㡬著《史通》并称史学理论名著。

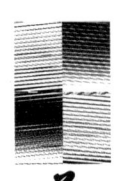

的不清真的文弊，指摘很详。对于史法，主张先有极繁博的长编，而后可以有圆神[1]的正史。又主张史籍中人地名等均应有详细的检目，以备参考；我在二十余岁时，曾约朋友数人，试编二十四史检目（未成书）；后来兼长国史馆时，亦曾指定编辑员数人试编此种检目（亦未成书），都是受章先生影响的。

三、俞正燮[2]氏《癸巳类稿》及《癸巳存稿》。俞先生此书，对于诂训、掌故、地理、天文、医学、术数、释典、方言，都有详博的考证。对于不近人情的记述，常用幽默的语调反对他们，读了觉得有趣得很。俞先生认为一时代有一时代的见解与推想，不可以后人的见解与推想去追改他们，天算与声韵，此例最显，这就是现在胡适之、顾颉刚[3]诸先生的读史法。自《易经》时代以至于清儒朴学时代，都守着男尊女卑的成见，即偶有一二文人，稍稍为女子鸣不平，总也含有玩弄等的意味；俞先生作《女子称谓贵重》、《姬姨》、《娣姒义》、《妒非女人恶德论》、《女》、《释小补楚语笄内则总角义》、《女吊婿驳义》、《贞女说》、《亳州志木兰事书后》、《尼庵议》、《鲁二女》、《息夫人未言义》、《书旧五代史僭伪列传后》、《易安居士事辑》、《书旧唐书舆服志后》、《除乐户丐户籍及女乐考附古事》、《家妓官妓旧事》等篇，从各方面证明男女平等的理想。《贞女说》篇谓："男儿以忠义自责则可耳，妇女贞烈，岂是男子荣耀也？"《家妓官妓旧事》篇，斥杨诚斋[4]黥妓面[5]，孟之经文妓鬓为"虐无告"[6]，诚是"仁人之言"。我至今还觉得有表彰的必要。我青年时代所喜读的书，虽不只这三部，但是这三部是我深受影响的，所以提出来说一说。

（据《读书生活》第 2 卷第 6 期，1936 年 7 月 4 日出版）

---

① 圆神：圆妙而神奇。《易·系辞上》："著之德，圆而神，卦之德，方以智。"

② 俞正燮（1775—1840）：清学者，道光举人。籍贯安徽黟县，学问渊博，通经史百家。著有《癸巳类稿》、《癸巳存稿》等。

③ 顾颉刚（1893—1980）：当代学者，历史学家，江苏苏州人。历任北京大学、燕京大学、中山大学教授，著有《古史辨》。

④ 杨诚斋：即杨万里（1127—1206），南宋诗人，号诚斋，江西吉水人。

⑤ 黥面：古代的一种肉刑。用刀刺刻犯人的额颊等处，再涂以墨，也叫"墨刑"。

⑥ 虐无告：《书·大禹谟》："不虐无告。"疏："不苛虐鳏寡孤独无所告者。"

现代儿童对于科学的态度

—— 不但享受科学的成绩，也要有点贡献

小朋友们：

你们读《科学画报》，已经读到四十八期了。你们在家庭里面，在学校里面，所看的书，大半是讲科学的，所以你们对于科学，是早已认识了。你们自己检点一回，所享受的科学成绩有多少？

第一，身体上的享受。姑且照食、衣、住、行的次序说，最古的人类，所食的不过猎得的兽类，渔得的鱼类，与在树上摘得的果子。有的时候，多吃一点；没有的时候，就饿起来了。自科学进步，有农学以养谷类，有园艺以植蔬果，有畜牧以繁家畜。材料既多，有选择余地。于是，食物的成分应如何分配，数量应如何制限，各种唯太命①的含有，应如何调剂，或为众人通则，或为个人特例，均得依科学理论，分别规定。最古的人类，暑期裸体，寒时以兽皮自护罢了。后来发见丝、麻，亦尚不能普及。近代棉种、蚕种，都随时改良；纺织机械，都取最新式；棉织品、丝织品及毛织品，皆大量生产。不但种种质料，可以随时选用，适应气候；即色彩花纹，亦可随各人嗜好的不同而相投，这岂不是科学的功吗？最古的人类，不是在树上造巢，学飞鸟的样子，就是在洞穴中栖止，与猛兽争地盘。后来渐渐知道用木料做柱，用茅草盖顶，如现在江北人的草棚一样。近来建筑术发达，用种种木材以外，用石，用铁，用水泥，崇楼杰阁，曲榭回廊，惟意所适，无施不可；既极坚固，又复美观。空气流通，光线充足，均合于卫生的条件。这都是科学家工作的结果。最古的人类，没有交通工具。后来发明了独木的

---

① 唯太命：又称维他命（vitamin），即维生素。生物的生长和代谢所必需的微量有机物。

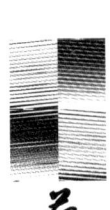

船，独轮的车，已于不知不觉间应用到科学的原则了。后来科学的应用，逐渐推广，陆行的车，自人力而畜力、而汽力、而电力，并特设铁轨，开通公路。水行的船，亦自人力而风力、而汽力、而电力。不但人迹所到的地方，无远弗届，就是南、北冰洋，亦可探险。海底且有潜艇，空中亦有飞机，这都不是科学未发达的时候所能见到的。

第二，精神上的享受。古人知识太浅，对于自然现象，往往有无谓的恐怖，例如雷、电本为一物，从前的人，由声光的感受有迟速而认为二事；又设为雷公电母的名义及偶象，又因偶有触电的人与物，而有雷殛恶人与怪物的传说。所以从前的儿童，闻雷声，见电光，都很怕。现在受电学家的指导，知道空中雷电，与我们通报、传话、转动机械的电力，毫无殊异。在建筑上并可置避雷针，以免触电之险，又有什么恐怖呢？从前的人，看了空中有无数的星，说是每一个星的变状或变色，都是与人事的成败有关的，尤其是彗星，他若出现，人间必有兵灾；现在受天文学的指导，知道多数恒星，与太阳相似，与地球隔了多数的光年，我们看到了样子，还是他们以前若干光年的色相，与我们现在的事业，还有什么相关呢？彗星也自有轨道，与行星相似，天文学上可以计算出来，可以预定他再见的年份，与地球上的兵灾，毫不相涉。从前有人疑彗星的尾与地球相触，地球或有危险，现在也知道没有这事了。古人所最怕的是瘟疫，死亡枕藉，似乎非人力所能抵抗，说是瘟神示罚，以迎神赛会为惟一方法。现在医学进步，对于瘟疫的起因及传染的预防，都有办法，不用过分担忧了。古人所尤怕的，又有水旱之灾，说是龙王或旱魃作祟，又不外乎用祈祷禳解等法。现在科学进步，一方面从水利工程上尽力，一方面又从造林上作根本的解决，也就不要顾虑了。

照此看来，你们身体上康强、精神上的安宁，都是受现代科学的赐予，是无可疑的。凡人，有权利，就有义务。你们享了这许多权利，竟没有一点义务吗？我从前常常想，儿童是预支权利的时代，受养受教，暂可不说报酬；到年长后，多尽一倍的义务，就把儿童时代的债还清了。但是有志的儿童，却不肯专过预支的生活，而立刻要有点贡献。我曾闻陈鹤琴①先生说：俄国有儿童科学研究所七

---

① 陈鹤琴（1892—1982）：现代教育家，浙江上虞人。早年留学美国，研究教育。历任南京高等师范学校、东南大学教授。创办中华儿童教育社。1949年后任南京大学师范学院院长。

百多所。他所参观过的三所，都分十一部，有电话、无线电、汽车、摄影、化学、机械等等，每部都有实验室，汽车部有两辆汽车，是十一岁至十七岁的儿童造的，曾在莫斯科大路上做六十公里的比赛。莫斯科街上有一盏红绿灯，是儿童所发明的。其他七百余所中儿童的新发明，一定很多，不过我们还没有调查到就是了。小朋友们！你们听了俄国儿童能进研究所，有新发明，作何感想？我希望我们国内，也渐渐儿设起儿童研究所来，你们很愿意进去研究，那么，你们现在就不要专门享受科学的赐予，而要时时留意科学的工作。

（据蔡元培手稿，并参阅《科学画报》，1935 年 7 月号）

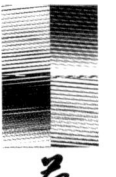
■ 孔子之精神生活

精神生活，是与物质生活对待的名词。孔子尚中庸，并没有绝对地排斥物质生活，如墨子以自苦为极，如佛教的一切惟心造；例如《论语》所记："失饪不食，不时不食"，"狐貉之厚以居"，谓"卫公子荆善居室"，"从大夫之后，不可以徒行"，对于衣食住行，大抵持一种素富贵行乎富贵、素贫贱行乎贫贱的态度。但使物质生活与精神生活在不可兼得的时候，孔子一定偏重精神方面。例如孔子说："饭疏食，饮水，曲肱而枕之，乐亦在其中矣；不义而富且贵，于我如浮云。"可见他的精神生活，是决不为物质生活所摇动的。今请把他的精神生活分三方面来观察。

第一，在智的方面。孔子是一个爱智的人，尝说："盖有不知而作之者，我无是也；多闻，择其善者而从之，多见而识之。"又说："多闻阙疑"，"多见阙殆"，又说："知之为知之，不知为不知，是知也。"可以见他的爱智，是毫不含糊，决非强不知为知的。他教子弟通礼、乐、射、御、书、数的六艺，又为分设德行、言语、政事、文学四科，彼劝人学诗，在心理上指出"兴"、"观"、"群"、"怨"，在伦理上指出"事父"、"事君"，在生物上指出"多识于鸟兽草木之名"。（他如《国语》[①]说：孔子识肃慎氏[②]之石砮，防风氏[③]骨节，是考古学；《家语》[④]说：

---

① 《国语》：书名。传为春秋时左丘明著，21卷。记述春秋时期周鲁等国贵族的言论，可与《左传》相参证。

② 肃慎氏：古族名。又作息慎、稷慎。周时，居"不咸山（长白山）北"，"东滨大海"，北至黑龙江中下游，狩猎为生。

③ 防风氏：古部落酋长名。《国语·鲁语下》："昔禹致群神于会稽之山，防风氏后至，禹杀而戮之，其骨节专车。"

④ 《家语》：《孔子家语》之简称。原书27卷，久佚。今本10卷，系三国魏王肃收集和伪造。杂取《论语》、《左传》、《国语》、《荀子》等书中有关古代婚姻、丧祭、庙桃、郊谛等制度与郑玄所说不同者，借孔子名义，以攻击郑学，作为所撰《圣证论》的论据。

孔子知萍实，知商羊①，是生物学；但都不甚可信）可以见知力范围的广大。至于知力的最高点，是道，就是最后的目的，所以说："朝闻道，夕死可矣。"这是何等的高尚！

第二，在仁的方面。从亲爱起点，"泛爱众，而亲仁"，便是仁的出发点。他的进行的方法用恕字，消极的是"己所不欲，勿施于人"；积极的是"己欲立而立人，己欲达而达人"。他的普遍的要求，是"君子无终食之间违仁，造次必于是，颠沛必于是"。他的最高点，是"伯夷、叔齐②，古之贤人也，求仁而得仁，又何怨"，"志士仁人，无求生以害仁，有杀人［身］以成仁"。这是何等伟大！

第三，在勇的方面。消极的以见义不为为无勇；积极的以童汪畸能执干戈卫社稷可无殇。但孔子对于勇，却不同仁、智的无限推进，而时加以节制。例如说："小不忍则乱大谋"；"一朝之忿，忘其身以及其亲，非惑欤？""好勇不好学，其蔽也乱"；"君子有勇而无义为乱，小人有勇而无义为盗。""暴虎凭河③，死而无悔者，吾不与焉，必也临事而惧，好谋而成者也。"这又是何等的谨慎！

孔子的精神生活，除上列三方面观察外，尚有两特点：一是毫无宗教的迷信，二是利用美术的陶养。孔子也言天，也言命，照孟子的解释，莫之为而为是天，莫之致而至是命，等于数学上的未知数，毫无宗教的气味。凡宗教不是多神，便是一神；孔子不语神，敬鬼神而远之，说"未能事人，焉能事鬼？"完全置鬼神于存而不论之列。凡宗教总有一种死后的世界；孔子说："未知生，焉知死？""之死而致死之，不仁而不可为也；之死而致生之，不知而不可为也"；毫不能用天堂地狱等说来附会他。凡宗教总有一种祈祷的效验，孔子说："丘之祷久矣"，"获罪于天，无所祷也"，毫不觉得祈祷的必要。所以孔子的精神上，毫无宗教的分子。

---

① 商羊：传说中的鸟名。《孔子家语》：齐有一足之鸟，飞集于宫朝下，止于殿前，舒翅而跳。齐侯大怪之，使使聘鲁问孔子。孔子曰："此鸟名曰商羊，水祥也。"

② 伯夷、叔齐：商末孤竹君的长子和次子。周武王灭商后，他们兄弟二人避居首阳山，不食周粟而死。

③ 暴虎凭河：《诗·小雅·小旻》："不敢暴虎，不敢冯河。"冯通凭，暴虎凭河本此。暴虎，徒手打虎；凭河，涉水渡河。比喻有勇无谋，冒险行事。

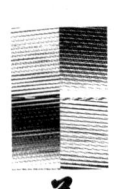

蔡元培 教育名篇

　　孔子的时代，建筑、雕刻、图画等美术，虽然有一点萌芽，还算是实用与装饰的工具，而不认为独立的美术；那时候认为纯粹美术的是音乐。孔子以乐为六艺之一，在齐闻韶①，三月不知肉味。谓："韶尽美矣，又尽善也。"对于音乐的美感，是后人所不及的。

　　孔子所处的环境与二千年后的今日，很有差别；我们不能说孔子的语言到今日还是句句有价值，也不敢说孔子的行为到今日还是样样可以做模范。但是抽象地提出他精神生活的概略，以智、仁、勇为范围，无宗教的迷信而有音乐的陶养，这是完全可以为师法的。

（据《江苏教育》月刊第 5 卷第 9 期，1936 年 9 月出版）

———————

　① 韶：虞舜乐名。

▦ 我在教育界的经验

我自六岁至十七岁，均受教育于私塾；而十八岁至十九岁，即充塾师（民元前二十九年及二十八年）。二十八岁又在李莼客先生京寓中充塾师半年（前十八年）。所教的学生，自六岁至二十余岁不等。教课是练习国文，并没有数学与其他科学。但是教国文的方法，有两件是与现在的教授法相近的：一是对课，二是作八股文。对课与现在的造句法相近。大约由一字到四字，先生出上联，学生想出下联来。不但名词要对名词，静词要对静词，动词要对动词；而且每一种词里面，又要取其品性相近的。例如先生出一"山"字，是名词，就要用"海"字或"水"字来对他，因为都是地理的名词。又如出"桃红"二字，就要用"柳绿"或"薇紫"等词来对他；第一字都用植物的名词，第二字都用颜色的静词。别的可以类推。这一种工课，不但是作文的开始，也是作诗的基础。所以对到四字课的时候，先生还要用圈发的法子，指示平仄的相对。平声字圈在左下角，上声在左上角，去声右上角，入声右下角。学生作对子时，最好用平声对仄声，仄声对平声（仄声包上、去、入三声）。等到四字对作得合格了，就可以学五言诗，不要再作对子了。

八股文的作法，先作破题：只两句，把题目的大意说一说。破题作得合格了，乃试作承题，约四五句。承题作得合格了，乃试作起讲，大约十余句。起讲作得合格了，乃作全篇。全篇的作法，是起讲后，先讲领题，其后分作八股（六股亦可），每两股都是相对的。最后作一结论。由简而繁，确是一种学文的方法。但起讲、承题、破题，都是全篇的雏形；那时候作承题时仍有破题，作起讲时仍有破题、承题，作全篇时仍有破题、承题、起讲，实在是重床叠架了。

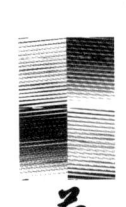

　　我三十二岁（前十四年）九月间，自北京回绍兴，任中西学堂监督，这是我服务于新式学校的开始。这个学堂是用绍兴公款设立的。依学生程度，分三斋，略如今日高小、初中、高中的一年级。今之北京大学校长蒋梦君、北大地质学教授王烈君，都是那时候第一斋的小学生。而现任中央研究院秘书的马祀光君、任浙江教育厅科员的沈光烈君，均是那时候第三斋的高才生。外国语原有英、法二种，我到校后又增日本文。教员中授哲学、文学、史学的有马湄莼、薛阆轩、马水臣诸君，授数学及理科的有杜亚泉、寿孝天诸君，主持训育的有胡钟生君，在当时的绍兴，可为极一时之选。但教员中颇有新旧派别，新一点的，笃信进化论，对于旧日尊君卑民，重男轻女的旧习，随时有所纠正，旧一点的不以为然。后来旧的运动校董，出面干涉，我遂辞职（前十三年）。

　　我三十五岁（前十一年）任南洋公学特班教习。那时候南洋公学还只有小学、中学的学生；因沈子培监督之提议，招特班生四十人，都是擅长古文的；拟授以外国语及经世之学，备将来经济特科之选。我充教授，而江西赵仲宣君、浙江王星垣君相继为学监。学生自由读书，写日记，送我批改。学生除在中学插班习英文外，有愿习日本文的；我不能说日语，但能看书，即用我的看书法教他们，他们就试译书。每月课文一次，也由我评改。四十人中，以邵闻泰（今名力子）、洪允祥、王世、胡仁源、殷祖同、谢忧（今名无量）、李叔同（今出家号弘一）、黄炎培、项骧、贝寿同诸君为高才生。

　　我三十六岁（前十年），南洋公学学生全体退学，其一部分借中国教育会之助，自组爱国学社，我亦离公学，为学社教员。那时候同任教员的吴稚晖、章太炎诸君，都喜倡言革命，并在张园开演说会，凡是来会演说的人，都是讲排满革命的。我在南洋公学时，所评改之日记及月课，本已倾向于民权女权的提倡，及到学社，受激烈环境的影响，遂亦公言革命无所忌。何海樵君自东京来，介绍我宣誓入同盟会，又介绍我入一学习炸弹制造的小组（此小组本只六人，海樵与杨笃生、苏凤初诸君均在内）。那时候学社中师生的界限很宽，程度较高的学生，一方面受教，一方面即任低级生的教员；教员热心的，一方面授课，一方面与学生同受军事训练。社中军事训练，初由何海樵、山渔昆弟担任，后来南京陆师学堂退学生来社，他们的领袖章行严、林力山二君助何君。我亦断发短装与诸社员同练步伐，至我离学社始已。

爱国学社未成立以前，我与蒋观云、乌目山僧、林少泉（后改名白水）、陈梦坡、吴彦复诸君组织一女学，命名"爱国"。初由蒋君管理，蒋君游日本，我管理。初办时，学生很少；爱国学社成立后，社员家中的妇女，均进爱国女学，学生骤增。尽义务的教员，在数理方面，有王小徐、严练如、钟宪鬯、虞和钦诸君；在文史方面，有叶浩吾、蒋竹庄诸君。一年后，我离爱国女学。我三十八岁（前八年）暑假后，又任爱国女学经理。又约我从弟国亲及龚未生、俞子夷诸君为教员。自三十六岁以后，我已决意参加革命工作。觉得革命只有两途：一是暴动，一是暗杀。在爱国学社中竭力助成军事训练，算是下暴动的种子。又以暗杀于女子更为相宜，于爱国女学，预备下暗杀的种子。一方面受苏凤初君的指导，秘密赁屋，试造炸药，并约钟宪鬯先生相助，因钟先生可向科学仪器馆采办仪器与药料。又约王小徐君试制弹壳，并接受黄克强、蒯若木诸君自东京送来的弹壳，试填炸药，由孙少侯君携往南京僻地试验。一方面在爱国女学为高才生讲法国革命史、俄国虚无党历史，并由钟先生及其馆中同志讲授理化，学分特多，为练制炸弹的预备。年长而根底较深的学生如周怒涛等，亦介绍入同盟会，参加秘密小组。

我三十九岁（前七年），又离爱国女学。嗣后由徐紫则、吴书箴、蒋竹庄诸君相继主持，爱国女学始渐成普通中学，而脱去从前革命性的特殊教育了。

四十岁（前六年），我到北京，在译学馆任教习，讲授国文及西洋史，仅一学期，所编讲义未完，即离馆。

四十一岁至四十五岁（前五年至一年），又为我受教育时期。第一年在柏林，习德语。后三年，在莱比锡，进大学。

四十六岁（民国元年），我任教育总长，发表《对于教育方针之意见》，据清季学部忠君、尊孔、尚公、尚武、尚实的五项宗旨而加以修正，改为军国民教育、实利主义、公民道德、世界观、美育五项。前三项与尚武、尚实、尚公相等，而第四、第五两项却完全不同，以忠君与共和政体不合，尊孔与信仰自由相违，所以删去。至提出世界观教育，就是哲学的课程，意在兼采周秦诸子、印度哲学及欧洲哲学以打破二千年来墨守孔学的旧习。提出美育，因为美感是普遍性，可以破人我彼此的偏见。美感是超越性，可以破生死利害的顾忌，在教育上应特别注

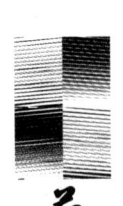

重。对于公民道德的纲领，揭法国革命时代所标举的自由、平等、友爱三项，用古义证明说："自由者，'富贵不能淫，贫贱不能移，威武不能屈'是也；古者盖谓之义。平等者，'己所不欲，勿施于人'是也；古者盖谓之恕。友爱者，'己欲立而立人，己欲达而达人'是也；古者盖谓之仁。"

学部旧设普通教育、专门教育两司；改教育部后，我为提倡成人教育、补习教育起见，主张增设社会教育司。

我与次长范静生君常持相对的循环论，范君说："小学没有办好，怎么能有好中学？中学没有办好，怎么能有好大学？所以我们第一步，当先把小学整顿。"我说："没有好大学，中学师资哪里来？没有好中学，小学师资哪里来？所以我们第一步，当先把大学整顿。"把两人的意见合起来，就是自小学以至大学，没有一方面不整顿。不过他的兴趣，偏于普通教育，就在普通教育上多参加一点意见。我的兴趣，偏于高等教育，就在高等教育上多参加一点意见罢了。

我那时候，鉴于各省所办的高等学堂，程度不齐，毕业生进大学时，甚感困难，改为大学预科，附属于大学。又鉴于高等师范学校的科学程度太低，规定逐渐停办；而中学师资，以大学毕业生再修教育学的充之。又以国立大学太少，规定于北京外，再在南京、汉口、成都、广州各设大学一所。后来我的朋友胡君适之等，对于停办各省高等学堂，发见一种缺点，就是每一省会，没有一种吸集学者的机关，使各省文化进步较缓。这个缺点，直到后来各省竞设大学时，才算补救过来。

清季的学制，于大学上，有一通儒院，为大学毕业生研究之所。我于大学令中改名为大学院，即在大学中，分设各种研究所。并规定大学高级生必须入所研究，俟所研究的问题解决后，始能毕业（此仿德国大学制）。但是各大学未能实行。

清季学制，大学中仿各国神学科的例，于文科外又设经科。我以为十四经中，如《易》、《论语》、《孟子》等，已入哲学系；《诗》、《尔雅》，已入文学系；《尚书》、三《礼》、《大戴记》、春秋三《传》，已入史学系；无再设经科的必要，废止之。

我认大学为研究学理的机关，要偏重文理两科，所以于大学令中规定：设法商等科而不设文科者不得为大学；设医工农等科而不设理科者，亦不得为大学；但此制迄未实行。而我于任北大校长时，又觉得文理二科之划分，甚为勉强；一则科学中如地理、心理等，兼涉文理；二则习文科者不可不兼习理科，习理科者不可不兼习文科。所以北大的编制，但分十四系，废止文理法等科别。

我五十一岁至五十八岁（民国六年至十二年），任国立北京大学校长。民国五年，我在法国，接教育部电，要我回国，任北大校长。我遂于冬间回来。到上海后，多数友人均劝不可就职，说北大腐败，恐整顿不了。也有少数劝驾的，说：腐败的总要有人去整顿，不妨试一试。我从少数友人的劝，往北京。

北京大学所以著名腐败的缘故，因初办时（称京师大学堂）设仕学、师范等馆，所收的学生，都是京官。后来虽逐渐演变，而官僚的习气，不能洗尽。学生对于专任教员，不甚欢迎，较为认真的，且被反对。独于行政、司法界官吏兼任的，特别欢迎；虽时时请假，年年发旧讲义，也不讨厌，因有此师生关系，毕业后可为奥援。所以学生于讲堂上领受讲义，及当学期、学年考试时要求题目范围特别预备外，对于学术，并没有何等兴会。讲堂以外，又没有高尚的娱乐与自动的组织，遂不得不于学校以外，竞为不正当的消遣。这就是著名腐败的总因。我于第一次对学生演说时，即揭破"大学学生，当以研究学术为天职，不当以大学为升官发财之阶梯"云云。于是广延积学与热心的教员，认真教授，以提起学生研究学问的兴会。并提倡进德会（此会为民国元年吴稚晖、李石曾、张溥泉、汪精卫诸君发起，有不赌、不嫖、不娶妾的三条基本戒，又有不做官吏、不做议员、不饮酒、不食肉、不吸烟的五条选认戒），以挽奔竞及游荡的旧习；助成体育会、音乐会、画法研究会、书法研究会，以供正当的消遣；助成消费公社、学生银行、校役夜班、平民学校、平民讲演团与《新潮》等杂志，以发扬学生自动的精神，养成服务社会的能力。

北大的整顿，自文科起。旧教员中如沈尹默、沈兼士、钱玄同诸君，本已启革新的端绪；自陈独秀君来任学长，胡适之、刘半农、周豫才、周岂明诸君来任教员，而文学革命、思想自由的风气，遂大流行。理科自李仲揆、丁巽甫、王抚

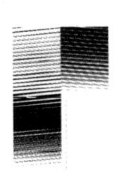

五、颜任光、李书华诸君来任教授后，内容始以渐充实。北大旧日的法科，本最离奇，因本国尚无成文之公、私法，乃讲外国法，分为三组：一曰德、日法，习德文、日文的听讲；二曰英美法，习英文的听讲；三曰法国法，习法文的听讲。我深不以为然，主张授比较法，而那时教员中能授比较法的，只有王亮畴、罗钧任二君。二君均服务司法部，只能任讲师，不能任教授。所以通盘改革，甚为不易。直到王雪艇、周鲠生诸君来任教授后，始组成正式的法科，而学生亦渐去猎官的陋见，引起求学的兴会。

我对于各家学说，依各国大学通例，循思想自由原则，兼容并包。无论何种学派，苟其言之成理，持之有故，尚不达自然淘汰之运命，即使彼此相反，也听他们自由发展。例如陈君介石、陈君汉章一派的文史，与沈君尹默一派不同；黄君季刚一派的文学，又与胡君适之的一派不同；那时候各行其是，并不相妨。对于外国语，也力矫偏重英语的旧习，增设法、德、俄诸国文学系，即世界语亦列为选科。

那时候，受过中等教育的女生，有愿进大学的；各大学不敢提议于教育部。我说：一提议，必通不过。其实学制上并没有专收男生的明文，如招考时有女生来报名，可即著录，如考试及格，可准其就学。请从北大始。于是北大就首先兼收女生，各大学仿行，教育部也默许了。

我于民国十二年离北大，但尚居校长名义，由蒋君梦代理，直到十五年自欧洲归来，始完全脱离。

我六十一岁至六十二岁（十六年至十七年）任大学院院长。大学院的组织，与教育部大概相同，因李君石曾提议试行大学区制，选取此名。大学区的组织，是模仿法国的。法国分全国为十六大学区，每区设一大学，区内各种教育事业，都由大学校长管理。这种制度优于省教育厅与市教育局的一点，就是大学有多数学者，多数设备，决非厅局所能及。我们为心醉合议制，还设有大学委员会，聘教育界先进吴稚晖、李石曾诸君为委员。由委员会决议，先在北平（包河北省）、江苏、浙江试办大学区。行了年余，常有反对的人，甚至疑命名"大学"，有蔑视普通教育的趋势，提议于大学院外再设一教育部的。我遂自动地辞职，而政府也就改大学院为教育部。试办的三大学区，从此也取消了。

我在大学院的时候，请杨君杏佛相助。我素来宽容而迂缓，杨君精悍而机警，正可以他之长补我之短。正与元年我在教育部时，请范君静生相助，我偏于理想，而范君注重实战，以他所长补我之短一样。

大学院时代，院中设国际出版品交换处，后来移交中央研究院，近年又移交中央图书馆。

大学院时代，设国立音乐学校于上海，请音乐专家萧君友梅为校长（第一年萧君谦让，由我居校长之名）。增设国立艺术学校于杭州，请图画专家林君风眠为校长。又计划第一次全国美术展览会，但此会开办时，我已离大学院了。

大学院时代，设特约著作员，聘国内在学术上有贡献而不兼有给职者充之，听其自由著作，每月酌送补助费。吴稚晖、李石曾、周豫才诸君皆受聘。

我于六十一岁时，参加中央政治会议，曾与吴稚晖、李石曾、张静江诸君提议在首都、北平、浙江等处，设立研究院，通过。首都一院，由大学院筹办，名曰国立中央研究院。十七年开办，我以大学院院长兼任中央研究院院长。我离大学院后，专任研究院院长，与教育界虽非无间接的关系，但对于教育行政，不复参与了。

（据《宇宙风》第 55 期，1937 年 12 月出版；第 56 期，1938 年 1 月出版）